Heinrich Gottfried Ollendorff

A Key to the Exercises in Ollendorff's New Method of Learning

to Read, Write, and Speak the French Language

Heinrich Gottfried Ollendorff

A Key to the Exercises in Ollendorff's New Method of Learning
to Read, Write, and Speak the French Language

ISBN/EAN: 9783337083793

Printed in Europe, USA, Canada, Australia, Japan

Cover: Foto ©Paul-Georg Meister /pixelio.de

More available books at **www.hansebooks.com**

A KEY TO THE EXERCISES

OLLENDORFF'S NEW METHOD

OF

LEARNING TO READ, WRITE, AND SPEAK

THE

FRENCH LANGUAGE

REVISED EDITION.

NEW YORK:
D. APPLETON & CO., 443 & 445 BROADWAY.
1868.

Entered according to Act of Congress, in the year 1850, by
D. APPLETON & COMPANY,
in the Clerk's Office of the District Court of the United States, for the Southern
District of New York.

PREFACE.

I DID not at first intend to publish the Key to the Exercises contained in my Method; but experience has convinced me that such a book is always of great utility to the learners. Besides, I have received so many encouraging commendations from persons who have been enabled through the medium of my German Method, and the Key to the Exercises, to acquire that language without the aid of a master, that I feel it incumbent upon me to publish also a Key to my French Method.

It may perhaps be necessary to remind the learner who studies without the assistance of a teacher, that he should on no account consult the Key till he has well considered and carefully corrected the sentences which are to be compared with it.

H. G. OLLENDORFF.

KEY TO THE EXERCISES.

1er. *Premier Exercice.*

Quel exercice avez-vous, Monsieur? J'ai le premier exercice. —Avez-vous le pain? Oui, Monsieur, j'ai le pain.—Avez-vous votre pain? J'ai mon pain.—Avez-vous le balai? J'ai le balai.—Avez-vous le savon? J'ai le savon.—Avez-vous votre savon? J'ai mon savon.—Quel savon avez-vous? J'ai votre savon.—Avez-vous votre sucre? J'ai mon sucre.—Quel sucre avez-vous? J'ai votre sucre.—Quel papier avez-vous? J'ai mon papier.—Avez-vous mon papier? J'ai votre papier.—Quel pain avez-vous? J'ai mon pain.—Quel balai avez-vous? J'ai votre balai.—Avez-vous votre exercice? Oui, M., j'ai mon exercice.—Quel exercice avez-vous? J'ai mon premier exercice.

2d. *Second Exercice.*

Bonjour, Mademoiselle. Bonjour, M.—Bonjour, Madame.—Comment vous portez-vous, M.? Très-bien, merci, Mlle.—Comment vous portez-vous, Mme? Très-bien, M., merci.

Avez-vous mon beau cheval? Oui, Monsieur, je l'ai.—Avez-vous mon vieux soulier? Non, Mlle., je ne l'ai pas.—Quel chien avez-vous? J'ai votre joli chien.—Avez-vous mon mauvais papier? Non, Monsieur, je ne l'ai pas.—Avez-vous le bon drap de velours? Oui, Monsieur, je l'ai.—Avez-vous mon vilain fusil? Non, Monsieur, je ne l'ai pas.—Quel fusil avez-vous? J'ai votre beau fusil.—Quel bas avez-vous? J'ai le bas de fil.—Avez-vous mon bas de fil? Je n'ai pas votre bas de fil. Avez-vous mon fusil de bois ? Non, Monsieur, je ne l'ai pas.—Avez-vous le vieux pain ? Je n'ai pas le vieux pain.—Quel soulier avez-vous ? J'ai mon beau soulier de velours.—Quel soulier de velours ? Votre soulier de velours.—Quel savon avez-vous ? J'ai mon vieux savon.—Quel sucre avez-vous ? J'ai votre bon sucre.—Quel sel avez-vous ? J'ai le mauvais sel. Quel exercice avez-vous ? J'ai mon second exercice.—Avez-vous le premier exercice ? Non, Mme., je ne l'ai pas.—Quel chapeau avez-vous ? J'ai mon mauvais chapeau de papier.—Avez-vous mon vilain soulier de bois ? Non, Monsieur, je ne l'ai pas.—Quel vocabulaire avez-vous ? J'ai le second.—Avez-vous le premier ? Oui, je l'ai.

3me. Troisième Exercice.

Qu'avez-vous ? J'ai le troisième exercice.—Avez-vous votre second exercice, Mlle. ? Oui, M., je l'ai.—Bon soir, Mme., comment vous portez-vous ? Très-bien, M., merci.—Bonjour, Mlle. Bonjour, M.

Avez-vous mon bon vin ? Je l'ai.—Avez-vous l'or ? Je ne l'ai pas.—Avez-vous l'argent ? Je l'ai.—Avez-vous le ruban d'or ? Non, Monsieur, je ne l'ai pas.—Avez-vous votre chandelier d'argent ? Oui, Monsieur, je l'ai.—Qu'avez-vous ? J'ai le bon fromage. J'ai mon habit de drap.—Avez-vous mon bouton d'argent ? Je ne l'ai pas.—Quel bouton avez-vous ? J'ai votre bon bouton d'or.—Quel cordon avez-vous ? J'ai le cordon d'or.—Avez-vous quelque chose ? J'ai quelque chose. —Qu'avez-vous ? J'ai le bon pain. J'ai le bon sucre.—Avez-vous quelque chose de bon ? Je n'ai rien de bon.—Avez-vous quelque chose de beau ? Je n'ai rien de beau. J'ai quelque chose de vilain.—Qu'avez-vous de vilain ? J'ai le vilain chien —Avez-vous quelque chose de joli ? Je n'ai rien de joli. J'ai quelque chose de vieux.—Qu'avez-vous de vieux ? J'ai le vieux fromage.—Avez-vous faim ? J'ai faim.—Avez-vous soif ? Je n'ai pas soif.—Avez-vous sommeil ? Je n'ai pas sommeil.—Qu'avez-vous de beau ? J'ai votre beau chien.—

Qu'avez-vous de mauvais? Je n'ai rien de mauvais.—Quel papier avez-vous? J'ai votre bon papier.—Avez-vous le beau cheval? Oui, Monsieur, je l'ai.—Quel soulier avez-vous? J'ai mon vieux soulier de velours.—Quel bas avez-vous? J'ai votre beau bas de fil.

4me. *Quatrième Exercice.* 1ère *Section.*

Avez-vous ce livre? Non, Monsieur, je ne l'ai pas.—Quel livre avez-vous? J'ai celui du voisin.—Avez-vous mon pain ou celui du boulanger? Je n'ai pas le vôtre; j'ai celui du boulanger.—Avez-vous le cheval du voisin? Non, Monsieur, je ne l'ai pas.—Quel cheval avez-vous? J'ai celui du boulanger. —Avez-vous le joli cordon d'or de mon chien? Je ne l'ai pas. —Quel cordon avez-vous? J'ai mon cordon d'argent.—Avez-vous mon bouton d'or ou celui du tailleur? Je n'ai pas le vôtre; j'ai celui du tailleur.—Quel café avez-vous? J'ai celui du voisin.—Avez-vous sommeil? Je n'ai pas sommeil, j'ai faim. —Avez-vous soif? Je n'ai pas soif.—Quel bas avez-vous? J'ai le mien.—Avez-vous votre bas de fil ou le mien? Je n'ai pas le vôtre; j'ai le mien.—Quel soulier avez-vous? J'ai le soulier de bois du voisin.—Qu'avez-vous? Je n'ai rien.—Avez-vous quelque chose de bon? Je n'ai rien de bon.—Avez-vous quelque chose de mauvais? Je n'ai rien de mauvais.—Avez-vous faim ou soif? J'ai soif.—Quel exercice avez-vous? J'ai le quatrième.—Avez-vous l'exercice de votre voisin? Non, M., j'ai le mien.—Avez-vous notre velours? Je ne l'ai pas.—Avez-vous notre café? Je n'ai pas le nôtre; j'ai celui du boulanger. Avez-vous le chandelier d'or du voisin? Non, M., j'ai le nôtre. —Comment vous portez-vous aujourd'hui? Aujourd'hui? Oui, aujourd'hui. Très-bien, merci.

4me. *Quatrième Exercice.* 2de *Section.*

Avez-vous mon bâton ou celui de mon ami? J'ai celui de votre ami.—Avez-vous votre dé ou celui du tailleur? J'ai le mien.—Avez-vous l'habit de mon frère ou le vôtre? J'ai celui de votre frère.—Avez-vous votre chien ou celui de l'homme ? J'ai celui de l'homme.—Avez-vous l'argent de votre ami? Je ne l'ai pas.—Avez-vous froid? J'ai froid.—Avez-vous peur ? Je n'ai pas peur.—Avez-vous chaud ? Je n'ai pas chaud.—Avez-vous mon habit ou celui du tailleur? J'ai celui du tailleur.—Avez-vous mon chandelier d'or ou celui du voisin ? J'ai le vôtre.—Avez-vous votre papier ou le mien ? J'ai le mien.—Avez-vous votre fromage ou celui du boulanger ? J'ai le mien.—Quel drap avez-vous? J'ai celui du tailleur.—Avez-vous le vieux bois de mon frère ? Je ne l'ai pas.—Quel savon avez-vous? J'ai le bon savon de mon frère.—Avez-vous mon fusil de bois ou celui de mon frère ? J'ai le vôtre.—Avez-vous le soulier de votre ami ? Oui, M., j'ai le soulier de velours de mon ami.—Qu'avez-vous de joli? J'ai le joli chien de mon ami.—Avez-vous mon beau ou mon vilain bâton ? J'ai votre vilain bâton.—Avez-vous le second exercice de votre bon ami? Non; j'ai le troisième.—Quel savon avez-vous ? J'ai le nôtre.—Avez-vous le pain de votre ami? Non, j'ai le nôtre.—Avez-vous celui de l'homme ? Non; je ne l'ai pas.—Avez-vous le bouton d'argent ? Non; j'ai celui d'or.—Avez-vous *la* première ou *la* seconde section, aujourd'hui ? J'ai la seconde section.

5me. *Cinquième Exercice.* 1ère *Section.*

Comment vous portez-vous aujourd'hui ? Assez bien, merci.—Comment vous portez-vous, ce soir, Mlle. Charlotte ? Très-bien, merci.—Bon soir, M.—Avez-vous faim ou soif ? Je n'ai ni faim ni soif.—Avez-vous mon soulier ou celui du cordonnier? Je n'ai ni le vôtre ni celui du cordonnier.—Avez-vous votre crayon ou celui du garçon? Je n'ai ni le mien ni celui du garçon. Quel crayon avez-vous? J'ai celui du marchand.—Avez-vous mon chocolat ou celui du marchand ? Je n'ai ni le vôtre ni celui du marchand; j'ai le mien.—Quel canif avez-vous ? J'ai le canif de mon frère.—Avez-vous le velours de Mlle. Rose? Non, Mme., je ne l'ai pas.—Avez-vous chaud ou froid ? Je n'ai ni chaud ni froid; j'ai sommeil.—Avez-vous peur ?

Je n'ai pas peur.—Qu'avez-vous ? J'ai le beau ruban de Mlle Charlotte.—Le ruban de velours ? Non, le ruban d'or.—Avez-vous quelque chose, M. ? J'ai quelque chose.—Qu'avez-vous ? J'ai quelque chose de beau.—Qu'avez-vous de beau ? J'ai le beau chien du cordonnier.—Avez-vous mon fusil ou le vôtre ? Je n'ai ni le vôtre ni le mien.—Quel fusil avez-vous ? J'ai celui de mon ami.—Avez-vous mon ruban de velours ou celui de mon frère ? Je n'ai ni le vôtre ni celui de votre frère, mais le nôtre.—Quel cordon avez-vous ? J'ai le cordon de fil de mon voisin.—Avez-vous le livre du tailleur ou celui du garçon ? Je n'ai ni celui du tailleur ni celui du garçon.

5me. Cinquième Exercice. 2de Section.

Vous portez-vous bien, ce matin ? Oui, M., assez bien, merci.—Comment vous portez-vous, Mlle. Clara ? Pas très-bien, Mme.—Vous portez-vous bien, M. Robert ? Oui, M., ce soir, je me porte très-bien.—Avez-vous le cinquième exercice ? Oui, je l'ai.—Avez-vous mon dictionnaire ou mon livre ? Je n'ai ni votre dictionnaire ni votre livre.—Avez-vous votre parasol ou le mien ? Je n'ai ni le vôtre ni le mien ; j'ai celui de Clara.— Quel châle avez-vous ? J'ai celui du voisin.—Avez-vous le clou de fer ou d'argent ? Je n'ai ni le clou de fer ni d'argent ; j'ai celui d'or.—Avez-vous mon marteau ou celui du charpentier ? Je n'ai ni le vôtre ni celui du charpentier ; j'ai le nôtre.— Quel clou avez-vous ? J'ai le clou de fer.—Quel marteau avez-vous ? J'ai le marteau de bois du charpentier.—Avez-vous quelque chose de très-beau ? J'ai quelque chose de très-beau. —Qu'avez-vous ? Ce beau châle.—Avez-vous le joli parapluie du Français ? Non, je n'ai pas le joli, j'ai le vieux.—Le vieux parapluie ? Oui, le vieux.—Avez-vous le bas de coton ou de fil ? Je n'ai ni le bas de coton ni de fil.—Avez-vous le livre du Français ou celui du marchand ? Je n'ai ni celui du Français ni celui du marchand.—Quel livre avez-vous ? J'ai le nôtre.—Qu'avez-vous ? Rien.—Avez-vous quelque chose, M. Robert ? Non, Mlle., rien.—Avez-vous peur ? Non, je n'ai pas peur. Je n'ai rien.—Avez-vous le coton, le drap, ou le châle ? Je n'ai ni le coton, ni le drap, ni le châle.—Qu'avez-vous ? J'ai le dictionnaire de Webster.

6me. Sixième Exercice. 1ère Section.

Bon soir, Mlle., vous portez-vous bien ? Très-bien, merci.—J'en suis bien aise.—Et vous, M. Louis, comment vous portez-vous ? Pas très-bien aujourd'hui.—Vous portez-vous bien ce soir, Mme. ? Assez bien, merci. J'en suis bien aise.—Je n'ai ni le chien du boulanger ni celui de mon ami.—Avez-vous honte ? Je n'ai pas honte.—Avez-vous peur ou honte ? Je n'ai ni peur ni honte.—Avez-vous mon couteau ? Lequel ? Le beau.—Avez-vous mon bœuf ou celui du cuisinier ? Je n'ai ni le vôtre ni celui du cuisinier.—Lequel avez-vous ? J'ai celui du capitaine.—Ai-je votre biscuit ? Vous ne l'avez pas.—Ai-je faim ou soif ? Vous n'avez ni faim ni soif.—Ai-je chaud ou froid ? Vous n'avez ni chaud ni froid.—Ai-je peur ? Vous n'avez pas peur. Vous n'avez ni peur ni honte.—Ai-je quelque chose de bon ? Vous n'avez rien de bon.—Qu'ai-je ? Vous n'avez rien.—Quel crayon ai-je ? Vous avez celui du Français. —Ai-je votre dé ou celui du tailleur ? Vous n'avez ni le mien ni celui du tailleur.—Lequel ai-je ? Vous avez celui de votre ami.—Quel parapluie ai-je ? Vous avez le mien.—Ai-je le bon pain du boulanger ? Vous ne l'avez pas.—Quel dictionnaire ai-je ? Vous avez le vôtre.—Avez-vous mon fusil de fer ? Je ne l'ai pas.—L'ai-je ? Vous l'avez.—Ai-je votre mouton ou celui du cuisinier ? Vous n'avez ni le mien ni celui du cuisinier.—Ai-je votre couteau ? Vous ne l'avez pas.—L'avez-vous ? Je l'ai.—Quel biscuit ai-je ? Vous avez celui du capitaine.

6me. Sixième Exercice. 2de Section.

Avez-vous le cinquième vocabulaire aujourd'hui ? Non, Mlle., j'ai l'exercice.—Lequel ; le cinquième ou le sixième ? J'ai le cinquième aujourd'hui.—Monsieur, ai-je le sixième vocabulaire ce soir ? Non, Mlle., vous ne l'avez pas.—Lequel ai je ? Vous avez le cinquième vocabulaire, seconde section.—Quel drap ai-je? Vous avez celui du marchand.—Avez-vous mon café ou celui de mon garçon? J'ai celui de votre bon garçon.—Avez-vous votre châle ou le mien? Je n'ai ni le vôtre ni le mien.—Qu'avez vous? J'ai le bon chandelier de mon frère.—Ai-je raison? Vous avez raison.—Ai-je tort? Vous n'avez pas tort.—Ai-je raison ou tort? Vous n'avez ni raison ni tort; vous avez peur. Vous n'avez pas sommeil. Vous n'avez ni chaud ni froid.—Ai-je le bon café ou le bon sucre? Vous n'avez ni le bon café, ni le bon sucre.—Ai-je quelque chose de bon ou de mauvais? Vous n'avez rien de bon ni de mauvais.—Qu'ai-je? Vous n'avez rien.—Qu'ai-je de joli? Vous avez le joli chien de mon ami.—Quel beurre ai-je? Vous avez celui de votre cuisinier.—Ai-je votre parasol ou celui du marchand? Vous n'avez ni le mien, ni celui du marchand.—Quel chocolat avez-vous? J'ai celui du Français.—Quel soulier avez-vous? J'ai le soulier de cuir du cordonnier.—Lequel ai-je? Vous avez celui du vieux boulanger.—Lequel avez-vous? J'ai celui de mon vieux voisin.—Qu'avez-vous? J'ai peur.—Ai-je quelque chose? Vous n'avez rien.

7me. Septième Exercice. 1ère Section.

Vous vous portez bien, j'espère, Mlle.? Oui, M., je me porte parfaitement bien.—Et vous, M., comment vous portez-vous? Assez bien, aujourd'hui, merci.—J'espère que vous vous portez bien, Madame? Oui, Mlle., je me porte très-bien ce matin. J'en suis bien aise.—Avez-vous froid ce matin? Non, M., je n'ai pas froid.—L'adolescent a-t-il son poulet? Il l'a.—Qui a mon gilet? Le jeune homme l'a.—Le jeune homme a-t-il son joli bâtiment? Le jeune homme ne l'a pas.—Qui l'a? Le capitaine l'a.—L'épicier a-t-il mon couteau ou le vôtre? Il n'a ni le vôtre ni le mien.—Quel couteau a-t-il? Quel couteau ou quel canif? Quel canif? Il a le nôtre.—L'a-t-il? Oui, il l'a.—Son frère a-t-il mon or? Il ne l'a pas.—L'avez-vous? Non, je ne l'ai pas.—Qui l'a? Vous l'avez.—L'adolescent a-t-il votre gilet ou le mien? Il n'a ni le vôtre ni le mien.—

Lequel a-t-il? Il a celui du tailleur. Avez-vous son marteau ou son clou? Je n'ai ni son marteau ni son clou. Le charpentier a le marteau; son garçon a le clou. Avez-vous son parapluie ou son bâton? Je n'ai ni son parapluie ni son bâton.—Qu'avez-vous? Rien.—Ce fermier a-t-il son cheval ou son chien? Il n'a ni celui-ci ni celui-là.—Ai-je le riz du marchand? Quel marchand? Le vieux ou le jeune? Le jeune. Vous ne l'avez pas; le vieux épicier l'a.—A-t-il son café ou mon sucre? Il n'a ni son café ni votre sucre.—Le garçon a-t-il son dictionnaire, celui de mon frère, ou celui du Français? Il n'a pas son dictionnaire, ni celui de votre frère; il a celui du Français.—Qui a mon porte-crayon? Quel porte-crayon? Le porte-crayon d'or ou celui d'argent? Celui d'or. Je l'ai.—Le jeune capitaine a-t-il le vieux bâtiment de M. Henri? Il n'a pas le vieux bâtiment de M. Henri: il a le bon bâtiment de M. Robert, l'Helvétius.

7me. Septième Exercice. 2de Section.

Vous vous portez bien, j'espère, ce soir? Je ne me porte pas très-bien, merci.—Et vous, M., comment vous portez-vous? Je me porte mieux, merci.—Comment se porte votre frère? Il se porte parfaitement bien aujourd'hui.—Comment se porte M. Robert? Il se porte mieux.—Qui a mon coffre? Le garçon l'a.—Quelqu'un a-t-il soif? Ce vieux domestique a soif.—A-t-il faim? Non, il n'a pas faim; il a son pain.—A-t-il le beurre? Il ne l'a pas.—Qu'a-t-il? Il a son fromage. L'adolescent qu'a-t-il? Il a le beau poulet du fermier.—A-t-il le couteau? Non, il ne l'a pas; il a le porte-crayon.—A-t-il peur? Il n'a pas peur.—A-t-il peur ou honte? Il n'a ni peur ni honte.—L'épicier a-t-il raison ou tort? Il n'a ni raison ni tort.—Ai-je le sac de riz? Oui, M., vous l'avez.—Qui a le riz du fermier? Mon domestique l'a.—Votre domestique a-t-il mon parapluie? Non, il ne l'a pas.—A-t-il le vôtre? Non, il ne l'a pas.—Lequel a-t-il? Il n'a ni le vôtre ni le mien.—A-t-il le sien? Il l'a.—Le garçon de votre ami qu'a-t-il? Il a mon vieux canif.—Votre boulanger a-t-il mon oiseau ou le sien? Il a le sien.—Qui a le mien? Le charpentier l'a.—A-t-il chaud ou froid? Il n'a ni chaud ni froid.—Quelqu'un a-t-il froid? Personne n'a froid.—Quelqu'un a-t-il chaud? Personne n'a chaud.—Quelqu'un a-t-il mon poulet? Personne ne l'a.—Ce domestique a-t-il votre gilet ou le mien? Il n'a ni le mien ni le vôtre.—Lequel a-t-il? Il a le sien.—Quelqu'un a-t-il mon fusil? Quel fusil? Le vieux. Personne ne l'a.—L'adolescent qu'a-t-il? Il n'a rien.—Ai-je votre sac ou celui de votre bon ami? Non, vous avez le sac du fermier.—Qui a celui de Mlle. Clara? Personne ne l'a.—Qui a son châle? Quel châle? Celui de coton ou de velours? Celui de velours. Je l'ai.—Qui a peur? Le garçon du tailleur a peur.—Qu'a-t-il? Il a peur de votre mauvais chien.—Le fermier a-t-il mon argent? Il ne l'a pas.—Le capitaine l'a-t-il? Il ne l'a pas.—A-t-il quelque chose de bon? Il n'a rien de bon.—Qu'a-t-il de vilain? Il n'a rien de vilain.—Votre cuisinier a-t-il son mouton? Il l'a.—Ai-je votre pain ou votre fromage? Vous n'avez ni mon pain ni mon fromage.—Quelqu'un a-t-il mon bouton d'or? Personne ne l'a.

8me. *Huitième Exercice.* 1ère *Section.*

Bon soir, Mlle. Clara, comment vous portez-vous? Je ne me porte pas très-bien, M., merci.—Et vous, M., vous portez-vous bien? Assez bien, merci.—Votre frère se porte mieux, j'espère. Oui, M., mon frère se porte mieux.—L'étranger quel encrier a-t-il? Il a celui du matelot.—Le matelot a-t-il mon miroir? Il ne l'a pas: je l'ai.—Avez-vous ce pistolet-ci ou celui-là? J'ai celui-ci.—Avez-vous l'encrier de mon voisin ou celui du vôtre? Je n'ai ni celui de votre voisin ni celui du mien.—Lequel avez-vous? J'ai celui de l'étranger.—Quel gant avez-vous? Lequel? Oui, lequel. J'ai celui du matelot.—Vous avez le gant du matelot? Oui, je l'ai.—Avez-vous son matelas? Je ne l'ai pas.—Quel porte-feuille le matelot a-t-il? Il a le sien.—Qui a mon bon mouchoir? Cet étranger-ci l'a.—

L'a-t-il ? Oui, il l'a.—Qu'a-t-il ? Il a mon joli mouchoir.—
Ai-je le mouchoir ou le porte-crayon de Mlle. Victoria ? Vous
n'avez ni celui-ci ni celui-là.—Qu'ai-je ? Vous n'avez rien.—
Qui a ce pistolet-là ? L'ami de l'étranger l'a.—Votre domestique,
qu'a-t-il ? Il a le vieux arbre du fermier.—A-t-il le vieux
mouchoir de l'épicier ? Il n'a pas celui de l'épicier ; il a celui
du matelot.—Ce bœuf-ci a-t-il le foin de ce cheval-là ? Non, il
a le sien.—Le fermier quel bœuf a-t-il ? Il a celui de notre
voisin.—Ai-je votre encrier ou le sien ? Vous n'avez ni le
mien ni le sien ; vous avez celui de votre frère.—L'étranger
a-t-il mon oiseau ou le sien ? Il a celui du capitaine.—Avez-
vous cet arbre-ci ? Je ne l'ai pas.—Avez-vous faim ou soif ?
Je n'ai ni faim ni soif ; j'ai sommeil.—Le vieux matelot a-t-il cet
oiseau-ci ou celui-là ? Il n'a pas celui-ci ; il a celui-là.—Notre
domestique a-t-il ce balai-ci, ou celui-là ? Il a le vilain.—Votre
cuisinier a-t-il ce poulet-ci ou celui-là ? Il n'a ni celui-ci ni
celui-là ; il a le sien.—Ai-je raison ou tort ? Vous n'avez pas
tort.—Qui a raison ? Personne.—Ai-je ce canif-ci ou celui-là ?
Non ; personne n'a ni celui-ci ni celui-là.

8me. *Huitième Exercice.* 2de *Section.*

Bon soir, Mme., vous vous portez bien, j'espère ? Parfaitement bien, M., je vous remercie. Je suis bien aise de l'apprendre.—Et vous, M., comment vous portez-vous ? Pas très-bien,
mais prenez un siège et asseyez-vous. Merci, j'ai un siège.—
Avez-vous le grain de votre grenier, ou celui du mien ? Je n'ai ni
celui de votre grenier ni celui du mien ; mais j'ai celui de notre
marchand.—Avez-vous celui de l'épicier ? Non, je ne l'ai pas.
—Qui a mon gant ? Ce domestique l'a.—Qu'a ce domestique ?
Il a le gros arbre du vieux fermier.—Le fermier a-t-il ce bœuf-
ci ou celui-là ? (*mind the French construction.*) Il n'a ni celui-
ci ni celui-là, mais il a celui que le garçon n'a pas.—Quel garçon ? Le gros ou le bon ? Le gros.—Avez-vous le grain de ce
jeune cheval ? Je ne l'ai pas, notre domestique l'a.—Votre
frère a-t-il mon billet ou le sien ? Il n'a ni le vôtre, ni le sien ;

mais il a celui du gros matelot.—Avez-vous le cahier? Quel cahier? Le gros cahier. Le gros cahier? Non, je ne l'ai pas; mais Charles l'a.—Qu'avez-vous? J'ai mon cahier, le vôtre, le sien et celui de l'épicier.—Avez-vous le coffre que j'ai? Je n'ai pas celui que vous avez.—Quel mouchoir avez-vous? J'ai celui que votre frère n'a pas.—Quel encrier a le frère de notre ami? Il a celui que le garçon du fermier n'a pas.—Quel cahier avez-vous? J'ai le gros que vous n'avez pas.—Quel cheval le cordonnier a-t-il? Il a celui que le fermier de notre frère n'a pas.—L'épicier, qu'a-t-il? Il a le sac de riz que je n'ai pas.—Quel gilet avez-vous? J'ai celui que mon jeune ami n'a pas.—Avez-vous froid ou faim? Je n'ai ni froid ni faim, mais Jean a peur.—A-t-il peur? Oui, il a peur de ce gros bœuf.—Qui a sommeil? Je n'ai pas sommeil, mais j'ai soif.—Avez-vous le bâtiment de fer ou celui de bois? Je n'ai ni celui-ci, ni celui-là; mais j'ai celui que le gros capitaine n'a pas.

9me. Neuvième Exercice. 1ère *Section.*

Bon soir, Mlle., vous vous portez bien, j'espère? Parfaitement bien, M., je vous remercie.—J'en suis bien aise.—Comment se porte votre père? Il se porte bien, j'espère? Non, M., pas très-bien. J'en suis bien fâché, mais prenez un siège et asseyez-vous. Je vous remercie.—Avez-vous mes gants? Oui, M., j'ai vos gants.—Avez-vous les gants de l'étranger? Non, M., je n'ai pas ses gants.—Ai-je vos miroirs? Vous avez nos miroirs.—Le petit matelot qu'a-t-il? Il a les jolis parasols.—A-t-il mes bâtons ou mes fusils? Il n'a ni vos bâtons ni vos fusils.—Qui a les bons gilets du tailleur? Personne n'a ses gilets; mais quelqu'un a ses boutons d'argent.—Le garçon du Français a-t-il nos bons parapluies? Il n'a pas nos bons parapluies, mais nos parasols.—Le cordonnier a-t-il les souliers des étrangers? Il n'a pas leurs souliers.—A-t-il leurs sacs? Quels sacs? Leurs sacs de cuir.—Non, il n'a ni leurs souliers, ni leurs sacs de cuir, mais il a les souliers de velours des marchands.—Le capitaine, qu'a-t-il? Il a ses bons matelots —Notre domestique, quels balais a-t-il ? Il a les balais de notre épicier.—Du jeune ou du vieux épicier ? Du vieux.—Cet homme-ci a-t-il ces grands éventails-là ? Il n'a pas ses grands éventails-là.—A-t-il votre cahier ou celui de votre ami ? Il n'a ni le mien ni celui de mon ami, il a le sien.—Avez-vous trois des exercices ? De quels exercices ? Des exercices de V. Value. Oui, j'ai trois de ses exercices.—Votre frère a-t-il le vin que j'ai ou celui que vous avez ? Il n'a ni celui que vous avez, ni celui que j'ai.—Quel vin a-t-il ? Il a celui de son épicier.—Avez-vous le sac que mon domestique a ? Je n'ai pas le sac que votre domestique a.—Avez-vous le poulet que mon cuisinier a ou celui que le fermier a ? Je n'ai ni celui que votre cuisinier a ni celui que le fermier a.—Le fermier a-t-il froid ou chaud ? Il n'a ni froid ni chaud.

9me. *Neuvième Exercice.* 2me Section.

Vous portez-vous bien, Mlle. Gertrude ? Oui, M., je me porte très-bien, je vous remercie.—Et vous, M., comment vous portez-vous ? Pas très-bien, Mlle., je vous remercie. En vérité ! J'en suis bien fâchée.—Otez votre châle et votre chapeau et asseyez-vous. Merci, merci. Avec plaisir.—Ai-je vos jolis porte-feuilles ? Vous n'avez pas mes jolis porte-feuilles.—Quels porte-feuilles ai-je ? Vous avez les petits porte-feuilles de vos amis.—L'étranger a-t-il nos bons pistolets ? Il n'a pas nos bons pistolets ; mais nos vieux bâtons.—Qui a nos vaisseaux ? L'étranger a nos vaisseaux.—Qui a nos beaux chevaux ? Personne n'a nos beaux chevaux, mais quelqu'un a nos beaux bœufs.—Votre voisin a-t-il le choix de ces arbres-là ? Notre voisin n'a pas le choix de ces arbres-là, mais le grand général l'a.—Qui a les vieux bijoux de Mme. Le Noir ? Son frère a ses bijoux.—Le petit garçon a-t-il ses joujoux ou ses oiseaux ? Il a ses oiseaux ; mais le petit Jean a ses joujoux.—Le fermier a-t-il le foin des chevaux ? Il n'a pas leur foin, mais leur grain.—Ce tailleur a-t-il mes beaux boutons d'or ? Il n'a pas vos beaux boutons d'or ; mais nos vieux cordons d'argent.—Notre ami a-t-il nos grands crayons ? Il n'a pas nos grands crayons, mais il a les vilains chiens des généraux.—Le petit Jean a-t-il le choix de ces joujoux? Non, il n'a pas le choix de ces joujoux; mais le petit Robert l'a.—Qui a les beaux encriers du marchand? Personne n'a ses beaux encriers; mais j'ai ses grands cahiers.—Qui a leurs gros mouchoirs? Le matelot du capitaine a leurs gros mouchoirs.—Avez-vous le charbon de l'épicier? Non, je ne l'ai pas.—L'ai-je? Vous ne l'avez pas.—Qui a son charbon? Les domestiques des généraux.—Qu'avez-vous? J'ai quelque chose de mauvais.—Qu'avez-vous de mauvais? J'ai le mauvais chocolat.—Le mauvais chocolat de l'épicier? Non, celui du vieux matelot.—Votre ami a-t-il les petits couteaux de nos marchands? Il n'a pas leurs petits couteaux, mais leurs chandeliers d'or.—Avez-vous les gros choux ou les petits? Je n'ai ni les gros choux ni les petits.—Lesquels avez-vous? J'ai les bons choux du fermier.—Avez-vous le choix des choux? Non, je ne l'ai pas; mais mon frère l'a.—Quel choix a-t-il? Il a le premier. —Qui a le second choix? Je ne l'ai pas.—Quel éventail avez-vous? Quel éventail ai-je? Oui, quel éventail avez-vous? Je n'ai pas le vôtre, mais le mien.

10me. *Dixième Exercice.* 1ère *Section.*

Bon jour, Mlle., vous vous portez bien, j'espère? Très-bien, M., je vous remercie.—Et vous, comment vous portez-vous? Pas très-bien, ce matin. En vérité! J'en suis bien fâchée.—Qu'avez-vous? J'ai un mauvais rhume, et un mal de gorge.—Comment se porte M. le général? Il se porte assez bien.—Et son frère? Il se porte assez bien, aussi.—Prenez un siège et asseyez-vous.—Avez-vous ces noms-ci ou ceux-là? Je n'ai ni ces noms-ci ni ceux-là.—Lesquels avez-vous? J'ai ceux que le petit Robert a: savoir: *mouchoir, encrier, manteau, dictionnaire, éventail, canif,* &c. Avez-vous *l'œil?* Oui, j'ai *l'œil.*—Avez-vous le pluriel d'œil? Je l'ai, et il l'a aussi.—Charles a-t-il le catalogue des verbes que vous avez? Il a le catalogue de ceux que j'ai et de celui des vôtres aussi.—Avez-vous le Français de: *to give?* Je ne l'ai pas; mais j'ai celui de: *he is better*, and that of: *the places.*—Avez-vous les chevaux des Français ou ceux des Anglais ? J'ai ceux des Anglais, mais non pas ceux des Français.—Quels bœufs avez-vous ? J'ai ceux des étrangers.—Avez-vous les éventails que j'ai ? Je n'ai pas ceux que vous avez, mais j'ai ceux que votre frère a.—Votre frère a-t-il ses biscuits ou les miens ? Il a les siens et les miens aussi.—A-t-il les vôtres et ceux du jeune général ? Il n'a ni les nôtres ni ceux du jeune général.—Quels chevaux l'épicier de votre ami a-t-il ? Il a ceux que l'étranger n'a pas.—Votre fermier a-t-il mes cahiers ou les leurs ? Il n'a ni les nôtres ni les leurs, mais il a ceux du capitaine.—Ai-je vos gilets ou ceux des tailleurs ? Vous n'avez pas les leurs, vous avez les miens.—Ai-je les grands manteaux ? Vous n'avez pas les grand manteaux.—Quels encriers ai-je ? Vous n'avez pas les nôtres, mais ceux de nos voisins.—Avez-vous les oiseaux des matelots ? Je n'ai pas leurs oiseaux, mais leurs beaux bâtons.—Quels bijoux ce vilain garçon a-t-il ? Il a les miens.—Ai-je mes souliers ou ceux des cordonniers ? Vous n'avez pas les vôtres, mais les leurs.—Quel papier l'homme a-t-il ? Il a le nôtre.—A-t-il notre café ? Il ne l'a pas.—Avez-vous nos grands habits ou ceux des étrangers ? Je n'ai rien.—Votre frère a-t-il cet avocat-ci (10^3) ou celui-là ? Il a celui-là.—Ai-je ces livres-ci ou ceux-là ? Vous n'avez rien.

10me. *Dixième Exercice.* 2de *Section.*

J'espère que vous vous portez mieux, ce soir, Mlle. ? Je vous remercie, je me porte beaucoup mieux ; mais mon jeune frère a mal aux dents. J'en suis bien fâché.—Comment se porte M. Charles ? Il ne se porte pas bien ; il a un mauvais rhume. A-t-il mal de gorge ? Non, il n'a pas mal de gorge ; mais il a mal de tête.—Et vous, M., vous portez-vous bien ? Je me porte parfaitement bien, merci. J'en suis bien aise.

Votre charpentier a-t-il nos marteaux ou ceux des écoliers, nos amis ? Il n'a ni les nôtres ni ceux des écoliers.—Quels clous a-t-il ? Il a ses bons clous de fer.—Quelqu'un a-t-il les éventails ou les châles des anglais? Personne n'a ceux des anglais; mais quelqu'un a ceux des français.—N'avez-vous pas mon manteau? Si fait, je l'ai.—N'avez-vous pas les chapeaux des généraux? Si fait, j'ai les chapeaux des généraux.— Le chien n'a-t-il pas les poulets du cuisinier? Si fait, il a ses poulets.—N'a-t-il pas ses grands couteaux? Si fait, il a ses grands couteaux.—Qui a son fromage? Son fromage? Il l'a. L'a-t-il?—Qui a mon vieux fusil? Le matelot l'a.—Le cordonnier n'a-t-il pas le vieux soulier de l'écolier? Si fait, il l'a.— Notre cuisinier n'a-t-il pas l'argent de l'étranger? Non, il ne l'a pas. N'avez-vous pas cet argent-là? Si fait, je l'ai.—Ai-je quelque chose? Oui, vous avez quelque chose.—Qu'ai-je? Vous avez les gants de cuir de votre ami.—Le gros Jean n'a-t-il pas quelque chose de bon? Si fait, il a quelque chose de bon.— Et le petit Charles, qu'a-t-il? Rien.—Qu'avez-vous de petit? J'ai le joli petit oiseau de Lamartine.—Qui a nos cahiers et les siens? Je n'ai ni ceux-ci ni ceux-là.—Le garçon du général n'a-t-il rien? Si fait, il a son dictionnaire de français, son encrier, son crayon, ses cahiers, et les joujoux de son petit frère.—Ai-je les sacs de ce fermier? Vous n'avez pas ses sacs, mais son grain.—A-t-il vos livres ou ses châles? Il n'a ni ceux-ci ni ceux-là; mais il a les vieux mouchoirs.—Le frère de l'étranger a-t-il faim? Il n'a pas faim, mais soif.—Votre ami a-t-il froid ou sommeil? Il n'a ni froid ni sommeil, mais il a peur.—A-t-il peur de votre chien? Il n'a pas peur.—Le jeune homme n'a-t-il pas les balais de nos domestiques? Il n'a pas leurs balais; mais leur savon.—Quels crayons n'a-t-il pas? Il n'a pas les miens.—N'a-t-il pas de grands yeux? Si fait, il a de grands yeux.—Quels yeux l'oiseau a-t-il? Il a de petits yeux.

10me. Dixième Exercice. 3me Section.

Mlle. Charlotte, je vous souhaite le bon jour. Comment vous portez-vous? Merci, M., je me porte très-bien; mais j'ai très-froid.—Fait-il froid? Oui, il fait très-froid. J'en suis fâché. —Comment se porte votre jeune ami? J'espère qu'il se porte mieux, ce matin? Oui, M., il se porte mieux. Et comment se porte Madame? Madame se porte parfaitement bien.—Mlle. Anne se porte bien, j'espère? Non, pas très-bien; et son frère a un mauvais rhume.—Prenez un siège et asseyez-vous. Merci. Fait-il chaud aujourd'hui? Non, il ne fait pas chaud.

Avez-vous mes beaux verres? Je les ai.—N'avez-vous pas les beaux chevaux des anglais? Je ne les ai pas.—Qui les a? Le vieux ministre les a.—Quels bâtons avez-vous? J'ai ceux des étrangers.—Qui a nos petits peignes? Mes garçons les ont. —Quels couteaux le domestique de l'avocat a-t-il? Il a ceux de vos amis.—Lesquels n'a-t-il pas? Il n'a pas les nôtres.— N'ai-je pas vos bons fusils? Non, vous ne les avez pas; mais le vieux général les a.—Le fermier, qu'a-t-il? Il a le sac de riz de l'épicier.—Le joli jeune homme n'a-t-il pas les beaux mouchoirs de Mlle. Clara? Il ne les a pas; je les ai.—Les avez-vous? Oui, je les ai.—J'ai aussi son châle de velours, son porte-crayon d'or, son encrier d'argent, ses petits cahiers, ses deux grands dictionnaires de français, ses éventails et les joujoux de son ami Auguste.—Qui a les beaux manteaux des généraux? Le domestique du ministre les a.—L'écolier a-t-il les mots que vous avez? Il ne les a pas.—L'écolier n'a-t-il pas de bons dictionnaires? Si fait, il a de bons dictionnaires de français.—Quels joujoux le petit garçon de l'épicier a-t-il? Il a les joujoux du petit Henri.—Avez-vous les noms, les adjectifs et les pronoms de la neuvième leçon? J'ai ceux du neuvième vocabulaire et ceux des exercices.—L'avocat ou le ministre a-t-il le choix des choux du fermier? L'avocat l'a.—N'a-t-il pas aussi le choix du fromage de l'épicier? Si fait, il l'a.—Qui a le choix du vin du marchand? Le ministre, l'avocat ou les généraux? Ni le ministre, ni l'avocat, ni les généraux, mais l'épicier.—N'avez-vous pas honte? Non, je n'ai pas honte.— L'écolier a-t-il honte? Oui, il a honte.—A-t-il raison ou tort? Il n'a pas tort, il a raison.—Le tailleur n'a-t-il pas honte de ses habits? Si fait, il a honte de ses habits.—Qui n'a pas froid? Je n'ai pas froid.—Qui n'a rien de vilain? L'ami de leur frère n'a rien de vilain.—L'adolescent a-t-il les mouchoirs d'Anne? Quels mouchoirs? Les petits. Non, il ne les a pas; mais il a ceux de son frère.—Qui a le mouton du cuisinier? Personne ne l'a; mais le chien du charpentier l'a.—L'étranger a-t-il le beau mouton du fermier? Il ne l'a pas.—Avez-vous mes jolis pistolets ou ceux de mes frères? Je n'ai ni les vôtres ni ceux de vos frères; mais les miens.—Qui a ces clous-ci ou ceux-là? Personne n'a ni ceux-ci ni ceux-là.

11me. *Onzième Exercice.* 1ère *Section.*

Bonjour, Mlle. Amanda, je suis bien aise de vous voir. Vous vous portez bien, j'espère? Très-bien, merci, mais mon père ne se porte pas bien. En vérité! Je suis fâché de l'apprendre. Qu'a-t-il? Il a un mauvais rhume. Je suis fâché d'apprendre qu'il a un mauvais rhume. A-t-il mal de gorge aussi? Non, mais il a mal de tête.—Le général se porte-t-il bien? Non; mais il est beaucoup mieux. Je suis bien aise de l'apprendre.— Fait-il froid ou chaud aujourd'hui dehors? Il ne fait ni chaud ni froid, mais agréable. J'en suis bien aise.—Asseyez-vous. Avec plaisir. Prenez ce siège. Merci.—Quels vaisseaux les allemands ont-ils? Les allemands n'ont pas de vaisseaux.— Les matelots ont-ils nos beaux matelas? Ils ne les ont pas.— Les cuisiniers les ont-ils? Ils les ont.—Le capitaine a-t-il vos gros cahiers? Il n'a pas de cahiers.—Les ai-je? Vous ne les avez pas; mais je les ai.—L'italien a-t-il l'encrier d'acier du garçon? Il ne l'a pas.—Les turcs ont-ils des fusils d'acier? Ils n'ont pas de fusils d'acier.—Les espagnols ne les ont-ils pas? Si fait, ils les ont.—L'espagnol n'a-t-il pas les jolis parapluies des allemands? Si fait, il les a. Les a-t-il? Oui, en vérité, il les a.

Les deux gros italiens n'ont-ils pas nos jolis gants de fil? Ils ne les ont pas.—Qui les a? Les turcs les ont, et ils ont aussi nos grands éventails de papier.—Les jolis ou les vieux? Les jolis.—Les tailleurs n'ont-ils pas nos gilets de drap ou ceux de vos amis? Ils n'ont ni ceux-ci ni ceux-là; mais il ont ceux du général, de l'avocat et du petit Jean.—Quels habits ont-ils? Ils ont les habits de velours que les turcs n'ont pas.—Quels chiens avez-vous? J'ai ceux que personne n'a.—Ai-je les mouchoirs que personne n'a? Oui, en vérité, vous avez ceux que personne n'a.—N'avez-vous pas de bois? Si fait, j'ai du bois.—Votre petit frère n'a-t-il pas de savon? Non, il n'a pas de savon.—N'ai-je pas de mouton? Non, vous n'avez pas de mouton; mais vous avez des oiseaux et des poulets.—N'ai-je pas de bœuf? Non, vous n'avez pas de bœuf.—Qui a du bœuf? Personne n'a de bœuf.—Vos amis ont-ils de l'argent? Ils ont de l'argent.—N'ont-ils pas de lait? Ils n'ont pas de lait; mais ils ont du beurre.—N'ai-je pas de bois? Non, vous n'avez pas de bois; mais vous avez du charbon.—Les vieux marchands ont-ils du drap? Ils n'ont pas de drap; mais ils ont du coton, du fil, des rubans et des bas.

11me. *Onzième Exercice.* 2de Section.

Je vous souhaite le bonsoir, M. Charles.—Comment vous êtes-vous porté? Je me suis assez bien porté; et vous, Mlle., comment vous êtes-vous portée? (*fém.*) Je ne me suis pas bien portée. Je suis fâché de l'apprendre.—Quel temps fait-il dehors? Il fait assez beau; mais froid.—Fait-il très-froid? Pas très-froid, mais agréable.—J'espère, Mlle. Emilie, que vous vous portez bien? Merci, mais je ne me porte pas bien; j'ai mal de gorge. —Et votre ami Robert, comment se porte-t-il, aujourd'hui? Il est mieux, beaucoup mieux. Je suis bien aise d'apprendre qu'il se porte mieux.

Quel exercice les écoliers ont-ils aujourd'hui? Ils ont le onzième, le dixième et le neuvième.—Lesquels le jeune commis a-t-il? Il a le cinquième; première et seconde section.—Les anglais ont-ils de l'argent? Ils n'ont pas d'argent; mais ils ont d'excellent fer.—L'épicier a-t-il de bon café? Il n'a pas de bon café; mais d'excellent vin.—Le marchand de livres n'a-t-il pas de vieux dictionnaires? Si fait, il a ceux de Boyer et de Chambaud.—A-t-il ceux que vos frères ont? Non, il n'a pas ceux qu'ils ont.—Le marchand de lait n'a-t-il pas de lait? Si fait, il a du lait.—Les français ont-ils de bons gants? Ils ont d'excellents gants.—N'ont-ils pas d'oiseaux? Non, ils n'ont pas d'oiseaux; mais ils ont de jolis bijoux.—Qui a d'excellent chocolat? Les espagnols ont d'excellent chocolat.—N'ont-ils pas de beaux chevaux? Si fait, ils ont de très-beaux chevaux.—Les allemands n'ont-ils pas de gros chiens? Si fait, ils ont de gros chiens et de grands bœufs.—Les américains ont-ils de grands bœufs? Non, ils ont de petits bœufs et de petits chevaux.—Le frère de votre ami a-t-il de jolis petits éventails? Oui, il a de jolis petits éventails, de jolis petits châles et de jolis petits rubans.—Que n'a-t-il pas? Il n'a ni mes souliers, ni les vôtres, ni les leurs.—Qui a ceux des français? Ils les ont, et les nôtres aussi.—Les marchands de charbon n'ont-ils pas honte? Non, mais ils ont peur.—Le commis, l'avocat ou le ministre a-t-il tort? Non, ils n'ont pas tort; mais raison.—Les marchands de vin ont-ils quelque chose de bon? Non, ils n'ont rien de bon.—Les américains n'ont-ils pas quelque chose de beau? Si fait, ils ont le *télégraphe électrique*.—Le peintre a-t-il des parapluies? Il n'a pas de parapluies; mais il a de beaux tableaux.—A-t-il les tableaux des français ou ceux des italiens? Qui? Le peintre? Oui, le peintre. Il n'a ni ceux-ci ni ceux-là.

12me. Douzième Exercice.   1ère Section.

I wish you a good morning, Mr. Carnot, I hope you are better to-day. I thank you, Madam, I am much better.—But you, M. Napoléon, how have you been? I have not, as usual, been well.—I am very sorry to hear it. Sit down. Take this seat.—Are you warm enough? Yes, thank you, I am not cold.—Is your throat sore? No, but my head aches.—Is your friend better than usual? Yes, much better.—I am glad to hear that he is better.—Is it cold? No, it is pleasant.—Mr. Charles, have you my little penknife? No, sir, I have it not.—Who has it? Your friend Julius has it.—No, Julius has not got mine, he has yours. Mine? No, I have it.—Pardon me, Julius has got it.—Have not the Spaniards got fine horses? They have fine ones.—What has the lawyer's servant? He has the young Frenchman's old hat.—Has not the grocer's clerk got my pretty little dog? No, sir, he has no dog.—Has not his brother got it? Yes, he has.—Are you afraid of this dog? Yes, I am afraid of it.—Are you afraid of that one? No, I am not.—Is not the youth afraid of that ox? Yes, he is.

Avez-vous du charbon? J'en ai.—Avez-vous du bois? Je n'en ai pas.—Avez-vous de bon bœuf? J'en ai de bon. De jeune mouton? Je n'en ai pas.—N'avez-vous pas de bon drap? Non, je n'en ai pas.—De bon papier? Si fait, j'en ai.—Ai-je le ruban d'argent? Non, vous ne l'avez pas.—Lequel ai-je? Celui de velours.—Ai-je le riz de l'épicier? Vous ne l'avez pas.—Ai-je du riz? Vous en avez.—L'avocat a-t-il des mouchoirs de fil? Il n'en a pas.—Qui en a? Mlle. Rose en a de très-jolis.—Le commis a-t-il de l'argent? Il n'en a pas.—Qu'a-t-il? Il n'a rien.—Qui? Le commis.—Le domestique de l'avocat a-t-il de vieux fromage? Il en a.—Les espagnols n'ont-ils pas le dictionnaire de l'écolier? Si fait, ils l'ont.—Ont-ils nos livres? Non, ils ne les ont pas.—Qui les a? Votre bon ami, le ministre, les a.—L'américain a-t-il de l'or? Il en a.—Les tailleurs ont-ils nos gilets? Non, ils ne les ont pas.—Ont-ils des gilets? Ils en ont.—Les français ont-ils les tableaux? Quels tableaux? Ceux du jeune peintre.—Non, les français ne les ont pas; mais les italiens les ont.—Qu'ont-ils? Les tableaux il? jeune peintre.—Le marchand de lait n'a-t-il pas de beaux bœufs? Si fait, il en a de beaux.—Quel cuir le cordonnier a-t-du Il en a d'excellent.—Le gros général a-t-il des bijoux? Il n'en a pas. Qui a des joujoux? Le fils du marchand de beurre en a.

12me. Douzième Exercice. 2de Section.

M. Lamartine, I present my respects to you.—How do you do this morning, and how have you been? Well; and you, sir, I hope you are better to-day. A little better, at your service.—What kind of weather is it? Is it warm or cold? It is neither warm nor cold, but pleasant.—How is our minister? He is not well.—What is the matter with him? He has a bad cold and a sore throat.—Has he got the tooth-ache also? No, he has not.—I am glad of it.—Has the good clerk got our merchant's fans? He has no fans, but he has their leather gloves.—Have you any of the farmer's grain? Yes, I have.—Is Augustus cold or hungry? He is neither cold nor hungry, but warm.—Has the merchant got anything pretty? He has nothing pretty.—Has he nothing fine? No, he has nothing pretty nor fine.—What have I got? You have the good chocolate.—Have you the joiner's wood? I have it not, but I have his hammer.—Which one? The big or little one? I have the big one.—Have you not the little one? Yes, I have.—I have the one you have not.—Which exercises have I got? You have those of Mr. Charles, those of Mr. Robert, those of that gentleman, and mine.—Have you got the 10th, 11th, or 12th? I have not those, but the 8th and 9th.—Which one have the Italians got? They have the 7th.

Le capitaine a-t-il de bons matelots? Il en a de bons.—Les matelots ont-ils de beaux matelas? Ils n'en ont pas de beaux—Les peintres ont-ils de très-vieux tableaux? Non, ils n'ont pas de vieux tableaux; mais les marchands de livres en ont.—Le ministre et l'avocat n'en ont-ils pas aussi? Celui-ci en a, celui-là n'en a pas.—Qui a de beaux châles, de beaux rubans et de beaux mouchoirs? Messieurs Boutilliers et Cowell en ont.—Le commis de l'apothicaire a-t-il mon canif ou le sien? Il a son canif; mais non pas le vôtre.—Qui a des biscuits? Le jeune boulanger de notre gros voisin en a.—Qui a de beaux rubans? Les français en ont.—Les charpentiers n'ont-ils pas des clous d'or et d'argent? Non, ils ont des clous de fer; mais les menuisiers ont des clous d'or, d'argent et d'acier.—Leurs frères, qu'ont-ils? Ils ont tort et honte.—Les étrangers, qu'ont-ils? Lesquels? Ceux-ci ou ceux-là? Ceux-là.—Ceux-là ont peur des chiens du général.—Et ceux-ci? Ceux-ci? Ils n'ont rien.—Ils n'ont ni froid ni chaud, ni faim ni soif.—Avez-vous le châle et les gants de Mlle. Clara ? Non, je ne les ai pas.—Qui les a ? J'en ai ; mais non pas les siens.—Qui a du riz de l'épicier ? L'avocat, le général, l'apothicaire et le menuisier en ont.—Les peintres ont-ils de beaux tableaux et de beaux jardins ? Ils en ont.—Son menuisier et son charpentier n'ont-ils pas de beau vieux bois ? Celui-là en a ; mais non pas celui-ci.—Les chapeliers ont-ils de bons et de mauvais chapeaux ? Ils en ont de bons et de mauvais.—Qui n'a pas de porte-feuille ? Le marchand de lait et le marchand de beurre n'en ont pas.—N'en avez-vous pas ? Je n'en ai pas.—Votre petit commis en a-t-il ? Non, il n'en a pas.—Qui en a ? Les marchands de livres en ont de cuir.—L'apothicaire a-t-il quelque chose de joli ? Il n'a rien de joli ; mais il a quelque chose de bon.—Qui a vos oiseaux ? Le fermier les a.—A-t-il leur grain ? Il l'a aussi.

12me. Douzième Exercice. 3me Section.

Mr. Louis, I present my respects to you. How are they at your house, (at home) ? All well, thank you.—And at yours ? How are they ? Almost every one is sick.—Madam has a sore throat. George has sore eyes. Clara has the tooth-ache. Little John has a bad cold. My head aches a little. Indeed, every one is sick.—Sit down, and take a little coffee. No, I thank you.

Avez-vous du beurre frais ? J'en ai ; mais je n'ai pas de pain frais.—Quel pain avez-vous ? J'ai du vieux pain de boulanger. —Ont-ils du café ? Ils n'en ont pas.—Qui a de bon vin ? L'épicier en a dans son magasin.—Le marchand de drap a-t-il du drap d'or ? Il en a d'argent.—N'ai-je pas de bon sucre ? Si fait, vous en avez dans votre coffre ; mais le fermier n'en a pas. —Le commis qu'a-t-il ? Lequel ? Celui du marchand de livres —Celui-là n'a rien ; mais le mien a quelque chose de bon.— Qu'a-t-il de bon ? Il a dans son sac, du bon riz du gros étranger.—Les allemands ont-ils mon fromage frais ? Ils n'en ont pas.—Les anglais n'en ont-ils pas ? Si fait, ils ont de bon fromage frais.—Quels mots ont les écoliers ? Ils ont les mots de sept leçons.—Qui a ceux de *la* huitième? Le ministre, l'avocat et Robert les ont.—Ont-ils aussi ceux de *la* neuvième? Non, ils ne les ont pas.—Avez-vous un crayon? J'en ai un, et un porte-crayon aussi.—L'apothicaire a-t-il un jeune commis? Il n'en a pas.—Le général n'a-t-il pas un beau mouchoir de satin? Oui, il en a un, et le matelot aussi.

Le vieux tailleur a-t-il un habit de satin? Il en a trois.—Le capitaine a-t-il un beau chien? Il en a deux.—Vos amis ont-ils deux beaux chevaux? Ils en ont quatre.—Le jeune homme a-t-il un bon ou un mauvais pistolet? Il n'en a pas de bon. Il en a un mauvais et vilain dans son coffre.—Avez-vous un cahier? J'en ai six ou huit.—Votre domestique a-t-il un canif? Il en a un.—Ai-je un ami? Vous en avez un vieux et bon. Vous en avez deux vieux.—Il en a trois vilains petits.—M. Cowell a-t-il un magasin de nouveautés? Oui, il en a un beau.—Les allemands n'ont-ils pas un magasin de drap? Non, ils ont un magasin de nouveautés.—Son charpentier et son menuisier ont-ils des clous de fer et d'acier? Ils en ont, et ils ont aussi un petit marteau d'argent.—Qui a les journaux de l'adolescent? Personne n'a leurs journaux; mais quelqu'un a leurs éventails, leurs gilets de satin, leurs souliers de velours, leurs joujoux d'acier, leurs manteaux de drap et leurs gants de fil.—Le vilain turc a-t-il un jeune et bon cuisinier? Il en a deux: un jeune et un vieux.—N'avez-vous pas de son café? Si fait, j'en ai dans mon grand sac de coton.

13me. *Treizième Exercice.* 1ère Section.

How! You have a sore throat? Yes, I have a very bad sore throat.—Have you got a cold also? No, I have no cold.—I hope your young brother is well. Yes, he is very well.—Is any one sick at your house? Nobody is sick.—Sir, I present my respects to you, and I hope you are better. I am much better, I thank you.—Is it warm? It is not cold.—Sit down, take this seat. No, thank you.—Is your cook better? He is well.—I am glad of it.

Combien d'amis avez-vous? J'ai deux bons amis.—Avez-vous huit bons coffres? J'en ai neuf.—Notre domestique a-t-il trois balais? Il n'en a qu'un bon.—Le capitaine a-t-il deux beaux vaisseaux? Il n'en a qu'un.—Combien de matelots a-t-il? Il en a trop; il en a treize.—Combien de marteaux le charpentier et le menuisier ont-ils? Ils en ont beaucoup.—En ont-ils trop? Ils n'en ont pas trop (Dir. 1).—Les cordonniers n'ont-ils pas beaucoup de souliers? Si fait, ils en ont beaucoup; mais non pas trop.—Le jeune homme n'a-t-il pas un vieux cahier? Si fait, il en a un.—Le commis a-t-il dix éventails? Non, il n'en a que sept; mais il a dix mouchoirs, neuf encriers, huit peignes et beaucoup de crayons.—Combien d'argent les espagnols ont-ils? Ils n'en ont pas beaucoup.—N'ont-ils pas beaucoup de beaux chevaux? Si fait, ils en ont de beaux (beaucoup de beaux.)—Votre voisin a-t-il beaucoup de café? Il en a un peu.—Combien de sacs en a-t-il? Il n'en a que six ou sept.—Qui a trop de grain? Personne n'en a.—Qu'a-t-il dans son chapeau? Il a des journaux.—Combien en a-t-il? Il en a trois ou quatre.—N'en a-t-il que trois ou quatre? Non, il n'en a que trois ou quatre.

Combien de bons généraux les américains ont-ils? Ils en ont beaucoup.—Qu'ont les russes? Ils ont beaucoup de sel, mais non pas trop.—Les fermiers ont-ils beaucoup de beurre frais? Ils en ont de vieux, mais non pas de frais.—Avez-vous des frères? Je n'en ai qu'un.—Les apothicaires qu'ont-ils dans leurs magasins? Ils ont beaucoup de choses.—En ont-ils trop? Oui, ils en ont beaucoup trop.—Le marchand de nouveautés a-t-il du satin, du coton et du fil? Il n'a ni satin, ni coton, ni fil.—Qu'a-t-il? Il a beaucoup de choses.—A-t-il quelque chose de joli? Oui, il a quelque chose de joli.—L'écolier a-t-il un cahier? Non, il n'en a pas. Oh! *si fait*, il en a un dans son coffre.—L'épicier qu'a-t-il dans ce sac-ci et dans celui-là? Dans celui-ci, il a du linge. Dans celui-là, il a des choux, du grain et du fromage frais.—A-t-il des biscuits? Il en a.—L'homme a-t-il peur? Non, il n'a pas peur.—Les generaux n'ont-ils pas froid et faim? Non, mais ils ont chaud et soif.—Qui a honte? Le petit garçon du ministre a honte. Il a tort.—Qui a le télégraphe électrique? Les américains l'ont.—L'adolescent a-t-il de jolis bâtons? Il n'a pas de jolis bâtons, mais de beaux oiseaux.—Notre cuisinier, quels poulets a-t-il? Il a de jolis poulets.—Combien en a-t-il? Il en a six.—Le chapelier a-t-il des chapeaux? Il en a beaucoup.—Le menuisier a-t-il beaucoup de bois? Il n'en a pas beaucoup, mais assez.

13me. Treizième Exercice. 2de Section.

I present my respects to you, Miss Sophia. Sir, I wish you a good morning. How have you been? I thank you, Miss, I have been very well, as usual. How are they at your house? At home? All well, thank you.—Is the joiner better? He is not better.—I am sorry to hear it.—Who has a headache at your house? Nobody has a headache at home; but brother has the toothache.

Avons-nous beaucoup de billets? Nous n'en avons guère.—Combien de billets avons-nous? Nous n'en avons que trois jolis.—Avez-vous assez de beurre frais? Nous n'en avons pas assez.—Nos garçons ont-ils trop d'encriers? Ils n'en ont pas trop; mais assez.—Notre jeune ami a-t-il trop de lait? Il n'en a guère, mais assez.—Qui a beaucoup de mots? Les écoliers en ont assez; mais pas trop.—Ont-ils beaucoup de gants? Qui? Les fermiers ou les écoliers (§ 15)? Les fermiers: Ils n'en ont pas.—Le cuisinier a-t-il du poivre (§ 25), du sel et du vinaigre? Il n'a pas assez de vinaigre; mais il a trop de poivre et de sel.—Avons-nous beaucoup de savon? Nous n'en avons guère.—Le marchand a-t-il beaucoup de drap? Il en a beaucoup.—Qui a beaucoup de papier? Nos voisins en ont.—Ces tailleurs-ci ont-ils beaucoup de boutons? Ils n'en ont que quelques uns.—Le peintre a-t-il beaucoup de jardins? Il n'en a guère.—Combien de jardins a-t-il? Il n'en a que deux.—Avons-nous les couteaux des allemands? Nous les avons.—Avons-nous les beaux chevaux du capitaine? Nous ne les avons pas; le général les a.—Avons-nous de bons et beaux bijoux (§ 18)? Nous en avons beaucoup.—Quels bijoux avons-nous? Nous avons des bijoux d'or, d'argent et d'acier. (§ 140.)— Quels chandeliers ont nos amis? Ils ont les vieux de fer.— N'avons-nous pas les rubans de satin de Sara? Non, nous ne les avons pas.—N'avons-nous pas de rubans? Des rubans de satin? Oui, des rubans de satin. Si fait, nous en avons beaucoup; mais pas ceux de Sara.—Le commis a-t-il du chocolat de l'épicier, de son sucre, de son café, de son vinaigre, de son poivre, de son sel et de ses biscuits? (§ 140.) Il n'en a pas.— Qui avez-vous aujourd'hui. Nous avons le ministre de mérite. —Qui votre frère a-t-il? Il n'a personne.—Qui ai-je? L'avocat qui a peu de mérite.—Qui a du mérite? Docteur M— a beaucoup de mérite.—N'avons-nous ni or ni argent? Si fait, nous en avons.—Qu'ont-ils? Ils ont quelque chose de joli.—Avez-vous quelque chose de mauvais? Oui, et j'en ai honte.

14me. Quatorzième Exercice. 1ère Section.

Avez-vous beaucoup de couteaux. J'en ai quelques uns.— Avez-vous beaucoup de crayons? Je n'en ai que quelques uns.—L'ami du peintre a-t-il beaucoup de miroirs? Il n'en a que quelques uns.—Vos garçons ont-ils quelques sous? Ils en ont quelques uns.—N'avons-nous pas quelques francs? Si fait, nous en avons quelques uns.—Combien de francs avons-nous? Nous en avons dix.—N'en avons-nous que dix? Nous n'en avons que dix.—L'espagnol combien de dollars a-t-il? Il n'en a pas beaucoup, il n'en a que cinq.—Combien de demi-dollars a-t-il? Il en a dix.—Qui a un billet de dix dollars? J'ai un billet de cinq dollars, le petit Jean en a un de trois, les commis ont deux billets de deux dollars, le docteur en a un d'un dollar; mais personne n'en a un de dix.—Qui a les beaux verres des italiens? Nous les avons.—Les anglais ont-ils beaucoup de bâtiments? Ils en ont beaucoup.—Le marchand de lait a-t-il beaucoup de chevaux? Non, il n'en a que deux.—Qu'ont les allemands? Ils ont beaucoup de dollars.—Combien en ont-ils?

Ils en ont onze.—Avons-nous les journaux des anglais ou ceux des allemands? Nous avons ceux de ceux-là, mais non de ceux-ci.—Avons-nous les parasols de satin des espagnols? Nous ne les avons pas; mais les américains les ont.—Le marchand de beurre a-t-il beaucoup de beurre frais? Il n'en a guère; mais assez.—Les matelots ont-ils les matelas de coton que nous avons? Ils n'ont pas ceux que nous avons; mais ceux que leurs capitaines ont.—Le français a-t-il beaucoup de francs? Il n'en a que quelques uns, mais il en a assez.—Votre domestique a-t-il assez de sous? Il n'en a que quelques uns; mais il a assez de dollars.

Les russes ont-ils des dollars, des demi-dollars, les francs et des sous? Non, ils n'en ont pas. Qui en a? Les américains ont des dollars et des demi-dollars, et les français ont des francs et des sous.—Avez-vous un billet de dix dollars dans votre porte-feuille? Non, mais j'en ai deux de cinq dollars et quelques uns d'un et de deux dollars.—Combien de pieds les hommes ont-ils? Ils en ont deux.—Combien celui-là en a-t-il? Il n'en a qu'un.—Combien en a cet autre? Lequel? Le gros ou le grand? Le gros. Il en a deux.—Combien de pieds ont les chevaux, les bœufs, les oiseaux et les poulets. (§ 15.) Les chevaux et les bœufs ont quatre pieds; mais les oiseaux et les poulets n'en ont que deux.

14me. Quatorzième Exercice. 2de Section.

Combien d'exercices avons-nous aujourd'hui? Nous n'en avons qu'un.—N'en avons-nous qu'un? Non, nous n'en avons qu'un.—Quel jour du mois est-ce? C'est le quatorze. Est-ce le quatorze, en vérité? Oui, c'est le quatorze.—Avez-vous le papier d'aujourd'hui? Le papier d'aujourd'hui? non; mais le commis l'a.—N'en a-t-il qu'un? (The English *no*, must be rendered by) Si fait, il en a trois.—Est-ce le dernier journal? Oui, c'est le dernier.—N'est-ce pas aujourd'hui le quatorze? Non, ce n'est que le treize. En vérité! Oui, en vérité! C'est bon.—C'est très-bien.—Combien de bas le marchand a-t-il?

Il n'en a que quelques uns ; mais il a beaucoup de châles, de gants et de rubans.—Avez-vous d'autres biscuits ? Je n'en ai pas d'autre.—Combien de domestiques a ce Monsieur ? Il n'en a que trois ; mais ces étrangers en ont cinq.—Le général a-t-il beaucoup de mérite ? Il en a beaucoup.—Le dernier ouvrage de W. Irving a-t-il beaucoup de mérite ? Oui, il en a beaucoup.—Combien de bras cet homme a-t-il ? (*a cet homme ?*) Il en a un.—Combien de pieds le capitaine a-t-il ? Il n'en a qu'un. Combien le général en a-t-il ? Il en a deux.—Quel cœur votre garçon a-t-il ? (*a votre garçon ?*) Il a un bon cœur.—N'avez-vous pas d'autre domestique ? Si fait, j'en ai un autre.—Votre ami n'a-t-il pas d'autres oiseaux ? Si fait, il en a. Combien ? Il en a six autres.—Les espagnols et les italiens ont-ils beaucoup d'arbres dans leurs jardins ? Non, il n'en ont que quelques uns ; mais l'avocat de mérite en a beaucoup dans le sien.

Quel volume avez-vous ? J'ai le premier.—Avez-vous le second volume de mon ouvrage ? Je l'ai.—Avez-vous le troisième ou le quatrième exercice ? Je n'ai ni celui-là ni celui-ci.—Les garçons ont-ils le cinquième ou le sixième volume ?. Ils ont le cinquième, mais nous avons le sixième.—Quel volume a votre ami ? Il a le vingt et unième.—Aujourd'hui n'est-il pas le onze de ce mois-ci ? Le onze du mois ? Non, c'est le douze.—Le douze ! En vérité !—L'adolescent a-t-il beaucoup d'argent ? Non, mais il a notre or.—Qui a du courage ? Le petit ami du boulanger.—Avons-nous les clous ou les marteaux du menuisier ou ceux du charpentier ? Nous n'avons ni ceux du menuisier ni ceux du charpentier ; mais ceux de l'épicier.—Est-ce votre cahier ? Oui, c'est le mien.—N'est-ce pas le chapeau de velours de Mlle. Anne ? Si fait, c'est le sien.—Votre commis ou le mien a-t-il le bon billet de deux dollars ? Le mien ne l'a pas.—Qu'a-t-il ? Il a celui de cinq dollars.—Le ministre a-t-il cet ouvrage-ci ou celui-là ? Il n'a que celui-là.—Qui a l'autre ? Personne ne l'a.—Il n'a pas de mérite.—Qui avons-nous aujourd'hui ? Nous avons nos jeunes amis et ceux du fermier—Les russes ont-ils du poivre ? Ils n'ont guère de poivre ; mais beaucoup de sel.—Les turcs ont-ils beaucoup de vin ? Ils n'ont pas beaucoup de vin; mais beaucoup de café.—Qui a beaucoup de lait? Les allemands en ont beaucoup.—N'avez-vous pas d'autre fusil? Je n'en ai pas d'autre.—Avons-nous d'autre fromage? Nous en avons d'autre.—N'ai-je pas d'autre pistolet? Vous en avez un autre.

15me. *Quinzième Exercice.* 1re *Section.*

Mardi....Avril, mil huit cent quarante-neuf.

Quels exercices ces Messieurs ont-ils aujourd'hui? Nous en avons deux.—Lesquels? Le quatorzième et le quinzième.—Avez-vous beaucoup de mots? Non, pas beaucoup.—Quel tome du grand ouvrage de Cuvier votre frère a-t-il? Il a le dernier. —N'a-t-il pas le septième, aussi? Il ne l'a pas.—Combien de tomes cet ouvrage a-t-il? Il en a dix.—Avez-vous mon ouvrage ou celui de mon ami? J'ai l'un et l'autre.—L'étranger a-t-il mon peigne ou votre couteau? Il a l'un et l'autre.—Les hollandais ont-ils le pain ou le fromage frais? Ils n'ont ni l'un ni l'autre.—Ai-je votre canif ou celui de mon ami? Vous n'avez ni l'un ni l'autre.—Qui les a? Je les ai.—Le hollandais a-t-il mon verre ou celui de cet écolier? Il n'a ni l'un ni l'autre.—L'irlandais a-t-il nos chevaux ou nos coffres? Il a les uns et les autres.—Ces irlandais-là qu'ont-ils? (Qu'ont ces...)? Ils ont quelques billets d'un dollar.—L'écossais a-t-il nos souliers de cuir ou nos bas de coton? Il n'a ni les uns ni les autres.—Qu'a-t-il? Il a les fusils de fer du suisse.—Qu'a le suisse? (Le suisse qu'a-t-il?) Il a le bâton de l'écossais.—Les hollandais ont-ils nos vaisseaux ou ceux des espagnols? Ils n'ont ni les uns ni les autres.—Quels vaisseaux ont-ils? Ils ont les leurs.

Notre épicier a-t-il encore du poivre? Il en a encore.—Le commis de l'avocat a-t-il encore des demi-dollars? Il en a encore. Il en a encore quatre ou cinq.—A-t-il encore des bijoux? Il n'a pas de bijoux.—Le suisse a-t-il chaud et faim? Non, il n'a ni chaud ni faim; mais l'irlandais a soif et sommeil. —Qui a honte? Personne n'a honte; mais le ministre a peur de notre gros chien.—L'écossais n'a-t-il pas raison ? Si fait, il a raison, et le russe aussi.—Le médecin et l'apothicaire n'ont-ils pas tort ? Non, ils n'ont pas tort.—Les irlandais ont-ils quelque chose de vieux ? Ils ont quelque chose de vieux.—Qui a quelque chose de vilain ? Personne.—Les américains ont-ils encore du sel ? Ils en ont, et du beurre frais aussi.—Les peintres ont-ils quelque chose de joli ? Non, aujourd'hui, ils n'ont rien de joli.—N'ont-ils pas un joli éventail ? Oh ! si fait, ils en ont encore un.—Combien d'avocats avez-vous ? Nous en avons beaucoup ; nous avons aussi beaucoup de médecins, de ministres, d'épiciers, de Messieurs, d'apothicaires et de marchands.—L'adolescent a-t-il le châle de Mlle. Anne ? Il l'a, et il a aussi son chapeau de velours (§ 32), son porte-crayon d'or, son sac de satin, son mouchoir et ses bijoux. C'est bon.—Est-ce le dernier journal ? Non, c'est celui du onze. Très-bien.

15me. Quinzième Exercice. 2de Section.

Avez-vous encore un exercice, Messieurs ? Nous en avons encore deux.—Lesquels ? Les deux derniers.—Notre cuisinier a-t-il encore beaucoup de bœuf frais ? Il n'en a guère plus.—A-t-il encore beaucoup de poulets ? Il n'en a pas beaucoup.—Le fermier a-t-il encore beaucoup de lait ? Il n'a guère plus de lait, mais il a encore beaucoup de beurre.—Les français ont-ils encore beaucoup de chevaux ? Il n'en ont guère plus.—Notre ami a-t-il encore un parapluie ? Il n'en a plus.—Le tailleur n'a-t-il plus de boutons ? Il n'en a plus.—Notre charpentier n'a-t-il plus de clous ? Il n'a plus de clous ; mais il a encore un peu de bois.—Ce cuisinier n'a-t-il plus de feu ? Si fait, il en a encore un peu.—Ces espagnols ont-ils encore quelques demi-dollars ? Ils en ont encore quelques uns.—Avez-vous encore quelques francs ? Nous n'avons plus de francs, mais nous avons encore quelques dollars.—Les suisses ont-ils encore assez de vinaigre ? Ils ont le leur et le mien.—L'ont-ils ? (Dir. 1.) Oui, ils l'ont.—Avons-nous du sucre de l'épicier ? Non, nous n'en avons plus.—Le menuisier a-t-il assez de bois ? Il en a assez.

—A-t-il le bois de l'étranger ? Il ne l'a pas.—A-t-il ses marteaux de fer et de bois ? Il ne les a pas.—Les matelots ont-ils leur riz (§ 32), leurs biscuits, leur bœuf, leur pain et leur vin ? Ils les ont ; mais ils n'ont ni beurre, ni fromage frais.

Le petit russe, combien de bâtiments a-t-il ? Ces deux.—N'en a-t-il pas plus ? Non, il n'en a que deux.—Est-ce le papier d'aujourd'hui ? Non, ce n'est pas le papier d'aujourd'hui.—Quels journaux l'avocat a-t-il ? (*a l'avocat ?*) Il a les trois derniers.—Quel jour du mois est-ce ? C'est le six. Combien d'amis avez-vous ? Je n'ai qu'un bon ami.—Le cheval du fermier a-t-il trop de grain ? Il n'en a pas assez.—N'a-t-il pas beaucoup d'argent ? Si fait, il en a beaucoup.—A-t-il beaucoup de fer ? Il en a encore beaucoup.—Avons-nous les bas de coton ou de fil des américains ? Nous n'avons ni leurs bas de fil ni de coton.—Jean a-t-il froid dans le jardin ? Non, il n'y a pas froid.—Avez-vous très-soif ? J'ai assez soif.—L'irlandais a-t-il trop chaud ? Trop chaud ? Non, en vérité, il n'a pas trop chaud.—Qui a trop chaud ? Personne n'a trop chaud ; mais j'ai trop faim et trop sommeil.—Qu'a votre jeune chien ? Il n'a rien.—Ces hollandais qu'ont-ils ? (*qu'ont ces...*) Ils ont peur des bœufs et du chien du fermier.—Qui a le livre et le dictionnaire de mon ami ? Je ne les ai pas ; mais nous avons le canif, le cahier et le crayon d'Edouard.

16me. *Seizième Exercice.* 1ère *Section.*

Combien d'exercices avons-nous aujourd'hui ? Nous n'en avons qu'un.—Lequel est-ce ? C'est celui-ci. C'est bon.—Qu'avez-vous ? J'ai plusieurs chevaux.—A-t-il plusieurs habits ? Il n'en a qu'un.—Qui a plusieurs miroirs ? Le peintre de mon frère en a plusieurs.—Quels miroirs a-t-il ? Il en a de jolis.—Qui a nos bons gâteaux ? Plusieurs garçons les ont.—Est-ce l'enfant de votre ami ? Oui, c'est son enfant.—A-t-il plusieurs enfants ? Oui, il en a plusieurs.—N'est-ce pas son fils ? Non, ce n'est pas son fils.—Avez-vous autant de café que de thé ? J'en ai autant.—Cet étranger a-t-il un fils ? Il en a plusieurs.—

Combien de fils a-t-il ? Il eu a quatre.—Combien d'enfants ont le ministre et le médecin ? En ont-ils autant l'un que l'autre ? Non, le premier en a quatre et le dernier six.—En vérité ! Oui, en vérité. C'est beaucoup.—Avons-nous autant de vieux fromage que de beurre frais ? Vous avez autant de l'un que de l'autre.—Avons-nous autant de souliers que de bas ? Nous en avons autant.—Ai-je autant de bon que de mauvais papier ? Vous en avez autant.—Combien de petits pistolets les suisses ont-ils ? Ils en ont autant de petits que de grands.—Avez-vous autant de votre vin que du mien ? J'en ai autant.

Le vilain cuisinier a-t-il autant de beurre frais que de bœuf ? Il n'a pas autant de l'un que de l'autre.—Le charpentier a-t-il autant de bâtons que de clous ? Il a tout autant de ceux-ci que de ceux-là.—Qu'a le chapelier ? Il a des chapeaux de velours et de satin.—N'a-t-il pas autant des uns que des autres ? Si fait, il en a tout autant.—Qui a mes livres, ses crayons, vos cahiers, l'encrier et le canif de Robert (§ 32), et beaucoup d'autres choses ? Le petit écolier les a.—Avez-vous autant de biscuits que de gâteaux ? Je n'ai pas autant de ceux-ci que de ceux-là.—Les hollandais ont-ils autant de chevaux que les allemands ? Non, ils n'en ont pas tant.—Qu'a l'irlandais ? Il a un autre billet.—Votre fils a-t-il un autre porte-feuille ? Il en a encore plusieurs.—Avez-vous beaucoup d'argent ? Nous n'avons guère d'argent ; mais assez de pain, de bœuf, de beurre frais, de fromage et de vieux vin.—Ce garçon-ci a-t-il autant de courage que le fils de notre voisin ? Il en a tout autant.—L'adolescent a-t-il beaucoup de billets ? Il en a beaucoup.—Le marchand a-t-il du drap et du velours ? (§ 25.) Il a du drap, mais plus de velours. (Ob. 35.) Les garçons ont-ils le bœuf et le cheval de votre fermier ? Ils ont celui-là, mais pas celui-ci.

16me. *Seizième Exercice.* 2de *Section.*

Avez-vous trois exercices aujourd'hui, M. Charles ? Non, Mlle., je n'en ai pas tant.—Combien en avez-vous ? Je n'en ai que deux.—Nous en avons autant que vous ; mais ces jeunes écoliers en ont plus que nous.—En ont-ils cinq ou six ? Non, ils n'en ont pas tant; ils n'en ont que quatre. Quatre! C'est beaucoup.—Cet avocat a-t-il plus d'amis que d'ennemis ? Il a plus d'ennemis que d'amis.—Le fermier a-t-il autant de moutons que de bœufs ? Il en a tout autant.—Avez-vous autant de petits fusils que moi ? J'en ai tout autant.—Le vilain étranger a-t-il autant de courage que nous ? Il en a moins que nous.— Nos voisins ont-ils autant de beurre frais que de fromage ? Ils ont plus de celui-ci que de celui-là.—Vos fils n'ont-ils pas autant de livres que de cahiers ? Ils n'ont pas autant de ceux-ci que de ceux-là; ils ont moins de ceux-ci que de ceux-là.—Combien de nez cet étranger a-t-il ? Ce petit homme ? Oui. Il n'en a qu'un.—Combien de doigts a-t-il ? Il en a plusieurs.—En a-t-il dix ? Non, il n'en a pas tant. N'en a-t-il pas tant ? Non, il en a moins de dix.—Combien en a-t-il ? Il n'a que huit doigts et deux pouces.—Combien de pouces et de doigts votre jeune écolier a-t-il ? Lui ? Oui, lui.—Il n'a pas plus de sept doigts et un pouce.—Et moi, combien en ai-je ? Vous en avez tout autant que nous.—Très-bien.

Le ministre a-t-il plus d'enfants que l'avocat ? Le ministre en a plus que *lui;* mais *lui,* l'avocat, en a plus qu'eux et que nous.—Combien de pistolets avez-vous ? Je n'en ai qu'un; mais mon père en a plus que moi et qu'eux. Il en a cinq.— En a-t-il tant, en vérité ! Oui, il en a tout autant.—Jean, avez vous plus de sept dollars ? Non, j'ai moins que cela.—Je n'en ai pas tant.—Mes enfants ont-ils autant de courage que les vôtres ? Les vôtres en ont plus que les miens.—Ai-je autant d'argent que vous ? Vous en avez moins que moi; mais plus que lui.—Avez-vous autant de livres que moi ? J'en ai moins que vous, je n'en ai pas plus de neuf.—Ai-je autant d'ennemis que votre père ? Vous en avez moins que lui; mais plus qu'eux.—Les russes ont-ils autant d'enfants que nous ? Nous en avons moins qu'eux.—Les français ont-ils autant de bâtiments que nous ? Ils en ont moins que nous.—Les chiens ont-ils plus de pieds que les chevaux ? Non, ils en ont tout autant.—Votre oiseau n'a-t-il pas deux pieds ? Si fait, il en a deux.—Ce petit garçon-ci n'a-t-il pas plus de bras que de pieds ? Si fait; il a deux bras; mais il n'a qu'un pied.—Quel est le dernier verbe du dernier exercice ? C'est....—Quel est le dernier nom de cet exercice-ci ? C'est....

17me. *Dix-septième Exercice.* 1ère Section.

Avez-vous plus d'un exercice, ce matin ? Nous n'avons pas d'exercice, mais nous avons un vocabulaire.—N'avez-vous pas plus d'un vocabulaire ? Non, nous n'en avons pas plus d'un (Dir. 1). Ce n'est pas beaucoup.—Non, ce n'est pas beaucoup; mais c'est assez.—Avez-vous encore envie d'acheter le cheval et le mouton de mon ami? (§ 32). J'ai encore envie de les acheter; mais je n'ai plus d'argent.—Avez-vous le temps de travailler ? J'ai le temps; mais je n'ai pas envie de travailler.—Votre frère a-t-il le temps de couper du bœuf ou du mouton ? Il l'a.—A-t-il peur d'en couper ? Il n'a pas peur d'en couper; mais il n'a pas envie d'en couper.—N'a-t-il pas de couteau (§ 26)? Si fait, il en a un.—Avez-vous le temps de couper du fromage ? Je l'ai.—A-t-il envie de couper les choux ? Oui, il en a envie; mais il a honte de les couper.—Le tailleur du ministre a-t-il tort de couper le gros drap ? Il n'a pas tort de le couper.—Qui a le temps de couper les arbres ? Quels arbres ? Les gros arbres du général ? Le fermier a le temps de les couper.—Combien d'arbres a-t-il le temps de couper ? Il n'a que le temps d'en couper deux.—Qui a le temps d'en couper plus de deux ? Personne ne l'a.—Le petit écolier et le petit garçon ont-ils honte de parler ? Ils n'ont pas honte, mais ils ont peur de parler.

N'ai-je pas raison d'acheter autant de gâteaux qu'eux ? Si fait, vous avez raison d'acheter autant de gâteaux qu'eux.—Votre ami a-t-il raison d'acheter ce vilain vieux cheval ? Non, il a tort, mais nous avons raison d'acheter ce joli petit chien.—Quelqu'un a-t-il envie de parler ? Vous, lui, Jean et moi (§ 38, N. 1), nous avons envie de parler; mais nous n'avons pas assez de courage.—Avez-vous le courage de recevoir ces messieurs ? J'ai le courage et l'envie de les recevoir.—N'a-t-il pas tort de recevoir ce billet-là ? Il a raison de le recevoir.—Ce matelot-là a-t-il le courage de couper le doigt et le pouce de ce petit garçon-ci ? Non, il ne l'a pas ; mais le docteur l'a.—Le marchand de drap a-t-il envie de choisir encore quelques manteaux ? Il a envie d'en choisir encore quelques uns ; mais il n'a plus d'argent.—Les charpentiers ont-ils honte de bâtir un vaisseau ? Ils n'ont pas honte d'en bâtir un petit ; mais le capitaine a peur d'en bâtir un grand.—Qu'ont-ils peur de bâtir ? Ils ont peur de bâtir beaucoup de choses.—L'avocat de mérite n'a-t-il pas tort de recevoir ses jeunes amis dans son jardin ? Non, il n'a pas tort de les recevoir dans son jardin, mais il n'a pas raison de choisir ces vieux gâteaux et ce mauvais vin.

17me. *Dix-septième Exercice.* 2de *Section.*

N'avons-nous pas les deux exercices *de la* dix-septième leçon ? Si fait, nous avons *la* dix-septième leçon.—Combien de verbes avons-nous dans nos vocabulaires ? Nous en avons dix.—N'en avons-nous pas plus de dix ? N'est-ce pas assez ? Si fait, c'est assez.—Avons-nous des adjectifs et des noms ? Nous en avons plusieurs.—N'avons-nous pas plusieurs noms et pronoms ? Nous avons plus des derniers que des premiers.—Le jeune matelot a-t-il encore des biscuits et du pain ? Il a des biscuits, mais (Ob. 35) plus de pain.—Qu'a le vieux épicier ? Il a du fromage frais ; mais plus de riz.—Qui a du beurre frais ? J'en ai encore, le médecin en a encore un peu, mais l'avocat et le ministre n'en ont plus.

Notre tailleur qu'a-t-il envie de raccommoder ? Il a envie de raccommoder les habits et les gilets de notre vieux ami.—N'a-t-il pas envie de raccommoder nos chapeaux et les leurs ? Non ; mais le chapelier a envie de les raccommoder.—Le petit cordonnier a-t-il le temps de raccommoder nos vieux souliers ? Il a le temps ; mais il n'a pas envie de les raccommoder.—Avez-vous peur de chercher mon cheval ? Je n'ai pas peur, mais je n'ai pas envie de le chercher.—Les charpentiers qu'ont-ils raison de bâtir? Ils ont raison de bâtir des bâtiments.—Leurs enfants ont-ils peur de ramasser des clous? Ils n'ont pas peur.—Avez-vous envie de casser mon bijou? J'ai envie de le ramasser; mais non pas de le casser.—Ai-je tort de ramasser vos gants de cuir? Vous n'avez pas tort de les ramasser, mais vous avez tort de les couper.—Qui a envie de casser notre grand miroir? Notre ennemi a envie de le casser.—L'avocat a-t-il plus de mérite que le ministre? L'un n'a pas plus de mérite que l'autre.—Le gros poulet a-t-il plus de pieds que ce petit oiseau-ci? Non, il en a tout autant.

18me. Dix-huitième Exercice. 1ère Section.

Avez-vous envie de travailler? Oui, j'ai envie de travailler.—Que voulez-vous faire? Je veux faire un exercice.—Lequel? Celui-ci. Très-bien.—Le petit fils du général veut-il casser ce gros bâton-là? Non, il ne veut pas le casser.—Voulez-vous chercher mon fils? Je veux le chercher.—Que voulez-vous ramasser? Je veux ramasser le châle, le chapeau et les gants de Mlle. Clara.—Vous voulez ramasser ce dollar, n'est-ce pas? Oui je veux le ramasser.—Voulez-vous ramasser ce vieux crayon? Non, je ne veux pas le ramasser.—Avez-vous envie d'aller chez cet homme-là? Non, je veux aller chez le ministre.—Vous voulez aller chez le médecin, n'est-ce pas? Non, je n'ai pas envie d'aller chez le médecin, mais chez l'avocat et l'épicier.—Qui a envie d'aller chez le docteur? Personne n'a envie d'aller chez lui.—Notre voisin a-t-il envie d'acheter ces peignes-ci ou ceux-là? Il veut les acheter.—Ce fermier-là a-t-il envie de couper votre arbre? Il ne veut pas couper le mien, mais le sien.—Lequel? Le gros arbre.—Le cordonnier qu'a-t-il envie de raccommoder? Il veut raccommoder nos vieux souliers.—Le tailleur a-t-il envie de raccommoder quelque chose? Il a envie de raccommoder des gilets.(§ 25.)—Il veut raccommoder leurs habits, n'est-ce pas? Il ne veut pas les raccommoder.—Les suisses veulent-ils attendre votre fils? Ils veulent l'attendre.—

Qu'ont-ils envie de choisir? Ils ont envie de choisir de gros drap.—Et leurs enfants, que veulent-ils choisir? Ils veulent choisir de beaux mouchoirs.—Qui en a? Les marchands de nouveautés en ont.—Veulent-ils les vendre? Oui, en vérité.

Charles veut-il attendre le fils de l'avocat? Non, il ne veut pas.—Robert veut l'attendre, n'est-ce pas? Lui? Non, il ne veut pas.—Qui veut le faire? Personne ne veut le faire.—Les écossais veulent-ils attendre le ministre chez votre père ou chez le docteur? Ils ne veulent l'attendre ni chez mon père ni chez le docteur, mais chez le marchand de livres.—Ai-je tort d'aller chez le chapelier? Non, vous n'avez pas tort d'aller chez lui.—Chez qui est leur père? Il est chez son ami, l'apothicaire.—Chez qui vos fils veulent-ils aller? Eux? Ils n'ont envie d'aller chez personne.—Voulez-vous aller chez moi? Je ne veux pas aller chez vous, mais chez mon frère.—Ce petit enfant n'a-t-il pas envie d'aller chez le marchand de gâteaux? Si fait, en vérité.—Pourquoi? Parce qu'il a deux sous et il veut acheter deux gâteaux.—Vos enfants ne veulent-ils pas acheter des gâteaux aussi? Non, ils ne veulent pas en acheter, ils n'ont pas faim.—Avez-vous le français de: *a quarter of a dollar?* Non, je ne l'ai pas.—Avez-vous envie de l'avoir? Oui, M.—C'est: *un quart de dollar.*—Avez-vous deux quarts de dollar? J'en ai deux.—Combien de quarts de dollar a-t-il? Il a plusieurs quarts de dollar.—Charles a-t-il le joli petit bâton et les joujoux de son frère? Il a son joli petit bâton; mais il n'a pas ses joujoux.—Les chevaux du général et du docteur ont faim, n'est-ce pas? Non, mais les oiseaux et les poulets du cuisinier ont soif.

18me. Dix-huitième Exercice. 2de Section.

Vous avez le dix-huitième exercice aujourd'hui, n'est-ce pas? Non, nous n'avons que le dix-huitième vocabulaire.—N'avez-vous que le vocabulaire? Oui, en vérité, c'est tout.—Très-bien. —Mlle. Caroline, voulez-vous mettre ce chapeau-ci ou celui-là? Je ne veux mettre ni celui-ci ni celui-là; mais l'autre. Lequel?

Ce vieux vilain chapeau ? Ce vieux vilain chapeau ! Il est superbe. Superbe ! en vérité !—Ne voulez-vous pas mettre votre châle de velours ? Si fait, je veux le mettre, parce que j'ai froid.—Le jeune peintre a-t-il du feu ? Il en a.—Veut-il brûler quelque chose ? Il a envie de brûler ces vieux papiers.—Que voulez-vous déchirer ? J'ai envie de déchirer ce gros mouchoir.—Qui est occupé ? Je suis occupé.—Qui est fatigué ? Je ne suis pas fatigué.—Qui est bon ? Le petit fils de l'épicier. —Etes-vous occupé, très-occupé ? Je suis très-occupé.—N'êtes-vous pas fatigué ? Si fait, je suis un peu fatigué.—Le cuisinier que veut-il chauffer ? Il veut chauffer notre thé et le café de notre père.—Est-ce tout ? Oui, c'est tout.—Avez-vous envie de chauffer le bouillon de mon frère et son café ? J'ai envie de chauffer celui-ci, mais non pas celui-là.—Le fermier veut-il mettre du bois dans le feu ? Oui, il veut en mettre.—Veulent-ils mettre du grain dans le sac ? Non, ils ne veulent pas en mettre dans le sac ; mais dans le grenier, c'est tout.

Le commis de l'épicier n'a-t-il pas envie de mettre votre riz dans son sac ? Si fait, il a envie de le mettre dans son sac.— N'ai-je pas raison de chauffer votre bouillon ? Si fait, vous avez raison.—Le marchand n'a-t-il pas tort de déchirer le satin ? Si fait, il a tort.—Avons-nous le temps d'aller dans le jardin ? Non, nous ne l'avons pas.—Charles qu'a-t-il envie de déchirer ? Il ne veut rien déchirer, mais nous et eux, *nous* voulons déchirer les sacs de coton (§ 38).—A-t-il peur de déchirer votre habit ? Il n'en a pas peur, mais il a peur de le brûler.—Qu'avez-vous envie de mettre ? Je veux mettre mon habit (Dir. 2), mon gilet, mes souliers, mes bas et mes gants ; c'est tout. Très-bien, c'est assez.—Etes-vous fatigué ? Je ne suis pas fatigué.—Qui est fatigué ? Mon frère est fatigué.—L'espagnol a-t-il envie d'acheter autant de chevaux que de bœufs ? Non, mais il a envie d'acheter autant d'oiseaux que vous et moi.—Voulez-vous boire quelque chose ? Non.—Combien de poulets avez-vous chez vous ? Nous en avons quatre ; c'est tout.—Où est votre père ? Chez son ami.—Le médecin est-il chez l'avocat ? Non, mais le ministre est chez l'avocat.—Les étrangers ont-ils envie d'aller chez l'américain ou chez le hollandais ? Ils ne veulent aller ni chez l'américain, ni chez le hollandais.—Où veulent-ils aller ? Ils n'ont envie d'aller chez personne.—Où sont vos petits amis, Robert et Jean ? Ils sont chez leur père. C'est tout.—Le cheval du frère de votre ami est-il malade ? (§ 140—3.) Non, il n'est pas malade.

19me. Dix-neuvième Exercice. 1ère Section.

Avez-vous un exercice ou un vocabulaire aujourd'hui ? Nous avons l'un et l'autre. Allez-vous réciter le vocabulaire, d'abord ? Oui, avec plaisir, et ensuite l'exercice, n'est-ce pas ? Très-bien. —Voulez-vous commencer, M. Charlemagne ? Oui, M., avec plaisir.—Quel est le français de : I am going ? C'est.... Est-ce bien ? Oui ou non (*selon la réponse*).—Voulez-vous aller à la maison ? Oui, je veux y aller.—Votre fils veut-il y aller avec vous ? Oui, il veut y aller (*a envie d'y aller*).— Votre frère est-il chez lui ? Il y est.—Où allez-vous, M. Charles ? Je vais chez le ministre.—Vos enfants ont-ils envie de venir avec moi ? Ils n'ont pas envie d'aller avec vous.—Chez qui allez-vous envoyer ce billet-ci ? Je ne vais pas l'envoyer ; mais je vais le porter chez le général.—Votre domestique veut-il porter mon billet chez l'américain ? Il n'a pas le temps de l'y porter ; mais le petit Henri veut l'y porter.—Ces enfants-là ont-ils envie de mener l'étranger chez le russe ? Ils ont envie de l'y mener.—N'allez-vous pas mener le peintre chez le médecin ? Non, mais je vais l'y envoyer.—Le peintre veut-il commencer ce tableau-là aujourd'hui ? Non, il n'a pas envie de le commencer avant demain.—Demain matin ? Oui, demain matin.— Qu'allez-vous d'abord étudier, demain matin ? Étudier ? Je ne vais rien étudier.—N'allez-vous pas étudier le dix-neuvième vocabulaire ? Je vais l'étudier aujourd'hui.

Où le fils de mon ami veut-il mener le gros chien du suisse ? Il ne veut pas mener le gros chien du suisse ; mais le joli petit cheval de l'écossais.—Où veut-il le mener ? Il a envie de le mener chez le cuisinier.—Quand veut-il l'y mener? Ce soir ou demain matin? Ni ce soir, ni demain; mais aujourd'hui.— Quand allez-vous venir chez moi? D'abord, ce matin, et ensuite, demain.—Voulez-vous continuer? Je n'ai pas le temps de continuer; mais Carnot l'a.—Veut-il continuer? Oui, il a envie de continuer.—Le cordonnier veut-il porter les souliers des garçons chez eux? Non, il ne veut pas le faire, parce qu'il a peur de leur mauvais chien.—Ce vieux homme a faim et soif, n'est-ce pas? Celui-ci n'a ni faim ni soif, mais, *si fait*, celui-là.— Nous voulons d'abord aller chez l'anglais et ensuite chez l'italien, n'est-ce pas? Oui, nous voulons y aller, mais non pas le hollandais (*le hollandais ne veut pas y aller*).—Votre fils veut-il commencer l'ouvrage de Thiers demain? Non, parce qu'il ne l'a pas encore, et parce qu'il va réciter le dernier vocabulaire.— Ne l'a-t-il pas encore? Non, il ne l'a pas encore.—L'avez-vous? Oui, je l'ai.—Quand les allemands ont-ils envie d'aller dans le jardin du fermier? Demain? Non, ils ne veulent pas y aller encore. —Le docteur est-il très-occupé? Oui, il est très-occupé et très-fatigué, ce soir.—Allez-vous mettre ces arbres dans le jardin de votre fils? Oui, je vais les y mettre; mais pas ce soir, parce que je suis trop fatigué et trop occupé.—L'écolier que *va-t-il* boire? Il va d'abord boire du café et du lait, et ensuite du vin.

19me. *Dix-neuvième Exercice*. 2de Section.

Messieurs, qu'allez-vous faire, aujourd'hui? Réciter le vocabulaire, traduire et corriger nos exercices. Très-bien.—Voulez-vous commencer, M.? Avec beaucoup de plaisir.—Quel est le français de, *some where?* C'est.... N'est-ce pas? Oui ou non (*selon la réponse*). Avez-vous le français de : *is he going?* Oui, nous l'avons.—Quel est-il? C'est.... C'est bon; n'est-ce pas? Oui ou non.—L'adolescent va-t-il dans un quart d'heure chez l'écossais ou chez l'irlandais? Il ne va ni chez l'un ni chez l'autre; mais je vais le mener chez le jeune hollandais.—Quand allez-vous l'y mener? À présent.—Est-il prêt? Non, il n'est pas encore prêt.—Très-bien; je vais l'attendre.—Allez-vous chez le médecin ce soir ? Non, je n'y vais pas.—Allez-vous quelque part ? Je vais quelque part à sept heures.—Leurs enfants veulent-ils aller quelque part dans demi-heure ? Non, ils ne veulent aller nulle part ; parce qu'ils sont fatigués et occupés.—Avez-vous envie d'aller quelque part ? Je ne veux aller nulle part, mais les amis de mon frère ont envie d'aller chez l'anglais.—Où est l'anglais à présent ? Il est à la maison.—Ses enfants sont-ils à la maison ? Ils y sont à présent.—Etes-vous prêt à écrire et à traduire ? Je suis prêt à traduire ; mais non pas à écrire. Je n'ai pas de crayon.—Le cuisinier a-t-il encore du beurre ? Non, il n'en a plus ; mais il va en acheter.—Où va-t-il en acheter ? Il va en acheter chez le marchand de lait.—En a-t-il beaucoup ? Il n'en a guère à présent ; mais il va en faire ce soir.—À quelle heure ? À huit heures.

Quand voulez-vous aller avec moi, chez le marchand de livres ? À six heures.—Je suis occupé à six heures.—Voulez-vous y aller à sept heures ? Non, pas avant huit ou huit et demie.—Très-bien.—Quand allez-vous venir chez moi ? Aujourd'hui, à midi ? Non pas à midi ; mais à midi et demi.—Avec qui allez-vous venir ? Avec personne.—L'écolier ne va-t-il pas étudier d'abord et réciter ensuite ? Si fait, il va étudier d'abord et réciter ensuite.—Est-il prêt à commencer ? Non, pas encore.—Pourquoi n'est-il pas prêt ? Parce qu'il n'a guère de temps (pas beaucoup de temps).—Qui va corriger nos exercices ? Le vieux professeur va le faire (*les corriger*).—Le jeune maître, que va-t-il faire ? Il va mettre son chapeau et ses gants et aller chez son père.—Voulez-vous lire, traduire et copier votre français avec nous aujourd'hui ? J'ai peur de le faire.—Avez-vous honte aussi ? Non, je n'ai pas honte ; je n'ai que peur.—Qui a le temps et le courage de copier ces deux exercices-là ? Ceux-ci ou ceux-là ? Ceux-là.—Ce petit écolier a le temps, le courage et l'envie de les copier.—Quand le commis va-t-il aller chez l'avocat et chez le maître pour copier quelque chose ? Il va y aller d'abord aujourd'hui et ensuite demain aussi.—L'épicier a-t-il envie d'acheter autant de sacs de café que de riz ? Il va acheter plus de celui-là que de celui-ci.—Nous avons des biscuits ; mais en avons-nous assez ? Nous n'en avons pas trop.—Combien de sacs en avons-nous encore ? Nous en avons encore six.—N'en avons-nous que six ? N'en avons-nous pas huit ? Si fait, nous en avons huit, et le boulanger va en envoyer un autre.—À quelle heure ? À six heures moins un quart ou à sept heures moins un quart.—Très-bien.

20me. Vingtième Exercice.   1ère Section.

Allons-nous réciter notre leçon à présent ? Pas à présent. M. V. n'est pas prêt.—Où est-il ? Il est chez son ami.—Va-t-il venir ? Oui, il va venir. Très-bien.—Pouvez-vous traduire l'exercice d'aujourd'hui ? Nous pouvons le traduire.—À quelle heure pouvons-nous commencer ? Nous pouvons commencer dans un quart d'heure.—Pouvez-vous, Messieurs, lire et corriger ces exercices-ci ? Nous pouvons commencer, et vous pouvez continuer.—Pouvez-vous couper le pain avec les couteaux que vous avez ? Nous allons essayer.—Pouvez-vous raccommoder mes gants ? Vous pouvez les raccommoder.—Nous allons chercher du fil pour raccommoder ceux du jeune professeur.—Allez-vous chez le tailleur chercher les vieux gilets ? Nous n'allons pas les y chercher.—Nous n'avons ni le temps, ni l'envie de le faire.—Pouvez-vous mettre ces souliers-là ? Nous allons les essayer.—Voulez-vous essayer nos ciseaux ? Non, je vous remercie. J'ai les miens, et les miens sont très-bons.—Le tailleur, peut-il faire un habit aujourd'hui ? Non, il ne peut pas en faire.—Avons-nous des verres pour boire notre vin ? Nous avons des verres pour le boire ; mais avons-nous du vin ? Nous pouvons envoyer le domestique pour en acheter.—Pouvez-vous boire autant de café que de thé ? Nous pouvons boire plus de thé, que de café, n'est-ce pas ?—Avez-vous du sucre pour sucrer le café ? J'en ai pour sucrer le café, mais pas pour le thé.—Le jeune homme n'a-t-il pas le temps de voir l'enfant de mon frère ? Si fait, il a le temps de le voir.—Où est-il? Il est dans le jardin. Non, pas dans le jardin, mais dans le grand et joli vaisseau du gros Capitaine.

Combien d'argent avez-vous avec vous? J'en ai beaucoup.—Avez-vous cent dollars? J'ai plus que cela.—Plus de cent dollars? Pourquoi en avez-vous tant? Parce que j'ai envie d'acheter un cheval.—Lequel? Celui du général? Veut-il vendre le sien? Il veut le vendre. Ce n'est pas celui-là que je veux acheter, mais c'est le jeune cheval du fermier.—Allons-nous porter des gâteaux chez nous? Nous n'allons pas y en porter.—Ne pouvons-nous pas y en porter? Non, nous ne pouvons pas y en porter.—Le marchand de gâteaux ne peut-il pas les envoyer chez nous? Si fait, il peut les y envoyer dans une demi-heure. C'est bon.—Le suisse veut-il envoyer son fils chez le peintre? Non, pas chez le peintre, mais chez le marchand de livres.—Veut-il l'y envoyer à présent? Non, il ne va pas l'y envoyer à présent, mais demain.—Demain n'est-il pas Samedi? Non, c'est Dimanche.—Quel jour du mois est-ce? C'est le dix-huit. Le dix-huit, en vérité?—Qui va lire et copier le dernier vocabulaire? Personne.—M. Lenoir n'a-t-il pas tort d'aller chez Mme. Verdier? Si fait, il a tort d'y aller; mais il veut y aller. N'allez-vous mettre qu'un gant? Non, parce que je n'en ai qu'un.

Le domestique va-t-il acheter un balai pour balayer le magasin? Non, il a peur de le balayer.—Pourquoi a-t-il peur de le balayer? Parce que le gros chien est dedans.—Qui peut le balayer? Le petit Robert peut le faire.—A-t-il un balai pour le balayer? Il a un balai pour le balayer.—Le cuisinier a-t-il assez de sucre pour sucrer les gâteaux? Il en a assez pour les sucrer; mais il n'a plus de sel pour saler le bouillon, ni le bœuf. —Ne va-t-il pas les saler? Si fait, il va les saler, parcequ'il va chez le marchand pour acheter du sel pour les saler.

20me. Vingtième Exercice. 2de Section.

À quelle heure allez-vous réciter aujourd'hui? Mes frères ne peuvent pas réciter avant midi.—Ne peuvent-ils pas réciter à dix heures? Non, ils ne peuvent pas réciter.—Voulez-vous porter votre gros panier chez moi ? Je ne veux pas porter mon panier là, mais chez le général.—Quand ? À présent ? Non, je veux y porter le panier demain.—Vos fils veulent-ils porter le mien chez le médecin ? Non, ils ne peuvent pas l'y porter.—Pourquoi, ne peuvent-ils pas ? Parce qu'ils n'ont pas assez de temps.—Le fermier va-t-il tuer quelque chose ? Il va tuer le gros bœuf.—Va-t-il le tuer à present ? Oui, il va le tuer.—Peuvent-ils m'écrire ? Il ne peuvent pas vous écrire.—Peuvent-ils vous parler ? Ils peuvent nous parler.—Ne peuvent-ils pas attendre leurs amis ? Si fait, ils peuvent les attendre.—Ne peuvent-ils pas brûler autant de charbon que de bois ? Non, ils ne peuvent pas brûler autant de celui-ci que de celui-là.—Avons-nous plus d'amis que les hollandais ? Nous en avons plus qu'eux. —L'épicier a-t-il moins de café que de thé ? Il a moins de thé, que de café ; mais nous avons plus de celui-là que de celui-ci.—Qui a un chat ? Les matelots ont un chat.—Où est leur chat ? Leur chat est dans un petit panier de bois.—Le petit domestique peut-il balayer le tapis ? Il peut le balayer.—Peut-il balayer le plancher du grenier ? Oui, il peut le faire.—Voulez-vous lui prêter un balai pour balayer ce plancher-là ? Nous ne pouvons pas en prêter pour balayer le plancher, mais nous pouvons en prêter un pour balayer le tapis.—Qui va écrire au marchand et à l'épicier ? Les commis peuvent leur écrire.

Le professeur d'anglais va-t-il écrire un livre ? Oui, il va en écrire un.—Il peut en écrire un bon ; n'est-ce pas ? Oui, il peut. —C'est un homme de mérite.—N'allons-nous pas au jardin de Pratt, ce soir ? Non, nous n'y allons pas ce soir ; mais demain, à neuf ou dix heures.—Voulez-vous donner un dictionnaire à votre fils ? Oui, je veux lui donner un bon dictionnaire.—Veulent-ils me prêter leur cheval ? Il ne peuvent pas vous prêter leur cheval, parce que le vieux ministre l'a.—Allons-nous prêter quelque chose à l'avocat ? Nous allons prêter quelque chose au médecin.—N'allez-vous pas prêter beaucoup de choses ? Si fait, nous allons prêter beaucoup de choses.—Qu'allons-nous prêter ? Nous allons prêter, premièrement, des mouchoirs, des châles, et des chapeaux; et après, des manteaux, des sacs, et des parasols, aux amis de l'avocat.—Pourquoi? Parcequ'ils n'en ont pas.— Vous êtes très-bon.—Qui est occupé? L'épicier et son commis, le médecin et son voisin, le ministre; le capitaine et son fils, sont occupés.—N'êtes-vous pas occupés aussi? Si fait, nous sommes occupés, mais pas très-occupés.—Etes-vous prêt à aller au jardin de l'écossais? Je suis prêt à y aller, mais Charles n'est pas prêt.—Pourquoi n'est-il pas prêt? Il va chez l'épicier pour acheter de bon sel.—Va-t-il en acheter beaucoup? Il va en acheter beaucoup.—Que veut-il faire? Il veut saler le bœuf et le mouton que nous avons.—Les domestiques ne peuvent-ils pas les saler? Non, ils ne peuvent pas, ou ils ne veulent pas.

20me. Vingtième Exercice. 3me Section.

Qui va réciter aujourd'hui? Nous allons réciter.—Pouvez-vous copier le vocabulaire? Nous ne pouvons pas le copier; nous n'avons pas le temps de le copier; mais nous pouvons le traduire.—Voulez-vous essayer? Avec plaisir.—Le français de: *to the*, est-il, a le? Non, M., *au* est le français de: *to the*.— Très-bien, c'est bon.—Pouvez-vous me donner le français de: to the museum? Nous pouvons le donner, c'est ...... N'est-ce pas? *oui ou non (selon la réponse.)* Et celui de: to the baskets.— Avez-vous celui de: Are they going to see any one? Oui, nous l'avons. — Quel est-il? C'est ...... Est-ce bon? Oui, ou non . . . .—Qui va au quai? À quel quai? Au quai Girard. Notre marchand y va pour voir son vaisseau.—Pour voir quoi? Pour voir son vaisseau.—Son vaisseau est-il au quai? Il y est. —A-t-il beaucoup de matelots? Il en a plus de dix.—Plus de quoi? Plus de dix.—Combien en a-t-il? Il en a douze ou treize.—En a-t-il tant? Oui, il en a tant.

Pouvez-vous me couper du pain? Je peux vous en couper.— Avez-vous un couteau pour m'en couper? J'en ai un.—Pouvez-vous raccommoder mes gants? Je peux les raccommoder, mais je n'ai pas envie de le faire.—Le tailleur peut-il me faire un habit? Il peut vous en faire un.—Voulez-vous parler au médecin? Je veux lui parler.—Votre fils veut-il me voir pour me parler? Il veut vous voir pour vous donner un dollar.—Veut-il me tuer? Il ne veut pas vous tuer; il ne veut que vous voir.—Le fils de notre vieux fermier veut-il tuer un bœuf? Il veut en tuer deux.

Qui a envie de tuer notre chat? Le mauvais garçon de notre voisin a envie de le tuer.—Combien d'argent pouvez-vous m'envoyer? Je peux vous envoyer vingt francs.—Voulez-vous m'envoyer mon tapis? Je veux vous l'envoyer.—Voulez-vous envoyer quelque chose au cordonnier? Je veux lui envoyer mes souliers.—Voulez-vous lui envoyer vos habits? Non, je veux les envoyer au tailleur.—Le tailleur peut-il m'envoyer mon manteau? Il ne peut pas vous l'envoyer.—Vos enfants peuvent-ils m'écrire? Ils peuvent vous écrire.—Voulez-vous me prêter votre panier? Je veux vous le prêter.

Avez-vous un verre pour boire votre vin? J'en ai un, mais je n'ai pas de vin; je n'ai que du thé.—Voulez-vous me donner de l'argent pour en acheter? Je veux vous en donner, mais je n'en ai qu'un peu.—Voulez-vous me donner celui que vous avez avec vous? Je veux vous le donner.—Pouvez-vous boire autant de vin que de lait? Je peux boire autant de l'un que de l'autre.—Notre voisin a-t-il du bois pour faire du feu? Il en a pour en faire, mais il n'a pas d'argent pour acheter du pain et du beurre.—Voulez-vous lui en prêter? Je veux lui en prêter.—Voulez-vous parler à l'allemand? Je veux lui parler.—Où est-il? Il est au musée. Très-bien, je vais le voir, et lui parler.

RECAPITULATORY EXERCISE.   RÉSUMÉ.

Is the youth coming to-day? The youth is coming to bring us some steel and iron.—What are we going to buy? We are going to buy nothing but velvet.—Have I not a good German friend? You have no German friend; but you have a Swiss one.—Have not the dry-goods merchants got shawls, ribbons, gloves, stockings, velvet, cloth? Yes, they have (*they keep all that*), and it is what we are going to buy.—At whose store are you going to buy all that? Some things at this, others, at that.—Who is going to buy books? These two scholars are going to buy some.—Are not the minister and the lawyer going to buy some, too? Yes, they are, but they are not going to buy many.—At whose store are they going to buy them? At Appleton's.—Is not the grocer's little boy going to buy there a pretty penknife of good steel, a silver pencil-case, an iron inkstand, some paper and pencils? Yes, he is going to buy all those *articles* there. No, no, not all those articles; he wants neither inkstand, nor penknife.—Has he got a penknife and inkstand? He has yet an inkstand, but no penknife.—Why will he not buy one? Because he has his brother's.

How are they at the general's? Every one is well. I am glad to hear it. And at the minister's? At his house several persons are sick.—What is the matter with John? John has a sore throat.—Has Charles got it too? No; that one has the toothache.—What is the matter with the two little ones? They have the headache. And Sophia? Nothing is the matter with Sophia. I am glad of it.—Is the minister sick? Yes, as usual. He has got a bad cold.—How have you been? I have not been well. You are well, usually, are you not? I am, usually, perfectly well, but not this morning.—It is so warm; is it not? Yes, it is too warm.—Where are you going? I am going to the apothecary's, to the shoe-dealer's. Or the shoemaker, is it not? No, not the shoemaker, but the merchant of shoes (*dealer in shoes*). Is that all? No, I am going to the coal-dealer's, and to the electric telegraph. I wish you much pleasure. I present my respects to you. I wish you a good morning.—Is the Russian better? Yes, a little better. I hope your brother is well? Very well, I thank you.—How are they at his house (is his family)? Every one is well. No one is sick there.

Has your cook money enough to buy some beef and mutton? Yes, he has enough to buy both. Is he going to bring as much of this as of that? He is going to bring more of that than of this.—Have the sailors got any notes to buy chocolate with?

They have no notes (bills), but they have gold.—It is good enough, is it not? Have they got enough to buy chickens, salt, pepper, biscuits, fresh butter, fresh bread, fresh beef, wine, sugar, tea, coffee.... is that all? No, it is not all. Cabbages, old cheese, vinegar, corn, *de la farine*. *De la farine?* What is the English of that? Have you not the English of *farine?* No, we have it not. Who has it? Nobody has it.—Your servant has a broom to sweep the floor of the store-house, has he not? No, he has none. Will you give him a quarter of a dollar to buy one? I am going to give him one.—I have none. I have nothing but half dollars. Have you not a quarter of a dollar? No, I have no more.

What is the English of *faire?* It is *to do, to make*. That is right, that's it.—What conjugation is it of? It is of the ... conjugation. Why? Because it ends in.... Is it regular? ...Why? Because it is not conjugated like the model.... (The teacher may ask the same questions on other verbs, such as *voir; porter; écrire*.) Which is your last vocabulary? It is the.... What section? La.... Have you verbs in it? Yes, we have several.—Which verbs have you?.... Have you got them in your catalogue?.... Have you any nouns in the vocabulary?.... How many have you?.... Have the scholars got any adjectives in theirs?.... Have you any in yours?.... Has the stranger got any in his?....What have we in ours?.... Take my umbrella to lend it to Robert.—Where is he going? He is going out.—Yes, but, where is he going? (where to?) Is he not going to the museum? To which museum?—Are not Sarah, John and William going too?—Can you sweeten my tea?—Will he not sweeten his coffee?—Are you not going to put some sugar in the chocolate? We are going to put some in it.—What are you going to put in the wine? I am not going to put anything in it.—Can you write to the clerk?.... to the grocer?... the strangers?... our friends?—Will any one kill the little child's bird?... Has the cook killed the young or the old chickens?

21me. *Vingt et unième Exercice.* 1ère *Section.*

Qu'allons-nous essayer aujourd'hui ? Nous allons essayer de réciter.—Réciter quoi ? Réciter un vocabulaire.—Lequel ? Celui-ci.—Est-ce le vingtième ? Non, ce n'est pas le vingtième, mais le dernier.—C'est-le : quoi ? Le dernier, le vingt et unième. Très-bien.—Voulez-vous commencer ? Avec plaisir.—Voulez-vous nous faire des questions en français ou en anglais ? Je vais vous en faire en anglais premièrement, et ensuite en français.— Nous sommes prêts a vous répondre.—Etes-vous prêts, en vérité ? Je crois que oui.—Puis-je commencer ? Je crois que oui.—À combien de billets pouvez-vous répondre ce soir ? Je peux répondre à six ou sept.—Pouvez-vous répondre à autant que cela ? Je crois que oui.—Avez-vous autant de frères que moi ? Nous en avons autant que vous; et plus qu'eux.—Combien de tomes des ouvrages de Irving, ont-ils ? Ils en ont huit.—En ont-ils tant ? Oui, en vérité, et ils vont en acheter d'autres.— Combien de plus ? Deux de plus, je crois.—Mlle. Clara a-t-elle autant de châles que Mlle. Emilie ? Non, Mlle. Clara en a moins que Mlle Emilie.—Avez-vous mon cahier ? Moi ? Non, je crois que non.—L'a-t-il ? Lui ? Je crois que non.—Qui l'a ? Je ne peux pas vous dire.—Ces enfants ne l'ont-ils pas ? Eux ? Je crois que non.—N'allez-vous pas donner un joli éventail a Mlle. Victoria ? Si fait, je vais lui en donner un.

Voulez-vous écrire a l'Italien ? Je veux lui écrire.—Votre frère veut-il écrire aux anglais ? Il veut leur écrire, mais ils n'ont pas envie de lui répondre.—Voulez-vous répondre à votre ami ? Je veux lui répondre.—Mais à qui voulez-vous répondre ? Je veux répondre à mon bon père.—Ne voulez-vous pas répondre à vos bons amis ? Je veux leur répondre.—Qui veut vous écrire ? Le russe veut m'écrire.—Voulez-vous lui répondre ? Je ne veux pas lui répondre.—Qui veut écrire à nos amis ? Les enfants de notre voisin veulent leur écrire.—Veulent-ils leur répondre ? Ils veulent leur répondre.—À qui voulez-vous écrire ? Je veux écrire au russe.—Veut-il vous répondre ?

Il veut me répondre, mais il ne peut pas.—Les espagnols, peuvent-ils nous répondre? Ils ne peuvent pas nous répondre, mais nous pouvons leur répondre.—À qui voulez-vous envoyer ce billet? Je veux l'envoyer au menuisier.—De qui, ce garçon, va-t-il recevoir un chapeau? Il va en recevoir un de son ami, l'avocat.—Pour qui, est cet habit? Il est pour notre père. —Pour qui sont ces gants? Ils sont pour le commis de notre ami.—Avec qui, vos enfants vont-ils au musée? Ils y vont avec le vieux professeur.—Ne vont-ils pas aussi au quai pour voir le beau bâtiment du marchand? Si fait, ils y vont avec le jeune maître, le vieux capitaine, et le bon matelot.

21me. Vingt et unième Exercice. 2de Section.

Bon jour, mesdames et messieurs! J'espère que vous vous portez bien. Oui, M., nous nous portons bien, nous vous remercions.—Comment se porte le cousin de Mlle. Emilie? Se porte-t-il mieux? Je crois que oui.—Comment est le rhume de votre frère? Son rhume est mieux, mais il a mal aux dents.— J'en suis fâché.—Savez-vous comment se porte le général? Oui, je sais qu'il se porte bien; mais le Capitaine Henri est malade.—Je le sais, mais il se porte mieux; n'est-ce pas? Je ne peux pas vous le dire.—Qu'avons-nous à faire ce soir? Nous avons à réciter, comme à l'ordinaire.—Qui va commencer? Moi et lui.—Pourquoi pas lui et moi? Très-bien; lui et moi, alors. Je vais faire une question à l'un et à l'autre.—Voulez-vous me répondre en français? Je vais essayer.—Qu'avez-vous? Rien. —Qu'avez-vous à faire? Je n'ai qu'à écrire.—Qu'avez-vous à écrire? J'ai à écrire un billet.—À qui? Au cousin du charpentier.—Qu'avez-vous à lui donner? Nous avons à lui donner du pain frais et du beurre frais.—Votre domestique a-t-il quelque chose à boire? Je crois qu'il a à boire du thé.—N'allons-nous pas en boire aussi? Si fait, nous allons en boire.—À quelle heure? À huit heures.—À huit heures et demie vous voulez dire? Non, je veux dire, à neuf heures moins un quart. —Avons-nous à envoyer beaucoup de riz au cuisinier du bâtiment de M. Girard? Oui, nous avons à lui en envoyer beaucoup.—En a-t-il? Je crois qu'il n'en a guère plus.—Alors, nous avons à le lui envoyer aujourd'hui, n'est-ce pas? Oui, en vérité.—Qui va le lui porter? Savez-vous? Oui, je sais.—Qui? Le petit garçon du menuisier.

Quand l'avocat veut-il aller au théâtre? Il n'y va que demain soir.—Son cousin quand peut-il aller avec lui? Il ne peut pas aller au théâtre, s'il va à un bal.—À quel bal va-t-il? À celui du médecin.—Va-t-il donner un grand bal? Oui, il va en donner un, demain soir.—Où est votre fils? Je crois qu'il est au comptoir.—Où vont-ils me mener? Au comptoir, dans leur magasin.—L'épicier et le cuisinier, où vont-ils? S'ils vont quelque part, ils vont au marché.—Puis-je aller avec eux? Oui, vous pouvez, si vous n'avez rien à faire. À quel marché vont-ils? Ils vont au grand.—Le fermier et son cousin sont-ils au marché? Non, ils sont dans le magasin de souliers.—Pouvez-vous venir chez moi, pour aller au quai? Je n'ai pas envie d'aller chez vous, premièrement, et ensuite au quai; mais je suis prêt à aller au quai à présent.—Avez-vous, votre chapeau, vos gants, et votre parapluie? Mon parapluie? Fait-il mauvais temps? Oui, il fait mauvais.—Alors je ne veux pas aller là, mais au musée, si vous voulez aller avec moi.—Y vont-ils, aussi? Oui, ils y vont, aussi. Très-bien; alors, nous pouvons y aller, si vous êtes prêt.—Le tableau de l'Italien, est-il dans le salon? Oui, il y est.—Le domestique va-t-il balayer le salon? Non, il ne peut pas le balayer à présent. Pourquoi ne peut-il pas? Parce que je crois que quelqu'un est dans le salon.—Qui y est? Mme. Vernet et son cousin Frédéric.—Voulez-vous leur envoyer des biscuits, du beurre frais, et du vin? Je ne peux pas, parce que le domestique n'est pas à la maison.—Si vous voulez leur envoyer quelque chose, je peux le leur porter; n'est-ce pas? Très-bien; vous pouvez, si vous voulez.—Combien de biscuits avez-vous? Je n'en ai que six ou sept; est-ce assez? C'est assez.

22me. Vingt-deuxième Exercice. 1ère *Section.*

Ah! M. Robert, je suis bien aise de vous voir. Comment vous êtes-vous porté depuis Lundi dernier? Je ne me suis pas très-bien porté. Ah! en vérité, j'en suis bien fâché.—Mais, vous vous portez bien, à présent, j'espère? Pas tout-à-fait, mais beaucoup mieux. Je vous remercie.—Comment se porte-t-on chez vous? Nous nous portons tous bien, à votre service.—Il fait froid, n'est-ce pas? Oui, il fait froid.—Où va Samuel? Je vais l'envoyer chercher quelque chose. À quelle heure allez-vous l'envoyer? À neuf heures et demie.—N'est-il pas encore neuf heures et demie? Non, pas tout-à-fait. Il n'est que neuf heures un quart. Alors, il peut attendre un quart d'heure.—Que va-t-il chercher? Il va acheter du sucre, des biscuits, et du fromage, si nous n'en avons plus.

Qui est dans le jardin? Les enfants de nos amis sont là.—Voulez-vous envoyer chercher le médecin? Nous voulons l'envoyer chercher.—Qui veut aller le chercher à l'atelier du menuisier? Le petit Thomas veut aller le chercher.—Peut-il le faire? Oui, en vérité.—Voulez-vous me donner mon bouillon? Voulez-vous boire du bouillon à présent? Je veux en boire un peu.—Où est-il? Il est au coin du feu. Je vais vous le donner.

Voulez-vous donner trois sous au petit Thomas pour aller chercher du lait? Est-ce assez? C'est assez. Où va-t-il l'acheter? Il peut l'acheter au marché. Très-bien. Je vais lui donner trois sous pour acheter du lait, et un autre pour acheter un gâteau. Vous êtes très-bon. Mais je n'ai pas d'argent avec moi, il est au comptoir. Voulez-vous aller le chercher? Je n'ai pas peur d'aller le chercher.—Voulez-vous acheter mon dictionnaire de Webster? Je ne peux pas, je n'ai plus d'argent. Plus d'argent! Non, je n'en ai plus avec moi.—Où est votre chat? Au fond du grenier, dans un trou.—Dans quel trou est-il? Dans son trou.—Où est le chien de ce vieux homme? Il est dans un coin du bâtiment. Les matelots ont-ils des chats? Oui, ils en ont.—Le domestique n'a-t-il pas à balayer l'office, et le salon ? Il a à les balayer. — Leur cuisinier a-t-il un bon feu ? Il a un très-bon feu, parce qu'il a à brûler le câfé.—N'a-t-il pas à faire du thé ? Il a à le faire. Où est notre chat ? Je crois qu'il est dans le panier de Mlle. Sophie, dans le salon.—Mon dictionnaire de Fleming n'est-il pas dans le salon ? Si fait, il y est, et celui de Surenne aussi.

Avez-vous quelque chose à faire ? J'ai quelque chose à faire. —Qu'avez-vous à faire ? J'ai à raccommoder mes habits, et à aller au bout du chemin.—Pourquoi avez-vous à aller au bout du chemin ? Je vais chez l'épicier pour acheter du grain pour notre oiseau et nos poulets.—Le professeur n'est-il pas là, avec ses écoliers, le ministre, l'apothicaire, l'avocat, et le médecin ? Si fait, je crois qu'ils y sont.—Pouvez-vous me donner autant de beurre frais que de pain ? Je peux vous donner plus de celui-là que de celui-ci.—Votre cousin peut-il boire autant de vin, que de café, ou de thé ? Il ne peut pas boire autant de celui-là que des deux derniers.—Avez-vous à parler à quelqu'un ? J'ai à parler à plusieurs hommes, si je peux les voir, au bout du chemin.—Ils sont dans l'atelier. Très-bien : j'y vais, pour leur dire quelques mots.—N'avez-vous pas à répondre au dernier billet de ce jeune homme ? Non, nous n'avons pas à y répondre.

22me. Vingt-deuxième Exercice. 2de Section.

Good morning, sir, come in, take a seat and sit down. With pleasure, for I am tired.—You are not sick, I hope ? No, I am only tired.—How have you been since yesterday morning? Very well, as usual. And you ? I also. Is any one sick, at your house ? No person is sick at our house since Sunday last —Is your cousin, the lawyer, quite well ? No, not quite well but much better.—I am glad of it.

Qui est dans l'atelier du menuisier ? Les trois garçons y sont. —Qu'ont-ils à faire ? Ils ont beaucoup à faire.—Peuvent-ils le faire ? Sans doute.—Ont-ils autant à faire que les garçons du charpentier ou du boulanger ? Ils ont autant.—As-tu assez à étudier ? Sans doute (certainement).—En as-tu trop ? Non, pas trop, mais assez.—Vas-tu copier ton exercice bientôt? Je vais le copier tout de suite.—Ton frère que veut-il faire premièrement? Il veut lire premièrement, alors traduire, et écrire après.—Peux-tu bien traduire? Oui, quand je veux le faire.—À combien de coins, Jean va-t-il? Il ne va qu'à trois.—À combien d'avocats as-tu à parler? J'ai à parler à quatre.—Quand as-tu à leur parler? Ce soir.—À quelle heure? À neuf heures moins un quart.—Pas avant cela? Je crois que non.—Quand peux-tu aller au bureau du gros général? Je ne peux y aller que demain matin.—À quelle heure? À sept heures et demie.—Quand veux-tu aller chez le vieux français? Je vais chez lui tout de suite.—Ne veux-tu pas aller premièrement chez le chapelier, ou à l'atelier, pour choisir un chapeau? Si fait, j'y vais premièrement, et alors chez le français.—Veux-tu aller chez le médecin demain matin, ou demain soir? Je veux y aller demain matin, à dix heures un quart, s'il fait beau temps, ou à huit heures moins un quart, le soir.

Avez-vous à écrire autant de billets que l'anglais? J'ai à en écrire moins que lui.—Voulez-vous parler à l'allemand? Je veux lui parler.—Quand voulez-vous lui parler? À présent.—Où est-il? Il est dans son bureau, à l'autre bout du bois.—Voulez-vous aller au marché? Je veux y aller, pour acheter du linge.—Tes voisins ne veulent-ils pas aller au musée et au quai? Ils ne peuvent pas y aller; ils sont fatigués, et trop occupés pour y aller.—As-tu le courage d'aller au bois le soir? J'ai le courage d'y aller, mais non pas le soir.—Vos enfants peuvent-ils répondre à mes billets? Ils peuvent y répondre.—Que veux-tu dire au domestique? Je veux lui dire de faire du feu, et de balayer le magasin, notre bureau, et le grenier du garçon.—Veux-tu dire à ton frère, de me vendre son cheval? Je veux lui dire de te le vendre.—Que voulez-vous me dire? Je veux vous dire un mot.—Qui voulez-vous voir? Je veux voir l'écossais.—As-tu à lui dire de t'envoyer du lait? J'ai à lui dire de m'en envoyer.—Voulez-vous dire à votre cousin d'aller chez le général demain matin, car il veut le voir. Avec plaisir.--

Quel livre mon frère veut-il leur vendre ? Il ne veut vendre que le tien, et le sien.—Tu as le dernier exercice, n'est-ce pas ? Oui, je l'ai.—Mon jeune ami veut me voir, n'est-ce pas ? Je crois que oui. Il a envie de te voir, pour te dire quelque chose de joli.

23me. *Vingt-troisième Exercice.* 1ère *Section*

Write here, in French, the date of the month.

Ah! M. Charles, je suis bien aise de vous voir; entrez. Prenez un siège, et asseyez-vous. Merci, j'en ai un ici.—C'est assez bon.—Comment vous êtes-vous porté depuis le mois dernier ? Tout-à-fait bien; et comment se porte-t-on chez vous ? Nous nous portons très-bien, à présent.—Comment se porte votre cousin Samuel ? Il ne se porte pas bien. Il a un mauvais rhume, il a mal à la gorge, et mal de tête. Je suis fâché d'apprendre qu'il est malade.—Qui est dans le salon ? Dans le grand salon ? Non, dans le petit salon.—Votre père, le ministre, son jeune frère, le vôtre, mon cousin Louis, Mme. Leblanc, son fils et deux ou trois autres personnes sont là. Quelqu'un est-il dans le grand salon ? Personne n'y est.—Le commis va-t-il rester à la maison ? Non, il va sortir pour chercher des couteaux d'acier.—Le tailleur du turc a-t-il un dé de fer ou d'acier ? Il n'a ni dé de fer ni d'acier, il n'en a pas.—Alors je vais lui en prêter un (19^1, N. 1).—Un d'argent ? Non, un d'acier.—Quel dictionnaire avez-vous là ? Ici, j'ai le dictionnaire de Surenne, français et anglais, et là, celui de Webster.—Vas-tu au théâtre ! Non, je n'y vais pas.—Alors tu vas à un bal, n'est-ce pas ? Non, je n'y vais pas.—Où donc ? Chez mon ami, le docteur.—Est-ce tout ? Voulez-vous me faire le plaisir de copier ce billet-là pour moi ? Je n'ai pas le temps de le copier; mais le petit Robert va le copier pour vous, dans le bureau de son cousin.

Est-il tard ? Il n'est pas tard.—Quelle heure est-il ? Il est midi un quart.—À quelle heure le capitaine a-t-il envie de sortir ? Il veut sortir à huit heures moins un quart.—Qu'allez vous faire ? Je vais lire.—Qu'avez-vous à lire ? J'ai à lire un bon, bon livre.—Voulez-vous me le prêter ? Je veux vous le prêter.—Quand voulez-vous me le prêter ? Je veux vous le prêter demain, si vous avez le temps de venir le chercher alors. —Avez-vous envie de sortir ? Je n'ai pas envie de sortir.— Voulez-vous rester ici, mon cher ami ? Je ne peux pas rester ici.—Où avez-vous à aller ? J'ai à aller au comptoir.—Quand voulez-vous aller au bal ? Ce soir.—À quelle heure ? À minuit. —Allez-vous chez l'écossais le soir ou le matin ? J'y vais le soir et le matin.—Où allez-vous à présent ? Je vais au théâtre. —Où votre fils va-t-il ? Il ne va nulle part ; il va rester à la maison pour étudier son français et le traduire ; car, il a mal au pied.—Où est votre frère ? Il est dans le salon.—Ne va-t-il pas à son comptoir ? Non, il n'y va pas.—Va-t-il rester ici ? Oui, il va y rester.—Pourquoi ? Parce qu'il a mal au pouce et au doigt, et qu'il ne peut pas écrire.—Son commis ne peut-il pas écrire pour lui ? Si fait, il peut ; et mon frère va l'envoyer chercher pour le faire.—Veux-tu venir chercher Jean à sept heures ? Avec plaisir.

23me. *Vingt-troisième Exercice.* 2de Section
Write in French the date of the month.

Je suis bien aise de vous voir, Mlle. Clara. Asseyez-vous, prenez ce siège.—Comment vous portez-vous ce matin ? Je me porte assez bien ; mieux que mardi dernier.—J'en suis bien aise.—Comment est votre père ? Je ne sais pas. Mon père n'est pas ici ; mais il va venir dans deux ou trois jours. Mais, vous, M., comment vous êtes-vous porté depuis que je n'ai eu le plaisir de vous voir ? Je me suis parfaitement porté, je vous remercie.—Fait-il froid ou chaud dehors ? Il fait chaud, tout à fait chaud. En vérité ! J'en suis fâché. Je vous souhaite le bon jour, M. Mlle., j'ai l'honneur de vous saluer. Adieu.

Le professeur v-a-t-il nous faire réciter tout de suite ? Non, pas avant un quart d'heure ou une demi-heure.—Alors, je peux encore étudier mon vocabulaire, n'est-ce-pas ? Sans doute, vous le pouvez.—Mais ne le savez-vous pas encore ? Si fait, je le sais assez bien, mais pas trop bien (Ob. 35).—Puis-je aller dans le salon pour y étudier ? Ne pouvez-vous pas étudier ici ? Je peux écrire, lire, copier et traduire ici ; mais je peux mieux étudier dans un coin du salon.—Si vous restez ici je peux vous faire quelques questions et alors vous pouvez m'en faire. Très-bien, je vais rester.—Voulez-vous commencer, ou puis-je vous faire les premières questions ? Vous pouvez commencer si vous êtes prêt, car je suis prêt à vous répondre. Je ne suis pas tout à fait prêt. Je veux d'abord corriger un mot là. À présent je suis prêt.—Vous savez *la date* du mois, n'est-ce pas ? Je crois que oui.—Et vous, *la* savez-vous ? Sans doute.—Et lui ? Peut-il la dire ? Je crois que non.—Qui ne peut pas dire *la* date du mois ? Robert ne peut pas.—Moi ? Si fait, je peux.—N'est-ce pas le huit de mai ? Si fait, c'est cela.

Allez-vous sortir (19², N. 1) ? Sans doute ; n'ai-je pas mon chapeau, mon manteau, et mes gants ? Si fait, vous les avez.— Avez-vous à acheter quelque chose ? Oui, j'ai beaucoup de choses a acheter. Quoi ? Un grand châle, pour Sara ; un joli petit bâton, pour Henri ; des gants, des mouchoirs et du velours, pour Charlotte. Est-ce tout ? Tout ? Non, en vérité !—Quoi encore ? Quoi encore ? Beaucoup d'autres choses.—N'avez-vous pas à acheter quelque chose pour notre petit cousin, Jean ? Si fait, j'ai à *acheter* plusieurs choses pour lui. D'abord un fusil de bois, et d'autres joujoux, et ensuite quelques petits livres.—Est-ce tout pour lui ? Sans doute ; c'est assez, n'est-ce pas ? Oui, en vérité !—Avez-vous un catalogue de ces choses-là ? Non, je n'en ai pas ; mais, voulez-vous me faire le plaisir d'en faire un pour moi ? Oui, avec plaisir.— Où est le papier ? Où est le crayon ? Le papier est ici, et le crayon, là.—Avez-vous assez d'argent pour acheter tout cela ? Je crois que oui.—Que pouvez-vous me prêter ? Un couteau ; si vous en avez besoin.—Un quoi ? Un couteau. Merci, je n'ai pas besoin d'un couteau.—De quoi avez-vous besoin ? J'ai besoin d'un bon fusil.—Un fusil de fer ou d'acier ? Un d'acier

—Pourquoi en avez-vous besoin ? J'en ai besoin pour tuer un chat, un chien et des oiseaux.—Avez-vous besoin de ce tableau ? Lequel ? Le dernier tableau de notre bon peintre.—Moi ? Non ; mais il en a besoin.—Qui en a besoin ? Ce jeune homme en a besoin.—Combien veut-il en donner ? Je ne sais pas combien.—Votre frère a-t-il besoin d'argent ? Il n'en a pas besoin. —Qui a besoin de sucre ? Personne n'en a besoin. Oh ! Si fait, j'en ai besoin pour sucrer mon thé.—Quelqu'un a-t-il besoin de poivre ? Personne n'en a besoin.—L'épicier n'a-t-il qu'un œil ? Si fait, il en a deux ; mais il n'a qu'un pouce.

24me. Vingt-quatrième Exercice.   1ère Section.
Put here the date in French.

Allez-vous voir M. Charles, aujourd'hui ? J'y vais.—Comment se porte-t-il à présent ? Il se porte mieux ; mais pas du tout bien.—Comment est son vieux cousin ? Il est tout-à-fait bien.—Comment vous êtes-vous porté depuis que je n'ai eu le plaisir de vous voir chez votre ami ? Je me suis toujours bien porté, comme à l'ordinaire.—Comment se porte-t-on chez vous ? Tout le monde s'y porte bien.—Quelqu'un est-il malade chez vous ? Personne n'y est malade.—Votre petit garçon n'est-il pas malade ? Oh ! si fait ; il est un peu malade ; mais pas beaucoup.—N'allez-vous pas entrer ? Si fait, je vais entrer (19^2, N. 1), pour m'asseoir un moment.—Entrez, entrez. Prenez ce siège.—Non, merci ; je vais m'asseoir ici. (19^1, N.)

Parlez-vous toujours français ? Non, nous ne le parlons pas toujours.—Pourquoi ne le parlez-vous pas toujours ? Parce que je ne le parle pas très-bien, Jules ne le parle pas beaucoup mieux, et les enfants ne le parlent pas du tout.—Combien d'exercices les écoliers copient-ils tous les jours ? Ils en copient deux ; un, le matin, l'autre, le soir.—À quelle heure copient-ils celui du matin ? Ils le copient à neuf heures et demie.—Et celui du soir ; le copient-ils aussi à neuf heures et demie ? Ils le copient à sept heures un quart.—Quand les corrigez-vous ? Je les corrige à deux heures ou à deux heures moins un quart.

Ne dînez-vous pas à une heure ? Non, nous dînons plus tard.

—Qui dîne à une heure ? Tous nos voisins.—Pourquoi ne dînez-vous pas à une heure aussi ? Parce que nous aimons à dîner plus tard.—Vos enfants dînent-ils quand vous dînez ? Non, ils dînent avant nous.—Aiment-ils à diner avant vous ? Oui, ils aiment à le faire, parce qu'ils ont toujours faim.—Aiment-ils à boire du thé ou du café ? Ils n'aiment à boire ni thé ni café ; mais du lait.—Aimez-vous votre frère ? Je l'aime.—Votre frère vous aime-t-il ? Il ne m'aime pas.—M'aimes-tu, mon bon enfant ? Je t'aime.—Aimes-tu ce vilain homme ? Je ne l'aime pas.— Qui aimez-vous ? J'aime mes enfants.—Qui aimons-nous ? Nous aimons nos amis.—Aimons-nous quelqu'un ? Nous n'aimons personne.—Quelqu'un nous aime-t-il ? Les américains nous aiment.—Avez-vous besoin de quelque chose ? Je n'ai besoin de rien.—De qui votre père a-t-il besoin ? Il a besoin de son domestique.—De quoi avez-vous besoin ? J'ai besoin du billet.—Avez-vous besoin de ce billet-ci ou de celui-là ? J'ai besoin de celui-ci.—Que voulez-vous en faire ? Je veux l'ouvrir pour le lire.—Reçoit-il autant de billets que moi ? Il en reçoit plus que vous.—Que me donnez-vous ? Je ne te donne rien.— Donnez-vous ce livre à mon frère ? Je le lui donne.—Lui donnez-vous un oiseau ? Je lui en donne un.—À qui prêtez-vous vos livres ? Je les prête à ces écoliers-là.—Votre ami me prête-t-il un dollar ? Il vous en prête un.—À qui prêtez-vous vos habits ? Je ne les prête à personne.

24me. Vingt-quatrième Exercice. 2de Section.

Put here the date in French.

Ah ! Mr. Arago, je suis bien aise de vous voir.—Vous vous portez bien, j'espère. Assez bien, merci. Je suis bien aise de l'apprendre.—Savez-vous où est M. Lamartine ? Oui, il est chez lui.—Merci, M., j'ai à lui écrire. Eh bien ! entrez dans la maison et asseyez-vous un peu.—Je vous remercie beaucoup, je ne suis pas fatigué. Je suis, comme à l'ordinaire, très-pressé, car je veux voir M. Rush, qui va à Liverpool à dix heures un quart.—Adieu, alors, car, vous n'avez pas beaucoup de temps

Adieu.—Il fait chaud, très-chaud, n'est-ce pas ? Non, il ne fait pas trop chaud pour moi.—Pas trop chaud pour vous ? Alors vous aimez le chaud, en vérité ! Je l'aime.—N'aimez-vous pas le chaud ? Pas tout à fait autant que vous, je crois.

Récitez-vous ce soir à six ou à sept heures ? Nous ne récitons qu'à sept heures, je crois.—Savez-vous quel vocabulaire nous récitons ? Vous récitez le dernier.—Quel est le dernier ? Le .... n'est-ce pas ? Je crois que non.—Lequel donc ? Celui-ci.—Je sais ces deux-ci. Et moi aussi. Alors, je suis prêt à réciter.—Et vous ? Moi aussi.—Que cherchez-vous, Mlle. Charlotte ? Est-ce votre châle ou votre manteau que vous cherchez ? Non, M., je cherche mon cahier de français pour y traduire mon exercice.

Que mangez-vous à déjeuner ? Nous mangeons un peu de bœuf ou de mouton, du pain et du beurre, &c.—Aimez-vous le bœuf à déjeuner ? Oui, un peu ; mais je l'aime beaucoup à dîner.—Aimez-vous à le manger aussi à souper ? Je ne l'aime pas tant.—Moi, je ne l'aime pas du tout ; je ne peux pas le souffrir —Vous ne pouvez pas le souffrir ? en vérité ! Non, en vérité, je ne peux pas.—Mangez-vous beaucoup de fromage ? Nous n'en mangeons guère ; nous ne l'aimons pas ; nous ne pouvons pas le souffrir.—Changez-vous souvent de domestiques ? Oui, nous en changeons souvent.—Nous en changeons tous les mois. —Jules ne néglige-t-il pas souvent son devoir ? Si fait, il le néglige ; mais nous ne négligeons pas le nôtre.—Que négligez-vous ? Je crois que nous ne négligeons rien (Ob. 4).—Vous êtes de bons écoliers, alors, si vous ne négligez rien. Merci.— Qu'allez-vous arranger ? Quand ? Aujourd'hui. Aujourd'hui ? Nous n'arrangeons rien ; mais ces garçons arrangent leurs livres. —Votre père vous envoie-t-il quelque chose ? Il m'envoie tout ce que je veux.—Vous envoie-t-il des souliers, des bas et des gants ? Non, mais il m'envoie de l'argent pour en acheter.—Combien vous envoie-t-il ? Il m'envoie plus de dix dollars tous les mois.—Est-ce tout ? Oui, et c'est assez.—Voulez-vous me faire le plaisir de dire à Isaac d'ouvrir le salon ? Il l'ouvre à présent.

Très-bien. Alors vous n'avez pas besoin de lui dire de l'ouvrir ; mais vous pouvez lui dire de le balayer. Je vais le faire. (19 N. 1.)

Coupez-vous quelque chose ? Nous coupons du bois.—Ces marchands que coupent-ils ? Ils ne coupent rien ; mais leur commis coupe de gros drap.—Ne coupe-t-il pas le beau drap aussi ? Non, il a peur de le couper.—Vous voulez dire qu'il a peur de le déchirer, n'est-ce pas ? Oui, je veux dire, de le déchirer.—Ne déchire-t-il pas le coton ? Si fait, il le déchire et le gros drap aussi ; mais il ne déchire ni le velours ni le satin.— Quand recevez-vous vos billets ? Je les reçois tous les matins, quand vous récevez les vôtres.—Notre voisin, l'avocat, reçoit-il ses journaux quand nous recevons les nôtres ? Je ne sais pas quand il reçoit les siens.—Votre domestique que porte-t-il ? Il porte plusieurs choses dans un grand coffre.—L'ouvre-t-il ? Il ne l'ouvre pas.—Où le porte-t-il ? Il le porte chez lui (Ob. 52).—Attendez-vous quelqu'un ? Oui, je n'attends que le petit irlandais.—L'attendez-vous souvent ? Oui, je l'attends souvent.—Tous les matins ou tous les soirs ? Matin et soir.— Tuez-vous deux oiseaux ? Je n'en tue qu'un.—Combien de poulets ce vieux cuisinier tue-t-il ? Il n'en tue pas.—Qui les tue, alors ? Les fermiers les tuent.—Les fermiers travaillent-ils autant que les matelots ? Ils travaillent autant.—Qui travaille plus ; vous ou votre fils ? Nous travaillons autant l'un que l'autre.

24me. Vingt-quatrième Exercice. 3me Section.
Put the date in French.

Mr. John, I am glad to see you. Can you tell me how your cousin Armand is? He is very ill. Indeed! I am very sorry for it. Is he worse than yesterday? Yes, he is much worse.— Does the doctor hope still? Yes, he hopes yet, because Armand is young; but he is very ill. Take a seat, sit down. No, I cannot sit down, now.—Can you not sit down a little while to rest yourself? No, I cannot, for I have to go to the apothecary's to buy something.—Is it for Armand? Yes, it is for him. Then go, go. Adieu, my respects to you.

Mlle. Emilie, qu'attendez-vous? J'attends les écoliers.—Viennent-ils? (Ob. 52.) Je crois que oui; (*je crois qu'ils viennent*).—Que font-ils? Qui? Les cordonniers. Ils font des souliers.—Les charpentiers font-ils un vaisseau? Non, ils n'en font pas.—Que font-ils? Ils font quelque chose, mais nous ne savons pas quoi.—Savez-vous où sont mes dictionnaires? Lesquels? Les français.—Nous savons où ils sont. Voulez-vous nous dire où ils sont? Non, nous ne voulons pas vous le dire. Vous pouvez les chercher. Vous êtes bien bon, en vérité.—Les maîtres doivent-ils quelque chose au marchand de beurre? Ils ne lui doivent rien.—Doivent-ils quelque chose aux tailleurs? Ils leur doivent quelque chose.—Combien? Pas beaucoup. Pas plus de deux ou trois dollars.—Doivent-ils plus au menuisier? Non, ils ne lui doivent pas tant; car, ils ne lui doivent rien.—Rien du tout? Non, rien du tout. Je crois qu'ils ne lui doivent rien. Je sais qu'ils lui doivent quelque chose pour leur dernier pupitre. Cela peut être.

Messieurs Cowell et fils tiennent-ils un magasin de nouveautés? Oui, ils en tiennent un.—Où le tiennent-ils? Ils le tiennent au coin de Chestnut et de la Septième.—Que tiennent-ils? Ils tiennent des gants, des rubans, du satin, du velours, de beau drap et beaucoup d'autres choses.—Reçoivent-ils leur satin, leur velours, leurs gants et leurs rubans de France? Non, je crois qu'ils ne les reçoivent pas de France; ils les achètent à nos marchands.—Que reçoivent-ils de France? Ils ne reçoivent rien.—Les français prennent-ils beaucoup de thé? Non, ils n'en prennent pas beaucoup.—Ils prennent plus de café que de thé, n'est-ce pas? Oui, ils en prennent un peu plus.—N'en prennent-ils pas beaucoup plus? Non, ils n'en prennent pas beaucoup plus; mais ils prennent plus de vin que de thé ou de café.—Les italiens et les espagnols que boivent-ils? Ils boivent du chocolat.—Ne boivent-ils pas de vin aussi? Si fait, ils en boivent. Savez-vous que le vieux frère du général est très-malade? Oui, nous le savons, et nous savons aussi qu'il est mieux ce matin (*il se porte mieux*). Nous sommes bien aises de l'apprendre.—Me dites-vous quelque chose? Nous ne vous disons rien.—Leur dites-vous quelque chose? Nous ne leur disons rien.—Dites-vous quelque chose de joli à votre bon voisin? Nous lui disons quelque chose de joli.—Que lui dites-vous de joli? Nous n'allons pas vous le dire.

25me. Vingt-cinquième Exercice. 1re *Section.*
Put the date in French, here.

Good evening, sir, I am very glad to see you. I hope you have been well since I had the pleasure of seeing you. Very well, thank you. Am I first here, this evening? You are first. You are so often enough, but not always.—I am often too busy to come always at the hour. I believe it, for you are very punctual.—Where are the other scholars? On the way, I think, for they are punctual also. But not so much so as you.—Will you take a seat? No, I thank you, not yet. I wish first to look for a word in the dictionary.—What word do you wish to know? I wish to know the French of: *dust.*—What do you wish to say in French? I wish to say: *it is dusty.*—The French of: *it is dusty,* is: *il fait de la poussière.* Now I can tell you: "Il fait beaucoup de poussière." Yes, I know it, and the dust is not pleasant. Take a seat now. Thank you, I am going to take one.

Vois-tu quelque chose? Je ne vois rien.—Votre père voit-il nos vaisseaux? Il ne peut pas les voir du tout, de là; mais nous les voyons très-bien, d'ici.—Combien de soldats voyez-vous? Nous en voyons beaucoup; nous en voyons plus de trente.—Le capitaine attend plus de soldats, n'est-ce pas? Je ne sais pas s'il en attend d'autres.—Connaissez-vous le capitaine? Je crois que je ne le connais pas; mais je connais le général.—Connaissez-vous aussi le cousin du général? Qui? Ce grand et beau jeune homme qui vient souvent au musée pour y voir les tableaux? Oui, celui-là.—Je ne le connais pas; mais je le vois très-souvent.—Ces matelots et ces soldats que boivent-ils? Ils boivent du vin et du cidre.—Boivent-ils plus de celui-ci que de celui-là? Non, ils boivent plus de celui-là que de celui-ci.—Boivent-ils du vin tous les jours? Oui, ils en boivent; mais ils ne boivent pas de cidre tous les jours.—Pourquoi pas? Ne peuvent-ils pas *en avoir?* Non, ils n'ont pas assez d'argent pour en acheter.—Que buvons-nous? Vous savez que nous buvons du thé, du café et du vin.—Ne buvons-nous pas du chocolat aussi? Si fait, nous en buvons.—Nous l'aimons autant que les italiens et les espagnols.—En buvons-nous autant qu'eux? Non, nous ne le faisons pas; car ils le boivent le matin, à dîner et à souper.—Qu'écris-tu? Je n'écris pas, je lis.—Qui écrit? L'avocat écrit.—Que fait le prussien? Il ne fait rien.—N'étudie-t-il pas l'anglais? Si fait, il l'étudie.—Ne l'écrit-il pas? Il ne l'écrit pas.

Que dis-tu? Je ne dis rien. J'ai trop sommeil pour dire quelque chose.—Ton frère dit-il quelque chose? Il a peur de dire un mot.—Dites-vous quelque chose? Oui, je dis à notre domestique d'aller chez le marchand de livres pour m'apporter le dernier ouvrage de Cooper.—Aimez-vous son dernier ouvrage? Ne l'aimez-vous pas? Je dis que je l'aime beaucoup.—Qui ne l'aime pas? Plusieurs messieurs que je connais (§ 77.)—Me dites-vous quelque chose? Je vous dis quelque chose. Oui, mais vous ne me dites rien de joli.—N'est-ce pas joli? Non, pas du tout.—Faites-vous quelque chose pour moi? Nous ne faisons rien pour vous; mais ces garçons-là font quelque chose pour vous.—Que font-ils pour moi? Ne le voyez-vous pas? Non, je ne le vois pas.—Vois-tu mon châle ou mes gants? Je ne vois ni ceux-ci ni celui-là.—Que vois-tu? Je ne vois rien.—Qui les voit? Qui voit quoi? Mon châle et mes gants. Personne ne les voit.—Ne sont-ils pas ici? Non, ils n'y sont pas. Je ne vois que ce vieux châle de coton.—Que dites-vous au tailleur et au cordonnier? Je ne leur dis rien.—Nos amis que leur disent-ils (*que leur disent nos amis?*) Ils disent à ceux-ci de raccommoder leurs souliers, et à ceux-là, de leur faire des habits et des gilets. Ont-ils le temps de le faire? Ils ont le temps et l'envie de le faire.—Que faites-vous? Je mets mes gants. —Met-il son grand chapeau? Non, il met le vieux.—Ne mettez-vous pas de sucre dans votre café? Si fait, j'y en mets, car je n'en ai pas assez.—N'y mettez-vous pas de lait? Non, je n'y en mets pas.—Connaissez-vous ces allemands? J'en connais un; mais non pas les autres.—Qui connaît ce suisse-ci? Nous le connaissons. Nous connaît-il? Il nous connaît.—Qui connais-tu? Je ne connais personne.—Ne nous connaît-il pas? Je crois que si.

25me. Vingt-cinquième Exercice. 2de Section
Write the date here in French.

Ah! Mr. Charles, I present my respects to you. I see that you are well. Very well, thank you. And you, sir, are you sick? Do I look sick? A little. I am a little tired, but not sick. I am glad of it. You are not the first, this evening. No, I see that Miss Clara is here before me. How have you been, Miss, since last Thursday? I have been very well, thank you. I do not look sick, I hope? Oh! no. On the contrary, you look very well, as usual. Thank you, sir. How is the sore throat of the General? His sore throat is better, but not his cold.—Come in, Mr. Lenoir. You look cold. Yes, I am cold. Sit down here, near the fire, and near Miss Clara. With much pleasure. You have a good fire. Fire is very pleasant when you are cold, is it not? Yes, Miss, it is then very pleasant. You are perfectly right. Is it cold out of doors? Yes, it is very cold.—Are you acquainted with Mr. de Genlis? I have the pleasure of knowing him, and I see him very often. He looks sick, now, does he not? No, I believe not. Now that I think of it, I believe he has the toothache. That may be. If that is the case, I am very sorry for it. And I also: Mr. de Genlis is a man of merit, is he not? I think he is.

Allez-vous au théâtre ce soir? Je n'y vais pas. Pourquoi? Qu'avez-vous à faire? J'ai a étudier. Votre maître vous donne-t-il quelque chose à étudier le soir ? Oui, il nous donne quelque chose à faire, alors.—À quelle heure finissez-vous d'étudier ? Nous finissons à neuf ou dix heures; en un mot, nous finissons quand nous sommes fatigués ou quand nous avons sommeil.—Vous donne-t-il quelque chose à écrire ? Oui, il nous donne toujours le quart ou la moitié d'un exercice à écrire; parce qu'il dit que nous le savons mieux alors. Le savez-vous mieux quand vous l'écrivez ? Sans doute. Moi, du moins.—Copiez-vous les billets de votre père le soir ? Nous ne les copions que le matin et ensuite nous les envoyons.—Les écoliers écrivent-ils tout ce qu'ils traduisent ? Non, ils ne le font pas.—Raccommodent-ils tout ce qu'ils déchirent ? Ils ne le font pas.—Trouvent-ils tout ce qu'ils cherchent ? Ils le trouvent.—Le capitaine trouve-t-il tout ce qu'il cherche ? Non, en vérité, il ne le trouve pas.—Qui trouve tout ce qu'il cherche ? Personne ne le trouve.—Que veulent-ils trouver ? Ils ne veulent trouver que leurs livres.—Ne les serrent-ils pas ? Ils ne les serrent pas.—Qui les serre ? Personne ne les serre.—Où sont-ils ? Vous le savez, n'est-ce pas ? Pas du tout.—Le suisse a besoin de quelque chose : lui apportez-vous tout ce qu'il veut ? Je le lui apporte quand je peux le trouver.—Où me mènes-tu ? Je te mène au musée.—Ne me menez-vous pas au quai ? Je n'ai ni le temps ni envie de vous y mener, parce qu'il fait mauvais temps.

Les marchands ne serrent-ils pas ce qu'ils ne vendent pas ? Ils serrent tout ce qu'ils ne vendent pas.—À combien le boucher vend-il son bœuf ? Il le vend à dix cents ou sous.—Le boucher a-t-il envie d'acheter votre mouton ? Il en a envie.—Combien veut-il (*que veut-il*) vous en donner ? Il veut m'en donner deux dollars et demi.—Est-ce assez ? Je crois que non. Si ce boucher ne veut pas vous donner plus que cela, j'en connais un autre qui peut vous en donner plus.—Nos bouchers ont-ils autant de bœufs que de moutons ? Non, ils ont beaucoup plus de ceux-ci que de ceux-là.—Vendent-ils autant de bœuf que de mouton ? Ils vendent beaucoup de bœuf; mais ils ne vendent que peu de mouton.—Le vieux cuisinier que cherche-t-il ? Il cherche un jeune poulet qu'il ne trouve pas. Où peut-il être ? Qui sait ?—L'allemand que fait-il dans son appartement ? Il lit le journal et donne à manger à ses oiseaux. Que leur donne-t-il à manger ? Il ne leur donne que du grain à manger. Quels journaux lit-il ? Il lit ceux que votre cousin lui prête. Votre père lui en prête-il aussi ? Il en a trois dans son pupitre que mon père lui prête ; mais il ne les lit pas à présent.

Jean, venez ici. Me voici. Venez avec moi. Où ? Ici, près du feu. Près du feu ! Non, en vérité, j'ai assez chaud où je suis. Prenez ce siège. Non, je vais prendre celui-ci ; celui-là est trop grand pour moi. Très-bien, prenez ce petit-là, s'il vous plaît.—À présent que j'y pense, allez dans cet appartement *chercher* le gâteau qui est dans mon pupitre. Lequel de vos pupitres ? Le français. Je vais vous l'apporter, s'il vous plaît. Vous aller m'en donner, n'est-ce pas ? Oui, sans doute. C'est pour vous en donner que je vous dis de me l'apporter. Avez-vous un couteau pour le couper ? Je peux vous en couper un peu avec mon canif. Vous ne pouvez pas m'en couper assez avec votre canif. En voulez-vous tant ? Oui, j'en veux beaucoup ; vous savez que je l'aime beaucoup. Allez, alors, allez au lieu de parler.—Voulez-vous aller avec moi chez l'épicier ? Me voici, prêt à y aller. Avez-vous besoin d'un panier ? Pourquoi ? Pour y mettre quelque chose de bon, que vous allez acheter, n'est-ce pas ? Oui, je vais acheter quelque chose de bon ; mais l'épicier peut le mettre dans des sacs de papier.

25me. Vingt-cinquième Exercice. 3me Section.
Put the date here in French.

Ah, Mr. Letourneur, I am very glad to see you. How are they at your house? Everybody is well there. Nobody is sick at home; but at my neighbor's, the minister, everybody is sick. What is the matter with them? One has a sore throat, another the headache, this one has a cold, that one the toothache. Then they are not very sick. No, but the weather is so bad that they suffer much. I am sorry to hear that they are suffering. He (or the one) who has the toothache cannot sleep. Why does he not go to the dentist? He is afraid. Indeed? Who is it? It is young Arthur. He is wrong to be afraid. He knows it, but he continues to be afraid. Who has the cold? It is George. Does he take anything for his cold? Yes, to be sure. What is it? I know not what.

Votre père sort-il? Il ne sort pas. Que fait-il? Il écrit. Écrit-il un livre? Il en écrit un. Quand l'écrit-il? Il l'écrit le matin, le soir, et quand il a le temps. Il est à la maison, à présent, alors? Sans doute. Voulez-vous le voir? Non, parce qu'il est trop occupé.—Le prussien sort-il? Non, ni lui ni le suisse ne sortent. Pourquoi ne sortent-ils pas? Ils ont mal aux pieds. Que font-ils pour leur mal aux pieds? Il font quelque chose; mais je ne peux pas vous dire quoi. Le cordonnier apporte-t-il nos souliers? Il ne les apporte pas. Boit-il? Ne travaille-t-il pas? Il ne travaille pas parcequ'il a mal au genou gauche.—Quelqu'un a-t-il mal aux dents? Oui, cet adolescent y a mal. Ne va-t-il pas chez le dentiste? Non, il n'y va pas. Va-t-il l'envoyer chercher? Il ne l'envoie pas chercher. Il n'a pas envie d'avoir le dentiste.—Quelqu'un a-t-il mal au coude? Je crois que oui. Laissez-moi voir (§ 154). Oui, le dentiste a mal au coude. Auquel des coudes a-t-il mal? Au droit.—Qui a mal au bras? Moi (*j'y ai mal*). Ne le voyez-vous pas? Non, je ne le vois pas. Auquel des bras avez-vous mal? Au gauche.—Le ministre écrit-il à présent? Non, il ne peut pas encore. Son pouce droit n'est-il pas mieux? Il est mieux, mais pas bien.

Lisez-vous votre joli livre? Je ne le lis pas; j'ai mal à un œil. À quel œil avez-vous mal? Ne voyez-vous pas? J'ai mal à l'œil droit. Laissez-moi le voir. Voyez-le.—Qui a mal aux yeux? Les vieux cuisiniers y ont mal.—Quel jour du mois est aujourd'hui? C'est le .... Et demain? Le ....—L'allemand que fait-il dans sa chambre? Il apprend à lire. N'apprend-il pas à écrire? Si fait, il apprend.—Votre fils apprend-il à traduire ? Il apprend à traduire et à copier le français.—Le prussien parle-t-il au lieu d'écouter ? Il parle au lieu d'écouter. —Que fait-il alors ? Ensuite, il va chez le fermier pour boire du lait.—Le dentiste arrange-t-il les dents de votre fils ? Il ne les arrange pas. Que fait-il ? Il fait des dents pour le hollandais, au lieu d'arranger les dents de mon fils.—Qui étudie au lieu de jouer ? Quelques garçons étudient au lieu de jouer ; mais beaucoup jouent au lieu d'étudier.—Notre maître d'anglais nous parle-t-il français au lieu de parler anglais ? Il le fait souvent.—Les enfants des suisses boivent-ils du vin, le matin, au lieu de boire du thé ou du café ? Ils ne boivent ni vin, ni thé, ni café.

Pouvez-vous trouver le français de : *to offer*, dans ce petit dictionnaire ? Je vais le chercher tout de suite. Très-bien ; prenez le dictionnaire. Je l'ai. Y trouvez-vous le mot ? Non, je ne l'y trouve pas. En vérité ! Laissez-moi voir. Je vois pourquoi vous ne pouvez pas le trouver. Vous le cherchez dans le français au lieu de l'anglais.—L'épicier que met-il dans ce sac de papier ? Je crois qu'il y met du sel au lieu d'y mettre du sucre. Est-ce du sel, M. ? Non, c'est du sucre ; mais il a l'air de sel, n'est-ce pas ? Oui, il en a l'air (§ 50). Laissez-moi— laissez-moi—je veux dire : *let me taste it* ; mais je ne sais pas le français de : *to taste*. Voulez-vous me le dire, Guillaume ? Sans doute, c'est *goûter*. *Goûter*, très-bien. À présent, je peux dire, laissez-moi le goûter. Goûtez-le (Dir. 1). Prenez-en et goûtez-le (§ 54). Est-ce du sucre ou du sel ? Vous avez raison, c'est du sucre. Alors nous pouvons sucrer ce que nous mangeons et ce que nous buvons.—Ses petits amis reçoivent-ils plus de livres que de cahiers ? Ils reçoivent plus de ceux-là que de ceux-ci.— Dormez-vous dans ce joli petit lit ? Non, je dors dans ce grand lit.—Qui dort dans celui-ci ? Sophie y dort. Les garçons des menuisiers font-ils des sophas, des pupitres et des bois de lit ? Oui, ils font des sophas, des pupitres et des bois de lit. Travaillent-ils autant que les garçons des charpentiers ? Ils travaillent tout autant.

26me. Vingt-sixième Exercice. 1ère Section.

Do not forget the date in French.

What day of the month is it? It is ... Of what month? Of the month of ... Are you sure of it? Yes, I am. Is not to-day Thursday? Yes, it is. Well, the paper says; Thursday the ... Am I not right? Yes, I believe you are right. I thank you. You are welcome (*It is hardly worth while*). You are very kind. I am glad I know the date, because I have a note to write. Do you want paper? No, I am much obliged to you, I have some, I think; but I cannot find my inkstand. Are you sure it is not in your desk? I am not quite sure of it; but I believe it is not there. Let me see if I cannot find it there. Look. Well! Do you find it? No, it is not here. Who can have it? Your cousin Arthur, I think. For he is writing his task in his room. Can I go for it? No: if he wants it, he may have it. I *will* write my note with my pencil.

Allez-vous chercher quelque chose? Je vais chercher quelque chose. Qu'allez-vous chercher? Je vais chercher du cidre.—Votre père (p. 502–3), envoie-t-il chercher quelque chose? Il envoie chercher du vin.—Votre domestique va-t-il chercher du pain? Il va en chercher.—Qui votre voisin envoie-t-il chercher? Il envoie chercher le médecin.—Votre domestique ôte-t-il son habit pour faire le feu? Il l'ôte pour le faire.—Otez-vous vos gants pour me donner de l'argent? Je les ôte pour vous en donner.—Apprenez-vous le français? Je l'apprends.—Votre frère apprend-il l'allemand? Il l'apprend.—Qui apprend l'anglais? Le français l'apprend.—Apprenons-nous l'italien? Vous l'apprenez. Les anglais qu'apprennent-ils? Ils apprennent le français et l'allemand.—Parlez-vous espagnol? Non, M., je parle italien.—Qui parle polonais? Mon frère parle polonais.—Nos voisins parlent-ils russe? Ils ne parlent pas russe; mais arabe.—Parlez-vous arabe? Non, je parle grec et latin.—Quel couteau avez-vous? J'ai un couteau anglais,—Quel argent avez-vous là? Est-ce de l'argent italien ou espagnol? C'est de l'argent russe.—Avez-vous un chapeau italien? Non, j'ai un chapeau espagnol.—Etes-vous français? Non, je suis anglais.—Es-tu grec? Non, je suis espagnol.

Ces hommes sont-ils allemands? Non, ils sont russes. Les russes parlent-ils polonais? Ils ne parlent pas polonais; mais latin, grec et arabe.—Votre frère est-il marchand? Non, il est menuisier.—Ces hommes sont-ils marchands? Non, ils sont charpentiers.—Etes-vous cuisinier? Non, je suis boulanger.—Sommes-nous tailleurs? Non, nous sommes cordonniers.—Es-tu fou? Non, je ne suis pas fou.—Qu'est cet homme? (*Cet homme qu'est-il?*) Il est médecin.—Le fils du peintre étudie-t-il le grec? Non, il étudie l'anglais avant le grec. Il a raison.—Va-t-il apprendre le grec avant le latin? Non, il va apprendre le latin avant le grec.—Le boucher tue-t-il quelque chose aujourd'hui? Il tue des bœufs et des moutons. En tue-t-il tous les jours? Il en tue.—Pourquoi en tue-t-il? Il vend le bœuf et le mouton au marché (*dans le marché*).—Écoutez-vous au lieu de faire votre devoir? Oui, j'écoute, parce que ce que vous dites est très-joli.—Écoutent-ils aussi? Non, ils n'écoutent, ni n'étudient, ni ne copient; mais ils dorment. Ils ont raison, s'ils sont fatigués et s'ils ont sommeil (*envie de dormir*). Ensuite, ils peuvent mieux travailler (§ 170).

26me. Vingt-sixième Thème. 2de Section.
Do not forget the date, in French.

Miss Victoria, I present my respects to you. You are well, are you not? Yes, sir, I am well, thank you. And you, sir, how have you been since I had the pleasure of seeing you at the museum? I have not been very well, I am much obliged to you. I am sorry to hear it; but you are better, I hope? Yes, much better, I can say; well at present. But I see Mr. William. He is coming in, I believe. I hope not. Why so? Do you not like him? No, I cannot bear him. I see he is not coming in. Why can you not bear him? He is too vain. Is he not right to be vain? Is he not a handsome young man? Yes, he is, but he is wrong to be vain.—Now I think of it, do you know where your friend Edward is? Yes, he is in

Burlington, at a cousin's of his. Is he coming here soon? I cannot answer your question, for I do not know when he is coming here.

Me souhaitez-vous quelque chose? Je vous souhaite le bon jour.—Le jeune prussien que me souhaite-t-il? Il vous souhaite le bon soir.—Où sont les enfants? Ils sont chez votre père. Pourquoi y sont-ils? Pour lui souhaiter beaucoup de plaisir.—L'allemand a-t-il des yeux noirs? Non, il a des yeux bleus.—Qui a des yeux noirs? Les espagnols, les italiens et les turcs ont des yeux noirs.—Ce grec-là n'a-t-il pas les pieds petits, le front large et le nez grand? Si fait, il a les pieds petits, le front large; mais il n'a pas du tout un grand nez.— M'écoutez-vous? Je le fais avec beaucoup de plaisir.—L'avocat écoute-t-il le ministre? Il l'écoute pour lui répondre.—Allez-vous l'écouter? Non, je vais étudier mon thème au lieu de l'écouter. Je ne veux pas savoir ce qu'il va dire.—Avez-vous le billet de votre cousin? Sans doute, je l'ai. Avez-vous à y répondre tout de suite? Oui, j'ai à y répondre tout de suite. Y répondez-vous à présent? Oui, j'y réponds; mais j'ai mal aux yeux, et je ne peux pas y répondre très-bien. Répondez-y (§ 150—8) pour moi; voulez-vous? Avec plaisir, si je peux. Dites-moi ce que j'ai à écrire. Dites-lui, d'abord, pourquoi je ne réponds pas, et ensuite, dites-lui que je lui envoie son chapeau rond, son habit bleu, son gilet de satin noir, ses souliers de velours noir, son éventail français, son fusil anglais et plusieurs autres articles par un de mes amis qui va où il est.

Écoutez ce que le professeur dit au lieu de parler. À présent, j'écoute ce qu'il dit.—Le docteur est-il homme de mérite? Écoutez-le, et alors vous pouvez dire si c'est un homme de mérite.—Les écoliers écoutent-ils leur maître d'anglais? Ceux qui sont bons l'écoutent; les mauvais jouent au lieu d'écouter.— Vos gants sont-ils français? Oui, ils sont français, (ou *ce sont des gants français.*) (3, § 39.)—Me donnez-vous du papier anglais ou allemand? Je ne vous donne ni papier anglais ni allemand; mais je vous donne de beau papier français.—Lisez-vous bien l'espagnol? (§ 150). Je ne lis pas bien l'espagnol, mais l'allemand.—Quel livre le soldat lit-il? Il lit un joli livre français.—Les matelots boivent-ils du thé ou du café le matin? Quelques uns prennent du café, d'autres boivent du thé. Que buvez-vous le soir? Je prends du thé, alors.—Vous prenez le café le matin, n'est-ce pas? Non, je prends le thé le matin aussi. Ne buvez-vous pas de café? Non, je ne le bois plus. Qui prend le chocolat? Les espagnols et les italiens en boivent beaucoup. Les français le prennent-ils aussi? Ils en prennent; mais pas tant que les autres.—Les turcs prennent-ils du thé, du chocolat ou du café? Ils ne boivent ni le thé ni le chocolat; mais ils aiment beaucoup le café.

27me. Vingt-septième Thème. 1ère Section.
Do not forget to write the date in French.

Good evening, Michel, how do you do to-day? I am very well, thank you. And you, sir, how goes it? I am well, thank you. You see that I am smoking a Spanish cigar, will you have one? No, I am much obliged to you, but I no longer smoke. You chew, do you not? No, I do not chew. Is it possible? You neither smoke nor chew? It is extraordinary (*strange*), is it not? Yes, indeed! But you snuff? No, I do not. How! You neither chew, smoke, nor snuff? Is it possible? It is possible. What I tell you is true.—But why is it strange? Because everybody either smokes, snuffs or chews. No, not quite. What do you think of the weather? I think it is beautiful. How! Is it not too warm for you? For me? No, indeed.

De quoi votre père a-t-il besoin? Il a besoin de tabac. Voulez-vous aller en chercher? Je veux aller en chercher (*en aller chercher*). De quel tabac a-t-il besoin? Il a besoin de tabac à priser. Avez-vous besoin de tabac à fumer? Je n'en ai pas besoin; je ne fume pas.—Me montrez-vous quelque chose? Je vous montre des rubans d'or.—Votre père fait-il voir son fusil à mon frère? Il le lui fait voir.—Lui montre-t-il ses beaux oiseaux ? Il les lui fait voir.—Le français fume-t-il ? Il fume.—Allez-vous au bal ? Je vais au théâtre au lieu d'aller au bal.—Le jardinier va-t-il au jardin ? Il va au marché au lieu d'aller au jardin.—Envoyez-vous votre valet au tailleur ? Je l'envoie au cordonnier au lieu de l'envoyer au tailleur.—Votre frère compte-t-il aller ou bal, ce soir ? Il ne compte pas aller au bal, mais au concert.—Quand comptez-vous aller au concert ? Je compte y aller ce soir.—À quelle heure ? À dix heures et quart.—Allez-vous chercher mon fils ? Je vais le chercher.—Où est-il ? Il est au comptoir.—Trouvez-vous le jardinier que vous cherchez ? Je le trouve.—Vos fils trouvent-ils les jardiniers qu'ils cherchent ? Ils ne les trouvent pas.

Vos amis comptent-ils aller au théâtre ? Ils comptent y aller. Quand comptent-ils y aller ? Ils comptent y aller demain. À quelle heure ? À sept heures et demie.—Le marchand, que veut-il (*a-t-il envie de*) vous vendre ? Il veut me vendre des porte-feuilles. Comptez-vous en acheter ? Je ne veux pas en acheter.—Sais-tu quelque chose ? Je ne sais rien.—Votre petit frère, que sait-il ? Il sait lire et écrire. Sait-il le français ? Il ne le sait pas.—Savez-vous l'allemand ? Je le sais.—Vos frères savent-ils le grec ? Ils ne le savent pas, mais ils comptent l'étudier.—Savez-vous l'anglais ? Je ne le sais pas, mais je compte l'apprendre.—Mes enfants savent-ils lire l'italien ? Ils savent le lire, mais non le parler.—Savez-vous nager ? Je ne sais pas nager, mais je sais jouer.—Votre fils sait-il faire des habits ? Il ne sait pas en faire ; il n'est pas tailleur.—Est-il marchand ? Il ne l'est pas.—Qu'est-il ? Il est médecin.

27me. Vingt-septième Thème. 2de Section.
Do not forget to write the date here in French.

Good morning, gentlemen, how do you do ? We are well except Mr. Le Blanc, who is not here. Is he coming ? No, he is not coming to-day. Is he not well enough to come ? No, he is not well at all. What is the matter with him ? I do not know, and the doctor does not know it any better than I, at least, I think so. Does he give him anything to take? He gives him something (he does.)—I am glad, gentlemen, to hear that you are well. We thank you. Is the exercise you have a difficult one? As for me, I think it is; but these three gentlemen do not think so. It is true; on the contrary, we think it easy. What do you find difficult? I cannot tell you in French. You may try, can you not? Yes, to be sure. Very well, try. Willingly. Nous avons beaucoup de *new* mots. (We have many new words.) Do you not know the French of *new*? I do not. Do these other gentlemen know it? I know it. We do not. I am going to tell you. It is *nouveau*.—Can you write it? I? No.—As to me, I can. N, o, u, v, e, a, u. How do you form its plural? With an x, is it not? Yes, that's true, you are right.

Voulez-vous boire du cidre? Je veux boire du vin : en avez-vous? Non, je n'en ai pas; mais je vais en envoyer chercher. —Votre oncle n'en a-t-il pas d'excellent? Si fait, il en a. Conduisez-moi chez lui, alors. Volontiers (*avec plaisir*). À présent? Non, pas à présent; mais bientôt.—Savez-vous faire le thé? Je sais le faire; mais je ne peux pas faire de café.—Qui sait faire du chocolat? Moi; ce n'est pas difficile. —Où le dentiste de votre père va-t-il? Il ne va nulle part. Il reste à la maison pour arranger les dents de son oncle.—Conduis-tu quelqu'un? Je ne conduis personne. Et vous, qui conduisez-vous? Je conduis le valet de mon fils. Où le conduisez-vous? Je le conduis au bureau de l'avocat, pour lui montrer où il est.—Votre valet conduit-il ce garçon allemand? Il le conduit. Où? Il le conduit dans le jardin pour parler à notre vieux jardinier allemand.—Votre vieux jardinier allemand prise-t-il? Non, il ne prise pas; mais il fume.—Travaille-t-il bien? Oui, il travaille bien; car, il ne peut pas parler aux autres domestiques, et il a à travailler.

Conduisons-nous quelqu'un? Nous conduisons nos enfants. Où vos enfants conduisent-ils leur oncle? Ils le conduisent au musée pour le lui montrer. Conduisez-y-moi aussi. Venez avec nous.—Vont-ils lui faire voir le théâtre? Non, ils n'ont pas le temps de le lui montrer aujourd'hui : ils n'ont que le temps de lui montrer le musée.—Pouvez-vous prononcer le français de : *to extinguish?* Je crois que oui. Voyons. (§ 150—2). Essayez. Prononcez-le ... Est-ce bien? Pas tout-à-fait. Essayez-le encore... Est-ce mieux? C'est bien à présent. J'en suis bien aise, car c'est un mot difficile. L'impératif n'est pas aisé. Le savez-vous? Oui, je le sais. Prononcez-le, s'il vous plaît. Avec plaisir... Est-ce bien? Pas tout-à-fait. Prononcez-le *gn* comme le *gn* dans le mot anglais : *mignonette, gne* .... C'est mieux. Essayez-le encore ... C'est bien, à présent.—Pouvez vous compter un peu en français? Pas beaucoup ; mais je compte apprendre. Voulez-vous compter? Volontiers. Commencez. Un, deux, trois, quatre, six. Non, cinq, six, sept, huit, Non. Ne prononcez pas le *h* de *huit,* dites : *uit* uit, neuf, dix, onze, douze, &c. (*Attend to the hint in the English exercise, p.* 138).

Do you put out the fire? I do not, the cook does. Who kindles the fire in the morning? The cook kindles his fire and my valet kindles mine. Who kindles your uncle's and your cousin's? They have no fire in their rooms, because they do not stay there. Where do they stay? They stay with us in the parlor, when they are in the house. Do they often go out? Yes, very often. Do they often go to Fairmount? No, not very often. Why do they go there? They go there to see the water-works. Do they oftener go to the museum? Yes, they go there oftener.—Do we go out as often as our neighbors on the left? We go out less often than they. Does the grocer go as often to market as my gardener? I believe he goes as often. Do you light the gas every day? Yes, we light it every night. At what o'clock does your servant light it? Now, he lights the first burner at half-past seven, and the others later. At what o'clock does he extinguish it? He extinguishes it at half-past ten, in the parlor, and in our rooms, we extinguish it at eleven or at half-past eleven.

EXERCISE XXVIII.

28me. Vingt-huitième Thême. 1ère *Section.*
Write the date at the beginning of the exercise.

What do you think of the weather? We find it very disagreeable. It is cold and damp. I do not find (*think*) it cold; but very damp. It is very unwholesome weather. Very unwholesome, indeed. It is not good for those who have colds. No, and I am sorry to tell you, that Louis has a very bad one. Since when? (*How long has he had it?*) Since Wednesday. I have the honor to wish you good evening. How goes the toothache? It is better, much obliged. I am glad of it. How are they at the general's? Everybody is well there, excepting the Irish valet. What is the matter with him? We do not know what it is. Is he very sick? Yes, he is obliged to remain in bed. Since when is he sick? (*How long has he been...*) Several days. However, the doctor thinks he is a little better. When is he better, in the morning or the evening? He is better at noon, and worse in the evening. What is the matter with Henry? He has a sore elbow. Which one? The right or the left one? I think it is the left, but I am not sure of it.

Est-ce que je lis bien? Vous lisez bien. Est-ce que je parle assez bien? Vous parlez assez bien.—Mon petit frère parle-t-il bien français? Il parle bien. Comment écrit-il l'allemand? Il l'écrit mal.—Qui l'écrit bien? Notre jeune ministre l'écrit bien? L'écrit-il aussi bien que le dentiste suisse? L'un et l'autre l'écrivent bien, très-bien. Je ne sais pas qui l'écrit le mieux.—Est-ce que nous parlons mal? Vous ne parlez pas mal.—Est-ce que je bois trop? Vous buvez trop.—Puis-je faire des chapeaux? Vous ne pouvez pas en faire; vous n'êtes pas chapelier.—Est-ce que je puis écrire un billet? Vous pouvez en écrire un.—Est-ce que je fais bien mon thême? Vous le faites bien.—Que fais-je? Vous faites des thêmes.—Que fait mon frère? Il ne fait rien.—Qu'est-ce que je dis? Vous ne dites rien.—Est-ce que je commence à parler? Vous commencez à parler. Est-ce que je commence à bien parler? Vous ne commencez pas à bien parler, mais à bien lire.—Où est-ce que je vais? Vous allez chez votre ami. Est-il chez lui? Est-ce que je sais?—Puis-je parler aussi souvent que le fils de notre voisin? Il peut parler plus souvent que vous. Puis-je travailler autant que lui? Vous ne pouvez pas travailler autant que lui.—Est-ce que je lis aussi souvent que vous? Vous ne lisez pas aussi souvent que moi, mais vous parlez plus souvent que moi.—Est-ce que je parle aussi bien que vous? Vous ne parlez pas aussi bien que moi.—Est-ce que je vais chez vous, ou est-ce que vous venez chez moi? Vous venez chez moi, et je vais chez vous. Quand venez-vous chez moi? Tous les matins à six heures et demie.

Connaissez-vous le russe que je connais? Je ne connais pas celui que vous connaissez, mais j'en connais un autre.—Buvez-vous autant de cidre que de vin? Je bois moins de celui-ci que de celui-là.—Le polonais boit-il autant que le russe? Il boit tout autant.—Les allemands boivent-ils autant que les polonais? Ceux-ci boivent plus que ceux-là.—Reçois-tu quelque chose? Je reçois quelque chose. Que reçois-tu? Je reçois de l'argent. —Votre ami reçoit-il des livres? Il en reçoit.—Que recevons-nous? Nous recevons du cidre.—Les polonais reçoivent-ils du tabac? Ils en reçoivent.—De qui les espagnols reçoivent-ils de l'argent? Ils en reçoivent des anglais et des français.

Do you count every day in French? Yes, we count. Do you not like to count? (Let the pupil give his or her own answer.) How many do you count a minute? I count 125. And you? I do not count so many. I only count 98. And you and your cousin Armand? We count 128. Is it more than he? Yes, it is more. How many more? Three more. That is true, you are right. And you, how many do you count less than they? I count three less. How many more than he? I count 27 more than he. That is a great many, is it not? It is enough, at least.

28me. *Vingt-huitième Thême. 2de Section.*
Write the day of the month at the beginning of the exercise.

Sir, we wish you a good morning, and we hope that you are well. I am much obliged to you, gentlemen, and I see with pleasure, that you look as if you were well. We are well, thank God, but we are very warm. I believe it, for it is very warm. At what degree is the thermometer? Mine is at 80°, but that of my neighbor is at 82½°. You speak of Fahrenheit's thermometer, do you not? Yes, for that is the only one much used here. If this weather continues, I cannot stay here. Where are you going? To Cape May. When do you start? I go Tuesday or Thursday. Do you go alone? No, I go with my cousin. Why does he go with you? Because he is sick. What is the matter with him? He is afraid of having the tic douloureux. The tic douloureux! I am sorry to hear it. We are all sorry. I believe it. Are your shoes wet? I believe not. If they are, I can lend you others, and you can dry yours, (put yours to dry.) No, thank you. You are very good.—It is half-past eight o'clock, and Louis is not yet here. He is not as punctual this morning, as usual.—My coat is all wet, and my vest also. Change and dry them. Where can I dry them? Give them to the servant to put near the fire.—The shoes and stockings of this little child are wet. John, take them off and put them to dry, for the poor child is getting cold. Yes, Miss.

Est-ce que je reçois autant d'argent espagnol que d'américain? Vous recevez plus de celui-ci que de celui-là.—Est-ce que je reçois autant de monde que le docteur? Vous en recevez autant. Qui en reçoit plus que lui? plus que nous? L'apothicaire en reçoit plus.—De qui est-ce que vos enfants reçoivent des livres? Ils en reçoivent de moi et de leurs amis. Est-ce que res anglais reçoivent autant de coton turc que d'américain? Ils reçoivent plus de coton américain que de turc.—Nos marchands de *la Nouvelle*-Orléans reçoivent plus de drap français que d'anglais, n'est-ce pas? Je crois que oui.—Quels gants recevons-nous? Nous recevons des gants français.—Combien de livres est-ce que votre voisin vous prête? Il m'en prête trois de plus (30').—Quand est-ce que l'étranger compte partir? Il compte partir aujourd'hui. Partez avec lui, ne pouvez-vous pas? Ne puis-je pas? Non, en vérité, et vous savez très-bien que je ne suis pas prêt. Mais vous pouvez être bientôt prêt. Le pensez-vous? Sans doute que je le pense.—Le suédois part-il bientôt? Il part dans quelques minutes. Part-il seul? Non, il prend un valet avec lui, parce qu'il ne parle pas assez bien anglais pour aller seul. Il a raison.—Pars-tu demain? (*est-ce que tu pars?*) Est-ce que tu comptes aller avec moi? Non, car nous ne comptons pas partir avant dix jours. Alors j'ai à vous dire; adieu.

Les Clinton (§ 140—5) vous répondent-ils tout de suite quand vous leur écrivez? À l'ordinaire, ils me répondent tout de suite, quand ils ne sont pas malades. Eh bien! écrivez-leur pour savoir si je peux aller chez eux, samedi; et dites-leur de répondre tout de suite.—N'allez-vous pas lire le billet du dentiste avant d'y répondre? Si fait. Je le lis à présent. Ah! pardonnez-moi. Votre domestique irlandais (§ 108) balaie-t-il votre appartement avant de faire votre lit? Non, il fait le lit avant de balayer l'appartement. Est-ce que tu bois avant de sortir? Je bois. Est-ce que vous aimez à aller au marché avant de déjeuner? Je ne l'aime pas, car je suis presque toujours malade quand je le fais.—Henri, mettez vos souliers et vos bas. Non, en vérité, je compte mettre mes bas avant de mettre mes souliers.—Est-ce que tu lis d'abord et traduis ensuite? Oui, je le fais; mais je traduis l'exercice d'abord, et je l'écris ensuite. Vous faites bien; c'est bon.—Est-ce que vous allez chez le polonais avant de déjeuner? Oui, j'y vais. À quelle heure vos enfants déjeunent-ils? Ils déjeunent à sept heures.—Est-ce que vous prenez du tabac avant de déjeuner? Non; mais je fume après déjeuner.—Est-ce que votre fils fume aussi après déjeuner? Il ne fume pas du tout, et j'en suis bien aise.—Chique-t-il ou prend-il du tabac? Non, il ne fait ni l'un ni l'autre.

29me. *Vingt-neuvième Thême.* 1ère *Section.*
Put the date here in French.

Ask us questions to-day, if you please. Willingly. What kind of weather is it? Who can answer me? We can all answer you. Commence, Mr. Legris. You wish to know what kind of weather it is? Yes, sir, if you please. I am going to tell you with much pleasure, the greatest pleasure in the world. Say it, then. Let me see if I have the French of *unwholesome*. Oh! Yes; we have it. Then, it is damp and unwholesome weather. Yes, you are right, it has been damp and unwholesome, for two or three days. Is it not extraordinary? Yes, it is extraordinary, for the weather changes very often. But it is not cold. On the contrary it is warm. It is almost always warm when it is damp, is it not? Yes, without doubt. This damp weather is not good for little Robert's cold, what do you think of it? I think it is not, and I am sorry for it, for he is a good little boy. How is the Doctor's brother? He is very well now. And how is the general's old cook? He is ill. He is almost always sick, is he not? Yes, but it is not extraordinary, for he is very old.

Etes-vous plus grand que moi? Je suis plus grand que vous. Votre jeune frère est-il plus grand que vous? Non, mais je crois qu'il est tout aussi grand.—Est-ce que ton chapeau de cuir est aussi mauvais que celui de mon père? Il est meilleur; mais non pas si noir que le sien.—Les habits des italiens sont-ils aussi beaux que ceux des irlandais? Ils sont plus beaux; mais pas si bons.—Qui fait les plus beaux gants? Les français les font. Qui fait le plus beau drap? Les français et les espagnols le font. Qui a les plus beaux chevaux? Les miens sont beaux, les vôtres sont plus beaux que les miens; mais ceux de nos amis sont les plus beaux de tous.—Pourquoi les français prennent-ils du vin à déjeuner? Parce qu'ils y sont accoutumés.— Voyez, ces pauvres enfants n'ont ni souliers ni bas, n'ont-ils pas froid? Non, en vérité, ils y sont accoutumés.—Suis-je accoutumé à écrire vite ou lentement? Vous êtes accoutumé à écrire lentement; mais votre cousin est accoutumé à écrire très-vite.— Qui est plus savant que ce vieux prussien? Je ne sais pas qui est plus savant que lui.—Le ministre est-il plus savant que l'apothicaire? Oui, il est plus savant que l'apothicaire; mais l'avocat est le plus savant de tous.—Qui est le plus riche marchand ici ? M.... est le plus riche.—Est-ce que nous lisons plus de livres que les hollandais ? Nous en lisons plus qu'eux, mais les prussiens en lisent plus que nous, et les russes en lisent le moins.

As-tu un plus beau jardin que celui de notre médecin ? J'en ai un plus beau que lui.—Les américains ont-ils un plus beau télégraphe que les autres *nations* (*fém.*) ? Ils ont le plus beau de tous.—Les châles de ce marchand-ci sont-ils plus grands et plus beaux que ceux de celui-là ? Ils sont plus grands, mais pas si beaux.—Avons-nous d'aussi beaux enfants que nos voisins ? Nous en avons de plus beaux.—Le temps est-il aussi mauvais que hier ? (*fait-il aussi mauvais..*) Non ; il ne fait pas si mauvais ; mais il fait plus chaud, et je n'en suis pas fâché. Je le crois, car, je sais que vous aimez le chaud.—Les français parlent-ils plus vite que les anglais, les irlandais, les écossais et les autres nations ? Je crois que non. Quelques uns parlent vite ; mais d'autres parlent lentement. (§ 38.)—Vos habits sont-ils aussi mouillés que les miens ou les siens ? Les vôtres sont plus mouillés que les miens ; mais les siens ne sont pas mouillés du tout.—Est-ce que vous partez bientôt pour Washington ? Je pars demain. Partez-vous seul ? Non, mon cousin Guillaume part avec moi.—Quand partez-vous ? Nous partons à trois heures.—George, allez chercher des cigares, ces messieurs en ont besoin pour fumer. Oui, M., mais avant d'y aller, j'ai à mettre mes souliers. Ils sont mouillés, et ils sont près du feu à sécher.—Lequel de ces deux enfants est le plus sage ? Celui (N. pa. 43) qui étudie est plus sage que celui qui joue.

29me. *Vingt-neuvième Thème.* 2de Section.
Here do not forget to put the date in French.

You look as if you were cold. Is it cold out ? Yes, it is very cold. At what degree is the thermometer ? I have no thermometer ; I do not know at what degree it stands. But I am cold, I know that. How is the physician ? He is worse.

Is his cold worse? Yes, it is. Has any one a headache? I have it a little, have you anything to give me? Yes, I have something very good for the headache. Give it to me. I have it in my pocket-book. Let me look for it. Very well, look for it, and give it to me. I have it now, here it is. Take it. I have it. Read the paper to know how to prepare and take it. I am much obliged to you. I am going to read it directly, to prepare and take it. Prepare it well. I am going to try. Is it difficult to prepare? No, it is not difficult to prepare. Adieu: I am going to fix it. Adieu, good-bye.

À qui est ce grand livre-ci? Il est à moi.—À qui est ce chapeau-là? C'est celui de mon père.—Votre boulanger est-il bon? Il est bon, mais le vôtre est meilleur, et celui du prussien est le meilleur de tous nos boulangers.—Prenez de jolis souliers de velours. J'en ai de très-jolis, mais mon frère en a encore de plus jolis. De qui les reçoit-il? Il les reçoit de son meilleur ami à Paris.—Votre vin est-il aussi bon que le mien? En voici, goûtez-le, et alors vous pouvez le savoir et me le dire.— Est-il meilleur ou aussi bon ou pire? Il est meilleur.—Votre marchand vend-il de bons couteaux? Il vend les meilleurs.— Ne lisons-nous pas plus de livres que les irlandais? Si fait, nous en lisons plus qu'eux, mais les russes en lisent plus que nous, et les prussiens en lisent le plus. Pourquoi en lisent-ils le plus? Parce qu'ils veulent être les plus savants. Les marchands vendent-ils plus de sucre que de café? Ils vendent plus de celui-ci que de celui-là.—Votre cordonnier fait-il autant de souliers que le mien? Il en fait plus que le vôtre.—Pouvez-vous nager aussi bien que mon fils? Je peux nager mieux que lui, mais il parle français mieux que moi. Lit-il aussi bien que vous? Il lit mieux que moi.—Le fils de votre voisin va-t-il au marché? Non, il reste à la maison; il a mal aux pieds.—Apprenez-vous aussi bien que le fils de notre jardinier? J'apprends mieux que lui, mais il travaille mieux que moi.—Qui a le plus beau fusil? Le vôtre est très-beau, mais celui du capitaine est encore plus beau, et le nôtre est le plus beau de tous.—

Quelqu'un a-t-il de plus beaux enfants que vous? Personne n'en a de plus beaux.—Est-ce que votre fils lit aussi souvent que moi? Il lit plus souvent que vous.—Mon frère parle-t-il français aussi souvent que vous? Il le parle et le lit aussi souvent que moi.—Est-ce que j'écris autant que vous? Vous écrivez plus que moi.—Les enfants de nos voisins lisent-ils l'allemand aussi souvent que nous? Nous ne le lisons pas aussi souvent qu'eux.—Est-ce que nous écrivons aussi souvent qu'eux? Ils écrivent plus souvent que nous.—À qui écrivent-ils? Ils écrivent à leurs amis.—Lisez-vous des livres anglais? Nous lisons des livres français au lieu de lire des livres anglais.

30me. Trentième Thême. 1ère Section.
Do not forget the date.

Good morning, Sir, you are well, I hope; but why have you an umbrella? Does it rain? No, it does not rain yet; but the weather is cloudy, very cloudy, and when it is, I never go out without taking an umbrella. You are right to do it, for it is very disagreeable to be out without an umbrella when it rains. Does it not rain now? Yes, I think it is beginning to rain. Yes, it is true, it begins to rain, but not much yet. I am very glad to see the rain, for we have too much dust. It is true, you are not wrong, there is too much dust. Do not your eyes hurt you, when it is dusty? Yes, they often hurt me, then. Not mine (*mine do not*). How are they at your house? Everybody is well enough there. Nobody is sick, except our servant. What is the matter with him? He has a heavy cold and a slight toothache. It rains, but it is not cold, is it? True, it is not cold, but very damp and unwholesome. We think as you do. When it is cold and damp put something more on. And when it is warm something less, must we not? Yes, we must (*that's it*). That is the most prudent way.

Mettez-vous un autre habit pour aller au spectacle? Je mets mon habit français pour y aller.—Mettez-vous vos gants de chamois avant de mettre vos gros souliers? Je mets mes gros soutiers avant de mettre mes gants de chamois. L'avocat met-il son chapeau rond avant de mettre son habit bleu ? Il met son habit d'abord, au lieu de mettre son chapeau rond. N'a-t-il pas raison de le faire ? (*de faire cela ?*) Si fait, il a raison.—Sortez-vous de bonne heure, tous les matins ? Oui, nous le faisons.—Sortez-vous quand votre fils sort ? Oui, nous sortons ensemble. De bonne heure ? Non, pas de très-bonne heure. Nous déjeunons d'abord. Déjeunez-vous ensemble ? Sans doute. À quelle heure commencez-vous à déjeuner ? Nous commençons à six heures et demie. En vérité ? Alors vous déjeunez de bonne heure.—Dînez-vous de bonne heure, aussi ? Je crois que nous dînons de meilleure heure que vous, car nous dînons à une heure et demie. Est-il possible ! Dînez-vous d'aussi bonne heure que cela ? Nous dînons alors quand nous sommes tous à la maison ; mais si nous attendons ceux qui sont absents, alors nous dînons ensemble et plus tard.—Votre oncle écrit-il avant de déjeuner ? Non, il n'écrit pas. Que fait-il ? Il lit le papier. Aime-t-il à lire le papier ? Oui, il l'aime beaucoup. Quand le temps est couvert sort-il sans son parapluie ? Non, il le prend toujours. Va-t-il souvent au musée ? Il y va souvent. Y va-t-il plus souvent que votre cousin ? Non, ils y vont toujours ensemble.

Traduisez-vous votre exercice de bonne heure ou tard ? Je le traduis toujours le matin, d'aussi bonne heure que je peux. Le traduisez-vous du livre ou le lisez-vous quand vous le récitez à votre maître ? Nous le traduisons au lieu de le lire, quand nous le lui récitons.—Commencez-vous à aimer le mouton ? Non, je ne peux pas le souffrir. Votre cousin l'aime-t-il ? Non, il ne l'aime pas ; il ne peut pas le souffrir. Mais votre oncle Guillaume l'aime, n'est-ce pas ? Lui ! oui, il l'aime.—Soupez-vous de bonne heure ? Nous ne soupons pas tard.—À quelle heure prennent-ils le thé chez le docteur ? Ils prennent le thé tout à fait tard. Plus tard que vous ? Oui, beaucoup plus tard ; mais chez le général ils le prennent de très-bonne heure.—Les polonais et les russes vont-ils de bonne heure au concert ? Oui, ils y vont de bonne heure. Allons-y de meilleure heure qu'eux; voulez-vous? Volontiers. Allons-y avant eux. À quelle heure pouvez-vous être prêt. Je peux être prêt à six heures ou à six heures un quart. C'est assez tôt, n'est-ce pas? Je le crois, car le concert ne commence pas avant sept heures.—Ne mettez-vous rien de plus ؛ Non, ceci est assez. Je ne veux rien de plus.—Est-ce que j'écris trop? Non, mais vous parlez trop. Est-ce que je parle plus que vous? Vous le faites très-souvent, et votre frère aussi. —Comptez-vous vite? Oui, en anglais, je compte assez vite. Non, je veux dire, en français. Je ne compte pas très-vite en français. Compte-t-il aussi vite que vous? Qui? Cet adolescent? Oui, lui : cet adolescent. Est-ce que je sais? Combien comptez-vous dans une minute? Combien compte-t-il? Essayez, l'un et l'autre. Nous allons essayer de compter aussi vite que nous pouvons. Très-bien; essayez de le faire. Nous faut-il essayer quelqu'autre chose? Non, rien de plus à présent.

30me. *Trentième Thème.* 2de Section.
Do not forget the date.

How have you been since I had the pleasure of seeing you? Sometimes well, sometimes ill; but you, how have you been? I have always been well. I believe it, for you look very well. Do you think so? Everybody tells me I look sick. I, on the contrary, think you look very well. But that little boy does not look well. True, and I think he is a little sick. Are you, my little friend? Yes, sir, I have a slight headache. Since when? Since early this morning. Before breakfast? Yes, a little before. Do you understand what this little boy says? No, I do not understand it well. And you, do you understand it? Yes, I understand it perfectly, because I am accustomed to hear him. And I do not understand him, because I am not accustomed to hear him. You are right. Do you sometimes see the old general's cousin? I often see him, but do you know that he is going to depart? (*away?*) Where to? To California. It it possible? When does he start? I think he is already ready to set out. What vessel does he go in? rvstarts in the .... Is that a good vessel? I believe so. Is it not the vessel of Mr. C—? No, it is no longer Mr. C—'s, but Mr. H—'s. Let us go and see it. Yes, let us go. But see there, it rains. Never mind. Let us take our umbrellas. I have not mine here. Never mind. We can lend you one. Why have you not yours? I do not always take it when the weather is cloudy. As for me, on the contrary, I never go out without taking mine, when the weather is cloudy. You are more prudent than I. Never mind. Let us start. Do you need another handkerchief? I have one, that is enough.

Mon chapeau italien est-il trop grand? Il n'est ni trop grand ni trop petit.—Parlez-vous français plus souvent qu'anglais? Je parle celui-ci plus souvent que celui-là.—Votre oncle et votre cousin achètent-ils beaucoup de grain de NewYork? Ils n'en achètent guère.—Ai-je assez de beurre frais? Vous n'en avez guère, mais assez.—Est-il tard? Pourquoi croyez-vous qu'il est tard? Parce que je commence à avoir sommeil. Vous pouvez avoir sommeil, mais il n'est pas tard. Quelle heure est-il? Il n'est que neuf heures et demie. Est-il trop tard pour aller chez votre père? Pourquoi voulez-vous aller chez mon père? Je veux lui rendre ce livre français. Est-ce un joli livre? C'est un très-joli livre. Voulez-vous m'y mener? Ne pouvez-vous pas trouver le chemin seul? Je crois que je ne peux pas le soir. Je n'ai pas envie d'y aller à présent. Donnez-moi le livre, je peux le lui rendre. Non, j'ai à le lui rendre moi-même. Très-bien. Faites-le, alors.—Le jeune espagnol achète-t-il un cheval arabe? Il ne peut pas en acheter un. Pourquoi? Est-il pauvre? Il n'est pas pauvre, il est plus riche que vous. Pourquoi ne peut-il donc pas en acheter un? Parcequ'il ne peut pas trouver un cheval arabe ici.—Ce suisse-ci est-il aussi savant que ce polonais-là? Il est tout aussi savant, je crois; mais vous êtes plus savant qu'eux et moi.—Étudiez-vous déjà? Non, pas encore. Je fume. Fumez-vous de si bonne heure? Oui, quelque fois; quand j'ai froid.

Entendez-vous ce Monsieur? Je l'entends. Est-il savant?

Il l'est. Qu'est-il ? Avocat ? Ministre ? Apothicaire ? Marchand, ou rien du tout ? Je crois qu'il est un peu de tout.—Votre cheval est-il pire que le mien ? Il n'est pas si mauvais que le vôtre.—Le mien est-il pire que celui du hollandais ? Il est plus mauvais. C'est le plus mauvais cheval que je connaisse. (subj.)—Donnez-vous à ces hommes moins d'argent que de papier ? Je leur donne plus de celui-là que de celui-ci, car, quelques uns d'eux ne peuvent pas lire, et ils n'aiment pas le papier.—Qui reçoit le plus d'argent ? Les anglais. Votre fils ne peut-il pas écrire un billet en français ? Il ne peut pas ; mais il commence à lire un peu.—Les américains écrivent-ils plus que nous ? Ils écrivent moins que nous ; mais les italiens écrivent le moins. Sont-ils aussi riches que les américains ? Ils sont moins riches qu'eux.—Vos oiseaux sont-ils aussi beaux que ceux de notre voisin ? Ils sont moins beaux, mais n'importe, les nôtres sont assez beaux.—*Faites du bien :* entendez-vous cela, M. Charles ? Est-ce : *do well?* No, M., ce n'est pas cela. Alors je ne l'entends pas tout ; mais en partie. Et vous, M. Durand, l'entendez-vous ? Je crois que non. N'importe. Qui l'entend ? Moi. Quel en est l'anglais ? (§ 31, N. 1.) *Do good.* C'est cela. Je vois que vous l'entendez. Je crois que oui.

Recapitulatory Exercise. Résumé.

Has the bird its grain ? No, it has it not. Do you not give it some every morning ? Yes, when I think of it ; but to-day it is not hungry ; it does not eat, because it has a sore foot. Who has the stranger's pistol ? Nobody has it. Have you the leather pocket-books of these two sailors ? I have only the pocket-book of one of them. I do not know who has that of the other. Is it that of the big old one that you have ? No, it is that of the little young one that we have. Are you not going to give it back to him ? Yes, if he wants it ; but he says he does not need it. Has he no more money ? I believe not, at least he has no more bills. Have the ox and the horse their hay ? Yes, they have their hay. Do they eat the hay that you give them? They find it good, for they eat it well. What else do they eat? They eat their grain. What has this boy? Which one? The good boy. He! He has always something pretty. Has the tailor's child anything old or ugly? No, he has neither anything old nor ugly, but he has a pretty steel pencil-case.

What ails you? Nothing. What ails Mr. Carnot? Nothing ails him. What ails his brother? Who, the brother of Mr. Carnot? Yes, his brother. Nothing is the matter with him. Is this young man hungry? No, he is not hungry, for he has bread, cheese and biscuits, and he does not eat any.—Why do you do that? We are ashamed of you. What! You are ashamed of what I do? We are ashamed for you. You are very good, indeed!—They are thirsty; have you much coffee this evening to give them? I have not much, but I have enough for them. What do you think of that boy's coat? It has too many buttons, has it not? Yes, you are right to say so, and his vest has not enough. How many has it? It only has two, I believe.—Has the farmer no old horses? No, he has only young ones. We are hungry, have you any bread to give us? I have no bread, but I have some excellent biscuits. Is the young stranger thirsty? I believe he is, for he often drinks. He drinks what? A little milk, a little wine.

I want some soap; tell me where I can get some good. You can buy some very good at Mr. ———. Where is his store? In Chestnut street, near ———. I thank you. You are welcome. Do you not want anything more? No, not this morning.—Who has the big and large knife of the cook? Does he want it to kill something? I do not know why he wants it, but he is looking for it. Have you it? Do you know where he can find it? No, I know nothing of it. Has the Dutchman anything to drink? Why? is he thirsty? Yes, he is thirsty, and the Prussian, Irishman, and Scotchman are also thirsty. Give them some wine, if they are thirsty, and some old bread, if they are hungry.—This Swiss does not look well, is he sick? I do not know, and as he speaks neither English nor French, we cannot speak together. What does he speak? Swiss, I believe.—What a pretty bird Miss Emily has! What is it? I do not know the name of it. Does it sing? Does it speak? Never mind. If it is pretty, is not that enough? That is a great deal, but if it does anything more, that is still better.

Mrs. Le Blanc, I am glad to see you. How are they at your house? Everybody is well, thank you. Come in, come and sit down. No, I have not time to sit down. Why not? I have to go to our grocer's to buy many things. What have you to buy? I cannot tell you everything, but here is the catalogue. Read it, if you wish to know what we want. Let us see. First: butter. What! do you not buy your butter in market? Yes, but when we cannot get any good there, I go to this grocer's, where I am sure to find some good, some excellent. It is well to know that. (*That is worth knowing.*) White sugar, pepper, biscuits, cheese, vinegar, salt, &c. &c.. That is enough. Indeed your catalogue is very long. But why do you not buy all that near your house? Have you not grocers there? Yes, we have; but their articles are not as good as those of the one to whose store I go.

31me. *Trente et unième Thême.* 1ère *Section.*
Do not forget the date.

Good morning, gentlemen, it is warm, is it not? Not too warm. Not as warm as at the beginning of the month. You think so? Yes, I believe so, or rather I am sure of it, for the thermometer is only now at 78 or 79 degrees, and at the beginning of the month, it was up to 81 and 82. I have nothing to say to that, you are right. But how goes it? Pretty well. Are they well at your house? Not everybody. Who is sick? Julius has been sick, but he is better now, I can say almost well. I hear it with pleasure. Jane has a sore foot, and cannot go out. Victor has had the headache these three days. I am very sorry for that. Do you not find the dust very disagreeable?

Yes, but as it is cloudy, I hope we are going to have rain. I hope so too.—My friends told me to present their compliments to you. I am much obliged to them. Will you do me the favor of presenting mine to them? Certainly.

Où avez-vous été? J'ai été au marché pour y acheter du beurre frais. Avez-vous été au bal? J'y ai été.—Est-ce que je n'ai pas été au pont avec vous? Si fait, vous y avez été.—Est-ce que tu as été au spectacle? Non, je n'y ai pas été.—Est-ce que votre fils aîné a jamais été au théâtre? Il n'y a jamais été, mais son jeune frère y a été.—Est-ce que tu as déjà été à mon grand magasin? Je n'y ai jamais été.—Comptez-vous y aller? Je compte y aller. Quand voulez-vous y aller? (*souhaitez-vous?*) Je veux y aller demain, si je peux. À quelle heure? Pourquoi voulez-vous le savoir? Parce que je veux y être, si vous y allez. Très-bien : à midi. Votre bon oncle a-t-il déjà été dans mon grand jardin? Il n'y a pas encore été. Il compte le voir, n'est-ce pas? Je crois que oui. Quand peut-il y aller? Aujourd'hui peut-être.—Avez-vous déjà été au pont de fil de fer? Non, pas encore; mais j'ai été au pont couvert. N'avez-vous pas été à l'autre? Est-il possible? Non, je n'y ai pas encore été, mais je compte y aller bientôt si j'ai le temps d'y aller. Allez-y le matin de bonne heure, c'est le meilleur temps. J'ai été quelque part tous les matins de bonne heure.

Votre oncle a-t-il été au bureau de l'avocat? Oui, il y a été A-t-il été au quai et au musée? Il a été à celui-là, mais il n'a pas encore été à celui-ci. N'allez-vous pas y mener vos deux cousins? Non, ils y ont déjà été. En vérité! Quand y ont-ils été? Ils y ont été hier. Y ont-ils été seuls, sans vous? Ils n'y ont pas été seuls, nous y avons été ensemble. Combien y ont été ensemble? Cinq ou six. L'italien a-t-il été à l'atelier du menuisier ou à celui du peintre? Il n'a été ni dans l'un ni dans l'autre; mais il a été tout le jour avec le dentiste allemand.—Ce dentiste allemand ou prussien n'est-il pas dans notre salon à présent? Il y a été; mais il n'y est plus. Quand y a-t-il été? Ce matin, de bonne heure. Avant déjeuner? Oui, avant déjeuner.—Le fils de notre jardinier a-t-il été au marché ? Je crois qu'il y est à présent.—Que compte-t-il y faire ? Il compte d'abord vendre ses choux et plusieurs autres choses, et alors, acheter des poulets, du grain (Dir. 2), du vin, du fromage et du cidre. Est-ce tout ce qu'il a à acheter ? Non, il a à acheter plusieurs autres *articles;* mais il va les acheter chez l'épicier. Quels autres articles va-t-il acheter ? Du thé, du café du sucre, des biscuits, des gâteaux et du poivre.

31me. Trente et unième Thême. 2de Section.
Write the date here in French.

Miss Clara, I am glad to see you. How have you been since last Tuesday, the day of our lesson? I have been very well, thank you. I believe it, for you look very well. How is Mr. John? John is not at all well. Then, I think he is not coming to-day. I do not know, for he loves dearly to take lessons. Therefore he learns well, for he studies as much as possible. Are the other scholars coming? Why not? It is a little late, is it not? It is only 3 minutes after 5 o'clock. Is that all? Is it not 10 minutes after 5 o'clock? No, I have the exact time. I believe they are here now. Yes, it is true, here they are. I present my respects to you, gentlemen. Ah! Mr. John, I am glad to see you. It is warm, is it not? I find it very agreeable. The air is cool and pleasant. *Mais le soleil est chaud.* Do you understand me? I do not understand all. I understand a part. You understand the word *chaud,* do you not? Yes, I understand that. What do you not understand, then? A word at the beginning. Is it the word *soleil* that you do not understand? Yes, it is that one. Do you know if Mr. Lewis understands it? I believe he does not understand it. I will tell you the English of it. It is: *the sun.* Do you understand the phrase, now? Yes, perfectly. I can give you the English of it. Do so, if you please. It is: *the sun is warm or hot.* Very well, that is it.

Avez-vous envie d'écrire, de traduire ou d'étudier un thême ? J'ai envie d'en traduire et d'en écrire un (Dir. 2).—À qui voulez-vous écrire un billet ? J'ai envie d'en écrire un à mon fils. Est-ce qu'il répond tout de suite à vos billets quand vous lui écrivez ? Il le fait (*il y répond.*)—Vos frères répondent-ils aux billets des suisses ? Non, ils n'y répondent pas. N'y répondent-ils pas ? Non, je vous dis que non.—Votre oncle et votre père ont-ils déjà été au musée de....? Le premier y a été, mais non pas le dernier. Pourquoi le dernier n'y a-t-il pas été ? Parce qu'il n'a pas eu le temps. A-t-il le temps d'y aller cet après-midi ? À quelle heure ? À trois heures et demie. Non, il n'a pas le temps alors, car il a un engagement à quatre heures. N'importe ; il peut y aller un autre jour.— Quand votre cousin part-il ? Il ne part pas encore. Quand, donc ? Il ne part pas avant lundi.—N'avez-vous pas été au pont de fer, hier ? Si fait, nous avons été au pont de fer qui est près du jardin de l'avocat. N'est-ce pas un superbe pont ? Si fait, il est superbe. L'aimez-vous autant que le pont de fil de fer ? Je l'aime tout autant. Avez-vous été au spectacle hier soir ? Moi ? Non : je n'y ai pas été, parce que je n'y vais jamais.—Qui a été au quai ce matin de bonne heure ? (*de bon matin.*) Thomas y a été avant de déjeuner. Y avez-vous été ensemble ? Je n'y ai pas été avec lui, il y a été seul. Pourquoi n'y avez-vous pas été avec lui ? Parce que je n'ai pas eu le temps d'y aller alors. Qu'avez-vous eu à faire ? J'ai eu à parler au jardinier.

Notre voisin a-t-il été au théâtre aussi souvent que nous ? Il y a été plus souvent que nous. Les frères de notre ami vont-ils trop tôt à leur comptoir ? Ils y vont quelque fois trop tard. Y vont-ils aussi tard que nous ? Ils y vont plus tard que nous.— Le commis a-t-il été aussi souvent que vous chez le dentiste, aujourd'hui ? Il y a été plus souvent que moi.—Où vos amis Charles et Thomas restent-ils ? Ils restent à la maison, parce qu'il fait très-chaud. Ne sortent-ils pas ? Ils ne sortent pas avant huit heures et demie du soir, parce qu'alors, il commence à faire frais. Sont-ils malades ? Non ; mais ils ont peur de la chaleur. Avez-vous eu mes gants bleus ? Je les ai eus

Les avez-vous à présent? Non, je les ai eus; mais je ne les ai plus. Quand les avez-vous eus? Je les ai eus dans le salon et je pense qu'ils y sont encore. Allez les chercher pour moi, s'il vous plaît. Ne pouvez-vous pas y aller vous-même? (§ 41½.) Non, ne voyez-vous pas que je suis très-occupé? Très-bien. Je vais les chercher. As-tu eu mon vieux parapluie? Je ne l'ai pas eu. Ai-je eu votre canif anglais? Vous l'avez eu. Quand est-ce que je l'ai eu? (l'ai-je eu?) Ne l'avez-vous pas eu hier, dans le jardin, pour couper un *bouquet?* Oh! si fait, c'est vrai, je l'ai eu pour cela; mais à présent, je ne sais où il est. Ne peut-il pas être dans votre appartement? Il peut y être.— Qui a eu mon bâton russe? Personne ne l'a eu: vous l'avez eu vous-même. (§ 41½.)

32me. *Trente-deuxième Thême.* 1ère *Section.*

Put here the date of the month in French.

Ah! good day, Mr. George, how have you been since I had the pleasure of seeing you? Thank you, Miss, I have been very well since that time. And you, also, I hope? I also, thank you. But, have you been away? Yes, I was absent nearly ten days. Indeed? Where were you? I was at New York, in Connecticut, and at Providence. Did you enjoy yourself much? Yes, very much. I am happy to hear it. How many days were you at New York? I was there only two days. That is not long. Were you also two days at Providence? Yes, I was there a little longer than two days. How do you like it? I like it very much. Do you know many persons there? Yes, I know some very amiable people there. Now I think of it, did your friend Julius go with you, as usual? No, he did not. What did you find agreeable? Many things.

Votre frère a-t-il eu mon marteau de bois? Il l'a eu. A-t-il eu mes rubans d'or, de velours et de satin? Il a eu le premier et le second, mais non le troisième.—Les anglais ont-ils eu mon beau vaisseau? Ils l'ont eu.—Qui a eu mes bas de fil? Vos domestiques les ont eus.—Avons-nous eu le coffre de fer de notre bon voisin? Nous l'avons eu.—Avons-nous eu son beau pistolet? Nous ne l'avons pas eu.—Avons-nous eu les matelas des étrangers? Nous ne les avons pas eus.—L'américain a-t-il eu mon bon ouvrage? Il l'a eu.—A-t-il eu mon couteau d'argent? Il ne l'a pas eu.—Le jeune homme a-t-il eu le premier volume de mon ouvrage? Il n'a pas eu le premier, mais il a eu le second.—L'a-t-il eu? Oui, Monsieur, il l'a eu.—Quand l'a-t-il eu? Il l'a eu ce matin.—Avez-vous eu du sucre? J'en ai eu.—Ai-je eu de bon papier? Vous n'en avez pas eu.—Le cuisinier du capitaine russe a-t-il eu des poulets? Il en a eu. Il n'en a pas eu du tout.

Le français a-t-il eu de bon vieux vin? Il en a eu, et il en a encore.—As-tu eu de grands gâteaux? J'en ai eu. Ton frère en a-t-il eu? Il n'en a pas eu. Le fils du fermier a-t-il eu du beurre frais? Il en a eu beaucoup, n'est-ce pas? Sans doute qu'il en a eu (Dir 6.)—Les polonais ont-ils eu de bons cigares et de bon tabac espagnol? Ils en ont eu, parcequ'ils aiment beaucoup à fumer et à priser. Quel tabac fument-ils et prisent-ils ordinairement? Ils fument ordinairement du tabac turc et polonais; mais quelquefois ils ont le meilleur tabac américain et espagnol —Qu'ont eu les espagnols? Ils ont eu de beaux moutons merinos.—Qui a eu du courage? Les matelots et les soldats américains.—Les allemands ont-ils eu plus d'amis que les écossais? Ils en ont eu moins.—Votre petit fils a-t-il eu plus de joujoux que son grand cousin? Il en a eu beaucoup plus.—Les turcs ont-ils eu plus de poivre que de grain et de tabac? Ils ont eu plus de celui-là que de ceux-ci.—Le peintre italien a-t-il eu quelque chose? Il n'a rien eu du tout.—Qui a été au jardin de Carr? Le jardin qui est près du pont couvert? Oui, celui-là. Beaucoup de nos amis y ont été.—Qu'avez-vous eu à faire? J'ai eu à écrire des billets.—Le fils du jardinier a-t-il aussi eu des billets à écrire? Il a eu à travailler dans le jardin de son père.— Avons-nous eu à travailler? Non, nous avons eu à traduire et à copier.—Les garçons ont-ils mal aux pieds? Non, ils ont eu mal au pieds, mais ils sont bien à présent.—Qui a eu mal au nez? Le petit boulanger russe.—Le marchand de tabac a-t-il eu mal aux yeux? Il a toujours mal aux yeux.

32me. *Trente-deuxième Thême.* 2de Section.
You continue to put the date, do you not?

What, Madam! are you here? I thought you were in Baltimore. I was there, Sir, but I have been here these two days. Is it possible! And I had not the pleasure of seeing you! I think you are well, for you look very well. Has the President been at Baltimore? No, he has not been there. Where has he gone? He has gone to Richmond, to see his best friends. Has he not been sick? Yes, he was, but very little. He had a cold, had he not? Yes, at the beginning of the month of April; but that was not much. I thought he was still sick. Indeed, he is so no longer, and we are very glad of it. Had you not the headache? Yes, but it was not much. Now, I have a sore foot, but that is not much.—I thought I had your fan, Miss Sophia, but I see you have it. I have it, but it is at your service. Thank you. If you are no longer warm, lend it to me a moment, if you please. Here it is, take it. It is pretty and good. Oh! it is not much. Do you want it now? No, I do not want it yet, you can use it. Has your cousin the farmer's horse? No, the farmer wanted it himself.

Les anglais ont-ils eu autant de sucre que de thé? Ils ont eu autant de l'un que de l'autre; mais ils ont besoin de plus de sucre que de thé.—Le médecin a-t-il eu froid, hier soir?—Non, il a eu chaud. A-t-il eu assez chaud? Il dit qu'il a eu trop chaud. Cela peut-il être? Le hollandais a-t-il eu raison ou tort? Il a eu raison ou tort. S'il a eu raison, il n'a pas eu tort; s'il a eu tort, il n'a pas eu raison. Je crois que vous avez raison quand vous dites cela. Sans doute. Ai-je eu raison d'écrire à mon frère? Vous n'avez pas eu tort de lui écrire.— Avez-vous eu mal au doigt? J'ai eu mal à l'œil.—Avez-vous eu quelque chose de bon? Je n'ai rien eu de mauvais.—Le bal a-t-il eu lieu hier? Il n'a pas eu lieu. A-t-il lieu aujourd'hui?

Il a lieu aujourd'hui.—Quand le bal a-t-il lieu? Il a lieu ce soir.—A-t-il eu lieu avant hier? Il a eu lieu. À quelle heure a-t-il eu lieu? Il a eu lieu à onze heures.—Avez-vous été chez mon frère? J'y ai été. Combien de fois avez-vous été chez mon ami? J'y ai été deux fois.—Allez-vous quelquefois au théâtre seul? J'y vais souvent.—Combien de fois avez-vous été au théâtre? Je n'y ai été qu'une fois.

Avez-vous quelquefois été au bal? J'y ai souvent été.— Votre frère a-t-il jamais été au concert? Il n'y a jamais été.— Votre père a-t-il quelquefois été au musée? Il y a été autrefois. Y a-t-il été aussi souvent que vous? Il y a été plus souvent que moi.—Est-ce que tu vas quelquefois dans le petit jardin? J'y vais souvent; j'y vais tous les jours, deux ou trois fois.— Votre vieux cuisinier va-t-il souvent au marché? Il y va quelquefois deux fois par jour. Y va-t-il plus souvent que mon jardinier? Il y va plus souvent, car il y va pour acheter, et votre jardinier, pour vendre.—Le grand souper en honneur du général S.... a-t-il eu lieu? Oui, il a eu lieu, mercredi, c'est-à-dire, avant hier, à six heures, dans le grand salon du musée. J'y ai été. En vérité! Je *croyais* que vous *étiez* à Boston ce jour-là. —Avez-vous faim quelquefois? Oui, bien des fois.—Avez-vous faim et soif le matin? J'ai faim alors, à midi aussi et le soir aussi.—Etes-vous quelquefois fatigué le soir? Je le suis quand j'ai été très-occupé.—Avez-vous été à votre bureau de meilleure heure que le marchand n'a été à son comptoir? J'y ai été plus tôt que lui, mais le peintre a été à son atelier de meilleure heure que lui et que moi.—Traduisent-ils le français en anglais aussi bien que l'anglais en français? Non, il ne le font pas (*ne le traduisent pas si bien.*)

33me. *Trente-troisième Thême.* 1ère *Section.*
You continue to put the date, do you not?

What did you do this morning? We did our tasks. What task did you do? We did what you gave us to do. Did you all do it? I know that I have done mine, I believe that Charles and Henry have done theirs, but I cannot tell you whether William has done his. Is thine done, William? Mine? certainly it is done. All your tasks are done, then. All sit down then (*or then, sit down all of you*), as you have done your tasks, we can commence. Mr. Julius, what is the perfect of the verb *donner?* It is *j'ai donné*, is it not? It is the very thing. *Comment l'épelez-vous?* I do not understand you, sir. What! you do not understand *épelez-vous?* No, I do not understand it. And thou, William, dost thou understand it? Neither do I. And you, gentlemen, do you not understand it either? No, nor we either. Who understands it here? None of us understood it. What! none of you know the English of *épeler? Épeler?* No, none of us know it. Have I not given you the French of *to spell?* No, sir, you have not given it to us yet. I thought I gave it to you the other day. No, we have not had it yet. But you know it now, do you not? I think it is the word that you said, is it not? It is the same. Pronounce it again, if you please. Willingly. *Épeler* Of what conjugation is it? Of the first, because it ends in *er*. Very well, that is it (*or that's it*). Then what is the English of *Comment l'épelez-vous?* It is, *how do you spell it?* That is it. Now answer my question: how do you spell *j'ai donné?* J'-a, i, d, o, n, n, é, with an accent *acute*. How do you form the past participle of *donner?* I change the termination *er*, into *é*.

Avez-vous quelque chose à faire? Je n'ai rien à faire.—Qu'as-tu fait? Je n'ai rien fait. Est-ce que j'ai fait quelque chose? Vous avez fait quelque chose. Qu'est-ce que j'ai fait? Vous avez déchiré mes livres.—Vos enfants qu'ont-ils fait? Ils ont déchiré leurs habits.—Qu'avons-nous fait? Vous n'avez rien fait; mais vos frères ont brûlé leurs cahiers.—Le tailleur a-t-il déjà fait votre habit? Il ne l'a pas encore fait.—Votre cordonnier a-t-il déjà fait vos souliers? Il les a déjà faits.—Avez-vous quelquefois fait un chapeau? Je n'en ai jamais fait.—Nos voisins ont-ils jamais fait des livres? Ils en ont fait autrefois.—Combien d'habits votre tailleur a-t-il faits? Il en a fait vingt ou trente.—A-t-il fait de bons ou de mauvais habits ? Il en a fait de bons et de mauvais.—Votre père a-t-il mis son habit ? Il ne l'a pas encore mis, mais il va le mettre.

Votre frère a-t-il mis ses souliers ? Il les a mis.—Mettez vos bas et vos souliers (Dir. 2). Nous n'allons mettre ni ceux-ci ni ceux-là.—Le médecin qu'a-t-il ôté ? Il n'a rien ôté. Qu'avez-vous ôté ? J'ai ôté mon grand chapeau.—Vos enfants ont-ils ôté leurs gants ? Ils les ont ôtés.—Quand le bal a-t-il eu lieu ? Il a eu lieu avant-hier.—Qui vous a dit cela ? Mon domestique me l'a dit.—Votre frère, que vous a-t-il dit ? Il ne m'a rien dit.—Vous ai-je dit cela ? Vous ne me l'avez pas dit.—Vous l'a-t-il dit ? Il me l'a dit.—Qui l'a dit à votre voisin ? Les anglais le lui ont dit.—L'ont-ils dit aux français ? Ils le leur ont dit.—Qui vous l'a dit ? Votre fils me l'a dit.—Vous l'a-t-il dit ? Il me l'a dit.—Voulez-vous dire cela à vos amis ? Je veux le leur dire.

33me. Trente-troisième Thème. 2de Section
Put the date in French.

Have you spoken to your teacher ? Yes, I have. Where is he ? He is in his room. Why does he not go out of it ? He is sick. Is he very sick ? No; but he is too much so to give lessons to-day. Has the physician given him anything to take ? Yes, he has. (Dir. 1.) What did he give him ? I do not know what (§ 89) he gave him. Is he in bed ? No, he is not in bed, he is in his big fauteuil. *Son fauteuil?* What is that ? Do you not know the English of it ? (*its English?* § 31, N. 1.) No, indeed. Has not your teacher told you its English ? No, I am sure he never told me of it. Has not Charles told it to you ? (*Did not C. tell you of it?*) He neither. Very well, I will tell you (N. p. 88.) It is: *arm-chair. Fauteuil,* armchair. Is it possible ? It is very possible, for it is the very thing. It is quite different from the English. That's true, you are right.

Avez-vous parlé à mon père ? Je lui ai parlé. Quand lui

avez-vous parlé ? Je lui ai parlé avant hier.—Combien de fois avez-vous parlé au capitaine ? À quel capitaine ? Au français, non, non, je ne veux pas dire le français, mais le grec. Je n'ai pas parlé au capitaine grec : je n'en connais pas de grec ; mais j'ai parlé à l'américain. Combien de fois lui avez-vous parlé ? Je lui ai parlé bien des fois. Avez-vous jamais parlé à son fils ? Oui, souvent.—À quels étrangers notre jeune cousin a-t-il parlé ? Il a parlé à ceux-ci et à ceux-là.—À ces trois-ci et à ces quatre-là ? Oui, à tous (*à eux tous*.)—Etes-vous le frère de ce beau garçon ? Cet autre jeune homme est-il le cousin du ministre ? Celui-là ou celui-ci ? Celui-là. Non, celui-là ne l'est pas, mais celui-ci l'est. Je souhaite lui parler.—Ne l'avez-vous jamais fait ? Non, jamais. Et moi non plus.—Vos amis sont-ils aussi occupés qu'ils le disent ? Ils le sont.—Les charpentiers sont-ils aussi fatigués qu'ils le pensent ? Je crois que oui.

Le valet est-il fatigué parce qu'il balaie les magasins ? Il l'est. Les balaie-t-il souvent ? Il les balaie aussi souvent qu'il peut.—Le polonais a-t-il assez d'argent pour acheter du bois et du charbon ? Je crois qu'il n'en a pas. Donnez-lui ce billet de trois dollars.—Le dentiste est-il chez lui ? Non, il est allé au pont de fil de fer.—Votre vieux cuisinier est-il allé au marché ? Non, il est allé au lit, au lieu d'aller au marché. Est-il malade ? Il n'est pas malade, il n'est que fatigué. Est-il bien fatigué ? Il l'est, parce qu'il a fait un grand dîner en honneur de l'oncle du ministre français.—Qui est malade ? Je ne sais pas qui l'est. Je ne le suis pas. Etes-vous aussi grand que moi ? Je le suis.—Votre fils est-il beaucoup plus grand que vous ? Il l'est.—Ces jeunes gens sont-ils commis ? Ils le sont. Etes-vous aussi occupé que votre frère ? Je le suis plus que lui.—Savez-vous le nom du ministre anglais ? Non, je ne le sais pas. Thomas le sait-il ? Lui non plus. Louis, ne vous l'a-t-il pas dit ? Non, il ne me l'a pas dit. Ne l'a-t-il pas dit à votre oncle ? Je ne sais pas s'il le lui a dit. À qui l'a-t-il dit ? Il ne l'a dit (§ 56, 64) ni à lui, ni à eux, ni à vous, ni à moi, ni à personne.

33me. Trente-troisième Thême. 3me Section.

You put the date here, do you not?

Good morning, my dear Sir, I hope you are well. Yes, thank God, I am perfectly well. I am glad of it, I am delighted with it. Do you know that we expect the Greek professor? Is he going to call on you this morning? He is going to call here, we expect him at 9 o'clock, I am delighted with it, for I have a great desire to know him (*be acquainted with*). Do you not know him yet? No, I have not yet had the pleasure of seeing him. What is his name? I do not know his true name, but I call him Miaulitz. How do you spell his name? I spell it M, i, a, u, l, i, t, z; but I do not know if he spells it so (*like that*). Never mind, if he answers you when you call him so. But now that I think of it, does he speak French? To be sure. He speaks it well for a stranger. He also speaks Italian, German and a little English. He is learned, then. Yes, he is. Is it not yet 9 o'clock? No, not quite. I think that as he is a professor, he is punctual. I think so too; and as it is near the hour, I think he is coming, that he is on his way. Don't you hear some one? Yes, I do. Is it he, do you think? Yes, it is he himself. See. Ah! He is tall, is he not?

Qu'avez-vous à me dire? J'ai à vous dire de passer chez le professeur C——. Veut-il me voir? Oui, il le veut. Que me veut-il? Je ne sais pas ce qu'il vous veut; il ne me l'a pas dit. Quand? Tout de suite après déjeuner. Déjeune-t-il de bonne heure? Il finit ordinairement à 7 heures moins un quart.—Quels thêmes votre ami a-t-il écrits? Il a écrit ceux-là.—Quels hommes avez-vous vus au quai? J'ai vu ceux-ci.—Quels livres vos enfants ont-ils lus? Ils ont lu ceux que vous leur avez prêtés.—Avez-vous vu ces étrangers-ci ou ceux-là? Je n'ai vu ni ceux-ci ni ceux-là.—Quels étrangers avez-vous vus? J'ai vu ceux à qui vous avez parlé.—Avez-vous connu ces hommes? Je les ai connus.—Quels garçons votre frère a-t-il connus? Il a connu ceux de notre marchand.—Ai-je connu ces français? Vous ne les avez pas connus.—Quel vin votre domestique a-t-il bu? Il a bu le mien.—Avez-vous vu les jolis petits cousins de mes frères? Je les ai vus.—Où les avez-vous vus? Je les ai vus chez eux.—Avez-vous jamais vu des Grecs? Je n'en ai jamais vu.—Votre père en a-t-il vu? Il en a vu quelquefois.—M'appelez-vous? Je vous appelle.—Qui appelle votre frère? Mon père l'appelle.—Appelles-tu quelqu'un? Je n'appelle personne.—Avez-vous jeté votre chapeau? Je ne l'ai pas jeté.—Votre père jette-t-il quelque chose? Il jette les billets qu'il a lus, s'ils ne sont pas importants.—Avez-vous jeté vos crayons? Je ne les ai pas jetés, car j'en ai besoin (23e).—Jettes-tu ton livre? Je ne le jette pas; j'en ai besoin pour étudier le français.—Traduisez-vous et écrivez-vous trois exercices tous les jours? Non, je n'en traduis et n'en écris qu'un; mais j'en étudie et j'en lis plusieurs.

34me. Trente-quatrième Thème. 1ère Section.

Do not forget to write the date in French.

What bad weather we have, have we not? Yes, we have very unpleasant weather. It rains too much; it is damp, and the weather is unhealthy. Is any one sick at your house? No, thank heaven, everybody is well; but almost all have been sick. What has been the matter? Not the cholera, I hope! No, not the cholera. What then? One has had the tic douloureux, another the toothache, this a violent headache, that something else, in a word they have almost all been sick. I am pleased to hear that they are well now.—When did you see your friend, the general's young secretary? I saw him the day before yesterday. What is his name? I call him Lucien. Lucien is the name of one of Napoleon's brothers, is it not? Yes, it is. I know the name now. Is he here yet, or is he gone? (*has he departed?*) Started for where? I thought he was in Boston. Did not the general go there? No, the general is sick abed, (*in bed.*) Does he not go out? No, indeed. What is the matter with him? The physician says it is the gout.

Où vos cousins sont-ils allés ? Ils sont allés au pont.—Vos amis sont-ils partis ? Ils ne sont pas encore partis.—Quand partent-ils ? Ce soir.—À quelle heure ? À neuf heures et demie.—Quand les garçons français sont-ils venus chez votre frère ? Ils y sont venus avant-hier.—Sont-ils venus seuls ou leurs amis sont-ils venus aussi ? Ils sont venus aussi.—Quelqu'un est-il venu nous voir ? Les suisses sont venus chez nous.—Qui est venu au bureau de l'anglais ? Les français y sont venus.—Quand avez-vous bu du vin allemand ? Nous n'en avons jamais bu.—N'en avez-vous pas bu avant-hier et hier chez le secrétaire. Le vin que nous y avons bu est-il du vin allemand ? Sans doute. Alors le vin allemand est très-bon.—Le gros domestique a-t-il porté mes billets ? Il les a portés.—Où les a-t-il portés ? Il en a porté un au bureau de l'avocat, l'autre au comptoir du marchand.—N'avez-vous pas porté un portefeuille chez le capitaine ? Si fait, j'y ai porté celui que vous m'avez donné à porter.—Quels papiers le fils du jardinier a-t-il apportés ici ? En a-t-il apporté aucun ici ? Oui, il a apporté ici, ceux que vous avez prêtés à son père. Où les a-t-il mis ? Je ne les ai pas vus. Je crois qu'il les a donnés à Jacob, qui les a mis dans le secrétaire ou dessous, dans le salon.

Quels livres le commis a-t-il pris ? Il a pris celui que vous ne lisez pas et ceux que vous avez lus.—Les commis ont-ils ouvert les magasins ? Ils l'on fait (*les ont ouverts*). Lesquels ont-ils ouverts ? Ils ont ouvert ceux que vous avez vus sous le bureau de l'avocat. Quand les ont-ils ouverts ? Ils l'ont fait *de bon matin* (ce matin de bonne heure). Les ont-ils fermés hier soir ? Non, les domestiques l'ont fait. Les ferment-ils tous les soirs et les ouvrent-ils tous les matins ? Ils le font. Pourquoi ne les ont-ils pas ouverts ce matin ? Parce qu'ils sont occupés sur le vaisseau, qui est au quai. (§ 87.)—Jacob a-t-il conduit les étrangers au musée ? Il l'a fait. Les a-t-il aussi conduits au pont de fil de fer ? Il ne les y a pas conduits, mais il compte les y conduire bientôt. Le cuisinier a-t-il éteint les feux ? Il ne les a pas encore éteints. Qui a éteint le feu du salon ? Le domestique irlandais l'a éteint.—Avez-vous reçu aucun banc, aucun sofa et aucun fauteuil ? Nous en avons reçu. —Votre frère a-t-il reçu les siens ? Il ne les a pas reçus ; mais nos amis ont reçu les leurs.

34me. *Trente-quatrième Thême.* 2de Section.

Where is Miss Clara's velvet shawl? It is on the sofa, is it not? Do you not see it there? Are her thread gloves there also? No, they are under the bench. Under! did you say? Yes, it is what I said. Who did put them under? I do not know indeed. Pick them up quick, then, and put them on the sofa with her shawl. As her satin bonnet is on the big leather arm-chair, I will (88 N. 1) put her thread gloves in it, and her shawl on the back of the arm-chair. Very well, do it. Are my shoes on the bench? No, they are under. I did put them on. Who put them under? I. It is I who put them under. I thank you. You are welcome. Is the coal in the corner or under the bench? It is in the stove. Did you put any wood in? Yes, at first I put some wood in, afterwards I put some fire to kindle it, and after that some coal. Does it burn? (is it burning?) Yes, both the wood and coal burn well. We have a good fire. If you are cold, put yourself near the stove. I am not very cold. I saw a little wood in a corner, is it all in the stove? It is in and burned.—Where are my journals? I took them from the top of the stove, because I did not wish to (would not) burn them. Did you put them on the secretary? No, they are under. Have you sent your little boy to market? I would not send him there. Why would you not send him there? I would not send him there because he has been a little sick. What has been the matter with him? (*what was.*) He had (has had) a violent headache. Did you write to your uncle, the apothecary? I have already written to him. Has he answered you? He has not. Did he send (*has he sent*) you the money you want? He has not yet sent it to me. Have you already had a coat made? I have not yet had one made. Have you had a waistcoat made? I had none made. Have you had nothing made? No, nothing, because I wish to have my money before getting anything made.

Faites-vous balayer votre plancher? Je le fais balayer.—Avez-vous fait balayer votre bureau? Je ne l'ai pas encore fait balayer; mais je compte le faire balayer aujourd'hui.—Avez-vous le même domestique? Le même! non, en vérité, nous n'avons pas le même; nous en avons changé plusieurs fois. (§ 50.) Mais vous avez le même cuisinier, n'est-ce pas? Oui, nous avons encore le même.—Avez-vous essuyé vos pieds? Je les ai essuyés (*je l'ai fait*). Où les avez-vous essuyés? Je les ai essuyés sur le vieux tapis.—Avez-vous fait essuyer vos bancs, vos sofas et vos fauteuils? Je les ai fait essuyer.—Votre petit valet qu'essuie-t-il? Il essuie les grands et les petits couteaux.—Avez-vous jamais vu un Syrien? J'en ai déjà vu deux ou trois. En avez-vous jamais montré un à votre cousin? Je lui en ai déjà montré un au musée.—A-t-il jamais vu un turc? Il en a vu un avant moi.—Avez-vous jamais prêté quelque chose à quelqu'un? Oui, en vérité; j'ai souvent prêté quelque chose à beaucoup de monde.—Le fils du menuisier sait-il lire? Il sait lire. Apprend-il à écrire? Non, il n'apprend pas, il est encore trop jeune pour apprendre à écrire.

Quand le grand *caucus* va-t-il avoir lieu? Il a déja eu lieu.—Y avez-vous été? Je n'y ai pas été.—Mlle. Charlotte veut savoir si le concert de Mme. B— a eu lieu? Il a eu lieu mardi dernier. Les Messieurs y ont-ils été? Ils y ont été.—Avons-nous encore le même marchand de lait? (*laitier?*) Oui, nous avons le même. Nous n'en avons pas changé, parce que son lait est bon, et qu'il est ponctuel; mais nous n'avons ni le même boulanger, ni le même boucher, ni le même épicier.—L'avocat fait-il laver son bureau? Oui, il le fait laver tous les samedis. Faites laver le vôtre aujourd'hui, voulez-vous? Non je ne peux pas le faire laver aujourd'hui; je suis trop occupé, j'ai trop à écrire.—As-tu jamais fait raccommoder tes souliers? Je les ai quelquefois fait raccommoder.—Le petit hollandais a-t-il fait vendre son bâtiment? Il l'a fait vendre mercredi dernier.

Pourquoi l'a-t-il fait vendre ? Il l'a fait vendre parce qu'il va en Californie. Ses cousins y sont-ils allés ? Oui, ils y sont allés.

35me. *Trente-cinquième Thême.* 1ère *Section.*

If you forget to put the date at the beginning of the exercise, you may pu it at the end.

Good morning, my dear friend; I have received your note, and I see with pleasure that you promise me to come to our little concert. I promise it to you if I am well. I am sure to have you, for you are always well. No, I assure you, for yesterday I had the headache.—Did I promise you anything? You did not promise me anything. I thought I had promised you to go somewhere with you (Rule 3). If you promised me, I forgot it. What did my father promise you? He promised to buy me a fine book. Give me what you promised me. I cannot give it to you before the day after to-morrow. Did your friend receive much money? He did not receive much. How much did he receive? He received only a dollar and a crown. How much have you given to my son? I gave him six dollars, which makes (§ 90) a little more than 30 francs. Is it all (§ 91) you promised him? Yes, it is all I promised him. Have you any French money? I have. Have you francs, sous and centimes? Yes, I have. How many sous are there in a franc? There are 20. Have you a few centimes? I have a few. How many centimes are there in a sou? There are 5. And how many are there in a franc? 100.—Have you a coat to lend to that poor man? To lend to him? Or to give to him? I have a coat a little worn out (N. B. p. 470—§ 87), he may have it.

Vos souliers sont-ils usés ? Il le sont presque, mais pas tout-à-fait.—Allez-vous les faire raccommoder ? Le cordonnier les a pour les raccommoder.—Avez-vous quelque chose a prêter à votre cousin Charles ? J'ai quelque chose. À qui avez-vous prêté votre chapeau ? Je ne l'ai pas prêté, je l'ai donné, parcequ'il est presque usé. À qui l'avez-vous donné ? Je l'ai donné à un pauvre.—Votre petit frère sait-il déjà épeler ? I sait. Epelle-t-il bien? Il épelle bien. Quel âge a-t-il? Il a six ans.—Laissez-moi l'entendre. Robert, venez ici pour épeler.—Comment le petit garçon du docteur a-t-il épelé? Il a épelé comme cela.—Est-il aussi âgé que Robert? Il est plus âgé.—Comment leurs enfants ont-ils écrit leurs thêmes? Ils les ont mal écrits, comme à l'ordinaire; mais ils sont jeunes, ils n'ont que dix ans.—Mon voisin, vous a-t-il prêté ses gants? Il a refusé de me les prêter.—Savez-vous l'espagnol? Non, je ne l'aime pas; j'ai refusé de l'apprendre.

Le fils du secrétaire parle-t-il italien? Il le parle bien. Le parle-t-il avec tous les italiens qu'il voit? (§ 78.) Il le fait ordinairement, mais hier il a refusé de parler à un étranger.— Quel âge avez-vous, mon jeune garçon? J'ai près de onze ans. —Comment nos amis parlent-ils? Ils ne parlent pas mal.— Écoutent-ils ce que vous leur dites? Ils l'écoutent presque toujours.— Comment as-tu appris l'italien? Je l'ai appris de cette manière.—Comme vous l'entendez bien, je suppose que c'est une bonne manière, n'est-ce pas? Je crois que oui: du moins, j'aime cette manière.—M'avez-vous appelé? Je ne vous ai pas appelé; mais j'ai appelé votre frère pour lui dire de préparer ses habits pour partir demain pour Boston Partir si tôt? Oui, j'ai besoin d'envoyer quelqu'un à Boston, et il a le temps d'y aller. Est-il venu? Non, il n'est pas encore venu. Savez-vous où il est allé? Il est allé chez le tailleur pour faire faire un habit et un gilet.

35me. Trente-cinquième Thême. 2de Section.

If you do not put the date here, put it at the end of the exercise.

Where did you wet your clothes in this way? One of the boys did wet me so. Never mind. Take off your coat, quick (§ 150, p. 509), your shoes and stockings, and put them near the fire to dry. I cannot, I want to be (must be) at home at ½ past six, and it is almost ¼ past six now, so you see I have not time enough to get my clothes dry. You are right. Then, go home, change your coat, shoes and stockings as soon as possible. But who is the boy who did wet you? It is he who wet little Julius the other evening. The same? Yes, the same, indeed. He is then a bad boy. Yes, I assure you, (*indeed is he!*) How old is he? He is hardly ten.—Do you understand me? I do. What made that noise? I think it is the servant in the parlor.—How old is our neighbor? He is not quite thirty.—Are our friends as young as we? They are older than we. How old are they? One is hardly nineteen and the other is nearly twenty.—Is your uncle as old as mine? How old is yours? Ours is about fifty-seven years and a half. How old is yours? He is about the same age.

Quel âge avez-vous? J'ai à peine dix-huit ans.—Quel âge a votre frère? Il a environ vingt et un ans. Il est donc plus vieux que vous. Sans doute. Mais comme vous êtes beaucoup plus grand, je croyais que vous étiez (*je vous croyais*) plus âgé. Non, il a trois ans de plus que moi.—Quel âge as-tu? Je ne vais pas vous dire quel âge j'ai (mon age).—M'entendez-vous? Je vous entends.—Le français nous comprend-il? Il nous comprend.—Comprenez-vous ce que nous vous disons? Nous le comprenons.—Comprends-tu le français? Je ne le comprends pas encore, mais je l'apprends.—Comprenons-nous les anglais? Nous ne les comprenons pas.—Les anglais nous comprennent-ils? Ils nous comprennent.—Les comprenons-nous? Nous les comprenons à peine.—Entendez-vous du bruit? Je n'en tends rien.—Avez-vous entendu le bruit du vent? Je l'ai entendu.

Qu'entendez-vous? J'entends l'aboiement des chiens.—À qui ce chien est-il? C'est le chien de l'écossais.—Avez-vous perdu votre bâton? Je ne l'ai pas perdu.—Votre domestique a-t-il perdu mes billets de banque? Il les a perdus.—Avez-vous été au bal? Je n'y ai pas été.—Où êtes-vous resté? Je suis resté à la maison.—Où les gentilshommes sont-ils restés? Ils sont restés dans le jardin.—Votre père a-t-il perdu autant d'argent que moi? Il en a perdu plus que vous.—Combien ai-je perdu? Vous avez perdu à peine un écu.—Vos amis sont-ils restés au bal ? Ils y sont restés.—Savez-vous autant que le médecin anglais ? Je ne sais pas autant que lui.—Combien de livres avez-vous lus ? J'en ai lu à peine deux.—Attendez-vous quelqu'un ? Je n'attends personne.—Attendez-vous l'homme que j'ai vu ce matin ? Je l'attends.—Attends-tu ton livre ? Je l'attends.—Attendez-vous votre père ce soir ? Je l'attends.—Attendez-vous des amis ? J'en attends quelques-uns.

36me. Trente-sixième Thême. 1ère Section.

Do not forget the date, either here or at the end of the exercise.

Good day, cousin, how goes it this morning? Well; and you? I also. Did you sleep well? Yes, I did, very well. Do you know if (whether) breakfast is ready? Ready! Are you hungry already? Yes, I am very hungry, I assure you. Very well, I will go and see (pa. 512—12) if the cook has returned from market. Go, and come back quickly, or rather let me go (§ 150—4) with you. Well, let us go together to see whether the cook went to market and has returned, and at the same time know when he can give us breakfast. Come, let us go. (*Let us go*, come.) Go, children; as for me, I will (§ 88, N. 1) count the ½ and the ¼ dollars which my old farmer has brought me. One, two, 3, 4, 5, 6, 7, 8, 10, 11, 12, 13, 14, 15, 16, 17, 18, 19, 20—20 quarters of a dollar make 5 dollars. That's right. Now let us count the ½ dollars: 2, 4, 6, 8, 10, 12, 14, 16, 18 and 1 are 19. I counted wrong. Let us count again: 3, 6, 9, 12, 15, 18 and 2 are 20. That's right. Ah! here you are, gentlemen; well, did the cook go to market, and has he returned from it? Yes, he has returned from it, and breakfast will be ready in a moment. I am glad of it, for I also begin to be hungry. Hear! The servant has given the signal; breakfast is ready. Let us go to breakfast.—Give me my handkerchief which is on the back of the arm-chair. Here it is.—Are you to dine in town? Yes, I am to dine with my uncle's lawyer. At what o'clock are you to go? Cousin and I are to go at ¼ past 2. Is he to go with you? Yes, he is to come with me. We are both to dine with the lawyer.

Pourquoi votre-voisin bat-il son chien? Parce qu'il a mordu son garçon. Combien de fois l'a-t-il mordu? Il ne l'a mordu qu'une fois, et c'est assez, n'est-ce pas? Votre fermier est-il revenu du marché? Il n'en est pas encore revenu.—À quelle heure votre frère est-il revenu du bal? Il en est revenu à une heure du matin.—À quelle heure es-tu revenu de chez ton ami? J'en suis revenu à onze heures du matin.—Es-tu resté long-temps avec lui? Je suis resté avec lui environ une heure.—Combien de temps comptez-vous rester au bal? Je compte y rester quelques minutes.—Combien de temps le français est-il resté avec vous? Il est resté avec moi deux heures.—Combien de temps les prussiens sont-ils restés à la ville? Ils y sont restés pendant trois mois.

Comptez-vous rester long-temps avec nous? Je compte y rester huit, dix ou peut-être quinze jours.—Combien vous dois-je? Vous ne me devez pas beaucoup.—Combien devez-vous à votre tailleur? Je lui dois quatre-vingts francs, ou environ seize dollars.—Combien dois-tu à ton cordonnier? Je lui dois déjà quatre-vingt-cinq francs, c'est-à-dire, environ dix-sept dollars.—Vous dois-je quelque chose? Vous ne me devez rien.—Combien l'anglais vous doit-il? Il me doit plus que vous.—Les anglais doivent-ils autant que les espagnols? Pas tout-a-fait autant.—Vous dois-je autant que mon frère? Vous me devez plus que lui.—Nos amis vous doivent-ils autant que nous? Ils me doivent moins que vous.—Combien vous doivent-ils? Ils me doivent deux cent cinquante francs.—Combien de dollars cela fait-il? Combien vous devons-nous? Vous me devez trois cents francs, c'est-a-dire, à peu près soixante dollars.

36me. *Trente-sixième Thême.* 2de Section.

Do not forget to put the date here or at the end of the exercise.

Did you say that there is in the office somebody who wishes to see me? Yes, I told you so. When did he come? A little while ago. Who is it? Do you know him? No, I do not. I never saw him. I cannot see him now, because I must be (*am to be*) at the wharf at ½ past 8, and it is already 25 minutes past 8. Tell him to come back this afternoon. No, never mind, I will tell him myself (§ 41½).—How long did you read? I read about ¾ of an hour.—How long did the farmer wait? He did not wait long.—Has John studied long? Not very long. How long did he study? Nearly ½ an hour. What did he do the rest (*remainder*) of the time? He slept. How! he slept an hour and ½, and studied only ½ an hour? It is as I tell you. Has he done his task? He says he has. Very well.—That is sufficient (*that will do*). Have you not promised Mr. P——— to go to his concert? Yes, I have, if it takes place while I am here. Do you set out soon? Yes, in a few days.—Do you see the soldier who is sick? No, but I see the one who has been sick. How long was he so? He was so for (*during*) a fortnight.

Combien avez-vous payé ce cheval anglais? (*donné pour.*) J'en ai donné deux cent vingt dollars (*je l'ai payé*).—Votre petit fils n'a-t-il pas donné quelque chose à ce pauvre petit garçon? Si fait, il lui a donné cinq sous.—Devez-vous quelque chose à l'épicier? Non, je crois que je ne lui dois rien.—Votre voisin prend-il du pain de votre boulanger allemand? Il en prend de lui. Lui doit-il quelque chose? Je crois que oui.— Doit-il au boucher? Je ne sais pas s'il lui doit quelque chose. —Voyez-vous le matelot qui est dans le vaisseau? Je ne vois pas celui qui est dans le vaisseau; mais celui qui est sur le pont de fil de fer.—Savez-vous son nom? Je ne le sais pas.—Où devez-vous aller? Je dois aller au vieux pont. L'ami de votre oncle doit-il venir ici aujourd'hui? Il doit y venir.— Quand doit-il y venir? Il doit y venir bientôt.—Quand nos fils doivent-ils aller au spectacle? Ils doivent y aller ce soir. Quand doivent-ils en revenir? Ils doivent en revenir à dix heures et demie.—Quand devez-vous aller chez le médecin? Je dois y aller à dix heures du soir.—Quand votre fils doit-il revenir de chez le peintre? Il doit en revenir à cinq heures du soir. —Où demeurez-vous? Je demeure rue de Rivoli, numéro quarante-sept.—Où votre père demeure-t-il? Il demeure chez son ami, dans Walnut (la rue Walnut) numéro deux cent cinquante et un.—Où vos frères demeurent-ils? Ils demeurent rue Guillaume, numéro cent vingt.—Demeures-tu chez ton frère? **J'y demeure.**—Demeurez-vous encore où vous avez demeuré? **J'y demeure encore.**—Votre ami demeure-t-il encore où il a demeuré? Il ne demeure plus où il a demeuré.—Où demeure-t-il à présent? Il demeure chez son père.

37me. Trente-septième Thême.   1ère Section.

Forget not to put the date of the month here or at the end.

My dear Lucien, I am delighted to see you. *I* thought you were absent (p. 506). When did you return? I came back last Saturday. How long (until what time) are you going to stay here? I am going to stay here till my uncle returns, and perhaps longer. Do you expect him soon? I expect him in 8 or 10 days. Do you stay with your dear cousin? No, I no longer stay with him. Whom do you stay with? I stay with nobody. I am in an hotel. Are you going to stay in it until your uncle returns? I think I will. Leave your hotel and come (p. 509—12) and stay with us. I am much obliged to you.— Until what time (*how long*) did the bookseller's clerk stay at the museum? He remained there only till 12. Why so? Because he could not (p. 508—4). And why could he not stay there until 2 o'clock, like the others? He could not, because his father dines early.—Do you go (*are you going*) to Lancaster this summer? No, I do not (am not). And you, Julius, do you? (*are you?*) I neither. And Charlotte and her brother, are they going there? They neither. Is the professor going? He neither. Who is going? Nobody is.—How long did you all stay in Bordeaux? My uncle lived there six years; my cousin during three years; I during six months; but these young boys remained there only a few days.

Jusqu'à quand les charpentiers travaillent-ils à midi? Jusqu'à midi. Jusqu'à quand travaillent-ils le soir? Jusqu'à six heures, ou plutôt jusqu'à six heures moins un quart.—Jusqu'à quand est-ce que j'ai travaillé? Vous avez travaillé jusqu'à quatre heures du matin.—Le médecin a-t-il encore pour long-temps à attendre? Il a encore pour long-temps à attendre.—Dois-je rester ici long-temps? (*Jusqu'à quand.*) Vous devez rester ici jusqu'à dimanche.—Mon frère doit-il rester long-temps avec vous? Il doit y rester jusqu'à lundi.—Jusqu'à quand devons-nous travailler? Vous devez travailler jusqu'après demain.—Avez-vous encore pour long-temps à parler? J'ai encore pour une heure à parler.—Avez-vous parlé long-temps? J'ai parlé jusqu'au lendemain.—Etes-vous resté long-temps dans mon comptoir? J'y suis resté jusqu'à ce moment.

Avez-vous encore long-temps à demeurer chez le français? J'ai encore long-temps à demeurer chez lui.—Jusqu'à quand avez-vous encore à demeurer chez lui? Jusqu'à mardi.—A-t-il balayé le plancher? Il l'a balayé.—Jusqu'à quand est-il resté ici? Jusqu'à midi.—Votre ami demeure-t-il encore chez vous? Il ne demeure plus chez moi.—Combien de temps a-t-il demeuré chez vous? Il n'a demeuré chez moi qu'un an.—Jusqu'à quand êtes-vous resté au bal? J'y suis resté jusqu'à minuit.—Combien de temps êtes-vous resté sur le vaisseau? J'y suis resté une heure.—Etes-vous resté au jardin jusqu'à présent? J'y suis resté jusqu'à présent.

37me. Trente-septième Thême. 2de Section.

What is the date? Learn it and put it here. (p. 509—12.)

What do you do (*are you doing*) this morning? I am reading. What do you read? To-day's journal. Have you already seen anything new? I have not yet read anything new. I have read but an article. What do they say (*is said*, p. 503—3) of the cholera? Not much yet. Is the gold of California spoken of? I think it is; but let me read, and then I can tell you what is said new. Very well. Read. (p. 509.) Work before breakfast. No, I cannot work before breakfasting. I never could. I can, and I am glad of it.—Has George read and written? He would (p. 508—4) neither read nor write. What did he do? He would not do anything. That is extraordinary! (strange!) Is he sick? No, he is very well, on the contrary, for he breakfasted very well. Why would he not study as usual? He said, I will play instead of studying (working). Has he lost his book? I gave it to him, but instead of opening it he has put it in his desk.—Has the neighbor lent you his horse? No, he refused to lend it to me. Did the farmer lend you his? No, he also refused, because he wants (*has need of*) it to go to town.—Ah, Miss, I am pleased at seeing you. Take off your shawl and bonnet, and sit down in this arm-chair. This velvet arm-chair is too warm, I am going to take this seat. I wish to see Charlotte. Charlotte is not here. Indeed! Then I'll go. Good-by, Sir. Good-by, Miss.

Le cordonnier a-t-il pu raccommoder mes souliers? Il n'a pas pu les raccommoder.—Pourquoi n'a-t-il pas pu les raccommoder? Parce qu'il n'a pas eu le temps.—A-t-on pu trouver mes boutons d'or? On n'a pas pu les trouver.—Pourquoi le tailleur n'a-t-il pas raccommodé mon habit? Parce qu'il n'a pas de bon fil.—Pourquoi avez-vous battu le chien? Parce qu'il m'a mordu.—Pourquoi buvez-vous? Parce que j'ai soif.—Qu'a-t-on voulu dire? On n'a rien voulu dire.—A-t-on dit quelque chose de nouveau? On n'a rien dit de nouveau.—Que dit-on de nouveau au marché? On n'y dit rien de nouveau.—A-t-on tué des chiens ce matin? On en a tué plus de soixante-cinq.—Croit-on cela? On ne le croit pas.—Parle-t-on de cela? On en parle.—Parle-t-on de l'homme qui a été tué? On n'en parle pas.—Peut-on faire ce qu'on veut? On fait ce qu'on peut; mais on ne fait pas ce qu'on veut.—Qu'a-t-on apporté? On a apporté votre habit neuf.—Mon domestique a-t-il brossé mes beaux tapis? Il ne les a pas encore brossés.—Avez-vous acheté un nouveau cheval? J'ai acheté deux nouveaux chevaux.—Combien de beaux arbres avez-vous vus? Je n'ai vu qu'un bel arbre. Avez-vous vu un bel homme? J'ai vu plusieurs beaux hommes.—Avez-vous un nouvel ami? J'en ai plusieurs.—Aimez-vous vos nouveaux amis? Je les aime.

38me. Trente-huitième Thème. 1ère Section.

If you do not know the date, learn it and write it here.

Ah! here you are, Mr. Henry. I thought you were travelling. I came back about a month ago. How far did you go? I went as far as (*to*) Germany. So, you have travelled both in England and France? Yes, I did, and in Italy also. Did you go as far as Hungary? No; I had no time to go there, because I stayed too long in Paris (p. 537—13). How long did you stay there? I stayed there a month. It is not long. Yes, it is, when you have many countries to visit (*see*). You are right. Did you travel alone? My dear friend Francis travelled with me, and we were together all the time.—Has Father Matthew come as far as America? Yes, he has. Who is Father Matthew? *The great Irish champion of temperance.*—How far did the Spaniards go? They went as far as London.—How far did that poor man come? He came this far. Did he come as far as your house? He came to my father's.—How much has he lost? He lost all his money.—Did my friend go that way? Yes, he went that way. I thought he had gone this way. No, nobody went this way.—There is your boy, where was he? He was with me. And where were you? I! I was up stairs. You were up stairs; as for me, I was down stairs. Who was down stairs with you? Nobody was down stairs with me; I was there alone.

Jusqu'où avez-vous voulu aller? J'ai voulu aller jusqu'au bois.—Avez-vous été jusque-là? Je n'ai pas été jusque-là.—Jusqu'où votre frère veut-il aller? Il veut aller jusqu'au bout de ce chemin-là.—Jusqu'où le vin va-t-il? Il va jusqu'au milieu du tonneau.—Où vas-tu? Je vais aux ponts.—Jusqu'où allons-nous? Nous allons jusqu'au théâtre.—Allez-vous jusqu'au puits? Je vais jusqu'au château.—Le charpentier a-t-il bu tout le vin ? Il l'a bu.—Votre petit garçon a-t-il déchiré ses habits ? Il les a tous déchirés.—Pourquoi les a-t-il déchirés ? Parce qu'il ne veut pas étudier.—Combien avez-vous perdu ? J'ai perdu tout mon argent.—Savez-vous où est mon père ? Je ne le sais pas. —N'avez-vous pas vu mon livre ? Je ne l'ai pas vu.—Savez-vous comment on écrit ce mot ? On l'écrit ainsi. Voyagez-vous quelquefois ? Je voyage souvent.—Où comptez-vous aller cet été ? Je compte aller à Paris.—N'allez-vous pas en Italie ? J'y vais.—As-tu voyagé quelquefois ? Je n'ai jamais voyagé. —Vos amis ont-ils envie d'aller en Hollande ? Ils ont envie d'y aller.—Quand comptent-ils partir ? Ils comptent partir après demain.—Où le général Lewis va-t-il ? Il va jusqu'en Hongrie.

38me. *Trente-huitième Thême.* 2de Section.

Do you know the date ? Yes, I do. Put it here.

Do you buy a white or black hat this spring? I buy a white one. Black is good for autumn. Are you going to put away the black one? To be sure. Your shawl is too dark for spring. Are you not going to put another on? I have no other here. Have you been robbed of a part of your linen? No, nothing was taken from me; but they stole something from my brother. What was he robbed of? He was robbed of his umbrella and new gloves. Where did they steal them from him? (*was he robbed of them?*) They stole them out of his cousin's office. I am sorry to hear it. But if you have no other shawl, Victoria can lend you a lighter one. Do you think mine too dark? Yes, I do. Your hat is much lighter. Yes, you are right. Victoria, lend me one of your shawls. Which one will you have? I want one less dark than this; have you one not so dark? Yes, I have one lighter, a little lighter than yours. Let me go and get it. Let us go together.—Are you going travelling next spring? Not next spring, but next fall.

Vous a-t-on volé quelque chose? On m'a volé tout le bon vin.—A-t-on volé quelque chose à votre père? On lui a volé tous ses bons livres.—Voles-tu quelque chose? Je ne vole rien. —As-tu jamais volé quelque chose? Je n'ai jamais rien volé. Vous a-t-on volé vos bons habits? On me les a volés.—Que m'a-t-on volé? On vous a volé tous les bons livres.—Quand vous a-t-on volé l'argent? On me l'a volé le printemps dernier.—Vos domestiques nous ont-ils jamais rien volé? Il ne nous ont jamais rien volé.—Votre fils fait-il teindre son gilet blanc? Il le fait teindre.—Le fait-il teindre en rouge? Il le fait teindre en gris.—Comment vos amis ont-ils fait teindre leurs habits? Ils les ont fait teindre en vert.—Comment les Italiens ont-ils fait teindre leurs chapeaux? Ils les ont fait teindre en brun clair.—Avez-vous un chapeau blanc? J'en ai un noir.—Quel chapeau le gentilhomme a-t-il? Il a deux chapeaux; un blanc et un noir.—Quel chapeau l'Américain a-t-il? Il a un chapeau rond et noir.—Ai-je un chapeau blanc? Vous avez plusieurs chapeaux blancs et noirs.—Votre teinturier a-t-il déjà teint votre drap? Il l'a teint.—Comment l'a-t-il teint? Il l'a teint en vert.

39me. Trente-neuvième Thème. 1ère Section

Look for the date and put it here.

Must we send to market? (*is it necessary to?*) Yes, we must (or, it is). Why must we send? We want butter, beef and milk. Milk? Did not the milkman bring some this morning? No; he has forgotten us, or he is sick. Never mind. As you say, we must have some. Has the cook money enough to buy all we want? (*we must have?*) Did you not give him a two dollar note? He would not (p. 508—4) take it, and I gave him but three quarters of a dollar. If he has no more, I believe it is not enough. Then you must give him more. How much more? Half a dollar. Have you got one? Yes, here is one. Give it to him.—Who makes that noise? It is Francis. What is the matter with him? What does he want? He has a sore eye. Tell him to keep quiet (stay still). He cannot keep quiet. He must be still and sleep (*go to sleep*). It is not difficult to say; but it is more difficult to do.

Faut-il aller au marché ? Il ne faut pas y aller.—Que leur faut-il acheter ? Il leur faut acheter des gants.—Me faut-il aller chercher du sel ? Il vous faut en aller chercher.—Dois-je aller au bal ? Il vous faut y aller.—Quand me faut-il y aller ? Il vous faut y aller ce soir.—Me faut-il aller chercher le charpentier ? Il vous faut l'aller chercher.—Que faut-il faire pour apprendre le russe ? Il faut étudier beaucoup.—Faut-il étudier beaucoup pour apprendre l'allemand ? Il faut étudier beaucoup. —Que me faut-il faire ? Il vous faut acheter un bon livre.— Que doit-il faire ? Il lui faut rester tranquille.—Que devons-nous faire ? Il ne vous faut pas rester tranquille, mais il vous faut travailler.—Vous faut-il travailler beaucoup pour apprendre l'arabe ? Il me faut travailler beaucoup pour l'apprendre.— Pourquoi me faut-il aller au quai ? Il vous faut y aller pour amener les matelots ici.

Me faut-il aller quelque part ? Il te faut aller dans le jardin. —Me faut-il envoyer chercher quelque chose ? Il te faut envoyer chercher du vin.—Que me faut-il faire ? Il vous faut écrire un thème.—À qui me faut-il écrire un billet ? Il vous faut en écrire un à votre ami.—Ne vous faut-il pas de souliers ? Il ne m'en faut pas. Te faut-il beaucoup d'argent ? Il m'en faut beaucoup.—Combien te faut-il ? Il me faut cinq écus.— Combien faut-il à votre frère ? Il ne lui faut que six sous.—Ne lui faut-il pas davantage ? Il ne lui faut pas davantage.—Faut-il davantage à votre ami ? Il ne lui faut pas autant qu'à moi. —Que vous faut-il ? Il me faut de l'argent et des habits.— Avez-vous à présent ce qu'il vous faut ? J'ai ce qu'il me faut —Votre père a-t-il ce qu'il lui faut ? Il a ce qu'il lui faut.

39me. *Trente-neuvième Thème.* 2de Section.

Do not forget to write the date, either here or at the end of the exercise.

Will you go out with me ? Why do you go out ? (*are you going out?*) I go out to buy something. What do you want ? I must have (*want*) several articles. Come, let us go. Are you going out without a hat ? I thought I had it. I have it now. Are you ready yourself? I believe I am. No, no, wait, wait. I have not taken my pocket-book. So, you have no money. It is a fine way to go and buy. At whose store do we go? First at the cloth merchant's. Must you have (*do you want*) cloth for a coat? Yes, I want some. Do you want it blue, green, black or gray? I have not yet made a choice. We are near the store. Let us go in (p. 510—2). Good day, Mr. Bertrand. My respects to you, gentlemen. Do you want anything this morning? Cloth, velvet, satin? What? This gentleman wants some cloth. And you, sir, do you want nothing? No, not to-day. You know that the day before yesterday I bought several articles in your store. That is true; you are right.

Que vous faut-il, Monsieur? Il me faut du drap.—Combien ce chapeau vaut-il? Il vaut quatre écus.—Vous faut-il des bas? Il m'en faut.—Combien ces bas-là valent-ils? Ils valent deux francs.—Ne vous faut-il que cela? Il ne me faut que cela.—Votre petit garçon a-t-il reçu un présent? Il en a reçu plusieurs. De qui en a-t-il reçu? Il en a reçu de mon père et du vôtre.—Avez-vous reçu des présents? J'en ai reçu.—Quels présents avez-vous reçus? J'ai reçu de beaux présents.—Combien ce cheval peut-il valoir? Il peut valoir cinq cents écus.

Ce livre-ci vaut-il autant que celui-là? Il vaut davantage.—Combien mon fusil vaut-il? Il vaut autant que celui de votre ami.—Vos chevaux valent-ils autant que ceux des anglais? Ils ne valent pas autant.—Combien ce couteau vaut-il? Il ne vaut rien. Votre domestique vaut-il autant que le mien? Il vaut mieux que le vôtre.—Valez-vous autant que votre frère? Il vaut mieux que moi.—Vaux-tu autant que ton ami? Je vaux autant que lui.—Valons-nous autant que nos voisins? Nous valons mieux qu'eux.—Votre parapluie vaut-il autant que le mien? Il ne vaut pas autant.—Pourquoi ne vaut-il pas autant que le mien? Parce qu'il n'est pas aussi beau que le vôtre.—Combien ce fusil vaut-il? Il ne vaut pas beaucoup.—Voulez-vous vendre votre cheval? Je veux le vendre.—Combien vaut-il? Il vaut deux cents écus.

40me. Quarantième Thême. 1ère Section.

Who is there? It is the baker. Did you ask him for three loaves? No, I asked him only for two, as usual. Ask him for another (p. 509—1). I am going to ask him for it. What kind of loaf must I ask him for? A round (box loaf) or a twist loaf? Ask him for a twist, and if he has none, take a round loaf. Is it necessary to pay him for that other loaf? Yes, here are five cents, pay him. Has the milkman come? No, not yet; he usually comes after the baker. If he has milk enough, buy three cents' worth more of it than usual. He never has enough. Then tell him to bring more, a little more, this afternoon. Must he be paid? No matter.—The merchant (*shopkeeper*) asks me a dollar and a quarter for this umbrella, is it worth that? I believe it is not worth so much.—How old art thou, child? I am not yet ten years old. And thy brother, how old is he? He is but 8.—Do both of you learn French already? I do already; but he does not yet. Why so? Because, father thinks he is too young. Does he not write? No, he does not. And thou? As for me, I do.

Avez-vous payé le fusil neuf? Je l'ai payé.—Votre oncle a-t-il payé le satin et le velours? Il l'a fait.—Est-ce que je n'ai pas payé les habits au tailleur? Si fait, vous les lui avez payés. Que demande-t-il donc? Il ne vous demande pas de lui payer les habits; mais les mouchoirs et les gants. Il a raison. Je ne les lui ai pas encore payés.—Avons-nous payé nos manteaux? Nous les avons payés (*l'avons fait*).—Notre cousin a-t-il déjà payé ses souliers? Il ne les a pas encore payés.—Mon frère vous paie-t-il ce qu'il vous doit? Il me le paie.—Payez-vous ce que vous devez? Je paie ce que je dois.—Avez-vous payé le vieux boulanger? Je l'ai payé.—Votre oncle a-t-il payé le bœuf au boucher? Il le lui a payé. Qui a cassé mon couteau? Je l'ai cassé après avoir coupé le pain.

Votre fils a-t-il cassé mes crayons? Il les a cassés après avoir écrit ses billets —Avez-vous payé le vin au marchand après l'avoir bu? Je l'ai payé après l'avoir bu.—Qu'avez-vous fait après avoir fini vos thêmes? J'ai été chez mon cousin, pour le conduire au musée.—Que demandez-vous à cet homme? Je lui demande l'argent qu'il me doit.—Ce garçon, que me demande-t-il? Il vous demande de l'argent.—Me demandez-vous quelque chose? Je vous demande un écu.—Me demandez-vous le pain? Je vous le demande.—À quel homme demandez-vous de l'argent? J'en demande à celui qui m'en doit. (8ᵉ N. 1).—À quel marchand demandez-vous des gants? J'en demande à ceux qui demeurent dans la rue Guillaume.—Que demandez-vous au boulanger? Je lui demande du pain frais.

40me. Quarantième Thême. 2de Section.

Bonjour, Monsieur. How did I pronounce that? You did not pronounce *bon* properly. How must it be pronounced? This way: *bon*, without continuing (dwelling upon) the sound of the *n*. I am going to try to pronounce it properly. The sound of French *n* is difficult, is it not? No, that sound is not very difficult. As I told you, it must not be long dwelt upon. How do I pronounce it now? *bon.* You pronounce it better, almost right.—How has my cousin written his exercise? He has written and translated it properly (*right*). My children did their tasks well, I hope? Yes, they did them right.—Does not that general do his duty? Yes, he always does his duty right, and he can do no more.—Those two young soldiers do their duty, do they not? They do it as well as they can. Always do your duty. I do it as well as I can, that is to say, I try.

Chez qui dînez-vous aujourd'hui? Mon cousin et moi nous dînons chez un de mes amis dans Walnut (la rue Walnut). Avec qui avez-vous pris le thé hier, c'est-à-dire, avant-hier? Vous faut-il le savoir? Si vous voulez me le dire. Je vais vous le dire. J'ai pris le thé chez un de vos parents. Celui qui a tant de mérite? Celui-là même (ou *lui-même*). Où allez-vous? Je vais chez un de mes parents, pour déjeuner avec lui.—Veux-tu tenir mes gants ? Je veux les tenir.—Qui tient mon chapeau ? Votre fils le tient.—Tiens-tu mon bâton ? Je le tiens.—Tenez-vous quelque chose ? Voyez, je tiens votre fusil.—Qui a tenu mon livre ? Votre domestique l'a tenu.—Voulez-vous essayer de bien parler ? Je veux essayer.—Votre petit frère a-t-il jamais essayé de faire des thêmes ? Il a essayé. —Avez-vous jamais essayé de faire un chapeau ? Je n'ai jamais essayé d'en faire un.—Qui cherchez-vous ? Je cherche l'homme qui m'a vendu un cheval.—Votre parent cherche-t-il quelqu'un ? Il cherche un de ses amis.—Cherchons-nous quelqu'un ? Nous cherchons un de nos voisins.—Qui cherches-tu ? Je cherche un de nos amis.—Cherchez-vous un de mes domestiques ? Non, je cherche un des miens.—Avez-vous essayé de parler espagnol à votre oncle ? J'ai essayé de lui parler italien.—Avez-vous essayé de voir mon père ? J'ai essayé de le voir.—Vous a-t-il reçu ? Il ne m'a pas reçu.—A-t-il reçu vos frères ? Il les a reçus.—Avez-vous pu voir votre parent ? Je n'ai pas pu le voir.

Qu'avez-vous fait après avoir écrit vos thêmes ? J'ai écrit mon billet après les avoir écrits.—Qui demandez-vous ? Je demande le tailleur.—Ce matelot demande-t-il quelqu'un ? Il vous demande.—Vous demande-t-on ? On me demande.—Me demande-t-on ? On ne vous demande pas, mais on demande un de vos amis.—Demandez-vous le médecin ? Je demande lui et l'avocat.—Votre petit frère, que demande-t-il ? Il demande un petit morceau de pain.—N'a-t-il pas encore déjeuné ? Il a déjeuné, mais il a encore faim.—Votre oncle, que demande-t-il ? Il demande un verre de vin.—N'a-t-il pas déjà bu ? Il a déjà bu, mais il a encore soif. Alors, donnez-lui un verre de vin.—Me faut-il donner un morceau de vieux pain ou de pain frais à mon petit frère ? Ne lui donnez ni un morceau de vieux pain ni de pain frais ; mais donnez-lui un petit morceau du gâteau que le cuisinier a fait hier soir.—S'il veut un verre de lait frais, puis-je lui en donner un ? Non, ne lui donnez pas un verre de lait si tôt après déjeuner. Qu'est-ce que le commis a là ? Il a ses gants de fil

—Les a-t-il fait teindre ? Il les a fait teindre. Comment les a-t-il fait teindre ? Il les a fait teindre en jaune. Clair ou foncé ? Ni clair, ni foncé.—Avez-vous demandé du bœuf ou du mouton au boucher ? Je lui ai demandé du bœuf. Je n'aime pas le mouton. (Ob. 53.)

Recapitulatory Exercise. Résumé.

Have not the horses got hay enough? Yes, they have enough, but our little birds have not grain enough.—Have we neither pepper nor vinegar? We have pepper, but no vinegar. —Has not the young stranger got much money? Yes, he has a great deal, but the great merchant's clerk has not much. Have we no milk? Yes, we have a little. Have we enough? We have not much, but enough. Has the cook's boy the thread string of our old neighbor? No, he has it not. What has he not? He has not our old neighbor's thread string. Has not the little boy got the cotton stockings? Which cotton stockings? Those of the young lawyer. He has them not.— Have you any of the grocer's cheese? I have a little. Have you got enough? I have not enough.—Are you afraid of that young man? No, I am not.—Who is thirsty? We are thirsty and sleepy. Is the joiner afraid of the dog? No, the dog is afraid of the joiner. Have we not the hatter's cotton umbrella? No, we have not got it; but we have his friend's thread gloves.

How many oxen have we got? We have three. How many has he? He has but one. How many have the Germans? They have five. Have they not got six? No, they have but five.—Who has courage? Our young clerk has. Has he too much? No, he has not too much, but enough. Has that little boy got any courage? He has not much.—Have the painters much money? No, they have but little. Have you much? I have but little. Who has much? We have much. What have we? We have much gold and silver. Have we too much? We have not too much, but enough. How many glasses have the grocer's servants? They have 7 or 8. Have they not 9? Yes, they have 9. Have they not 10? They have but 9. Have they not enough? Yes, they have enough How many eyes has that man? He has got two. And that one, how many has he? He has but one. Have you but one bird? Yes, I have two. Have those boys got many sticks? Which boys? These or those? Neither these nor those, but the joiner's. They have not many.

Have you the last paper? No, I have it not. Have you a paper? No, I have none. Has the minister yesterday's journal? He has one. Has your brother got the president's umbrella? No, but he has the governor's stick. Who has the governor's horse? Our old sailor has. Has he the president's gloves? No, the president has them himself. Has the lieutenant-governor, the prefect's notes? He has them not. He has not what? He has not the prefect's notes. I have them.— How many francs has the president of the senate? He has none, but he has dollars. How many has he? He has many. Has he too many? He has not. Have we enough? We have not enough.—Have not the Americans enough? They have not too many. Who has too many? Nobody has. Have the president and the vice-president many friends? They have many, but the prefect has not many. Have we not many? Yes, we have many. Who has few? The Russian has few.

Have you a few sous? Yes, I have a few.—Have I a few crowns? You have none, but you have francs and bank-notes. How many have I? You have ten. Have I not two ten-dollar notes? No, you have but one; but you have three notes of five dollars.—John has the first volume of the work of Thiers, has he not the second? No, he has but the first. Has not the American the last volume? No, he has it not. Who has it? Nobody has it.—Somebody has the journal of the fifth of this month, has he not? The Russian has that of the 6th, the 7th and the 8th, but not that of the 5th. What papers has the young hatter got? He has those which you have not.—Are not the Germans cold? No, they are warm and thirsty. Are not the joiner and the grocer wrong? No, they are right. Has not our shoemaker the governor's leather shoes? He has those of the lieutenant-governor. I have the 12th exercise, my friend Charles has the 13th, the lawyers have the 14th, who has the 15th? Nobody has the 15th, but we have the 16th and 17th. —What copy-book have you? I have mine. Is your master's friend's son here? No, he is in Boston.

41me. Quarante et unième Thême. 1ère Section.

How is the weather to-day? It is very fine. Was it fine yesterday? It was unpleasant yesterday. How was the weather this morning? It was bad, but now it is pleasant. Is it warm? It is very warm. The thermometer is at 80½ degrees. It is not cold, then. No, indeed, it is not cold, but very warm, on the contrary.—Have you already been to the new garden of M....? No, I have not yet been there. Why so? Because we have had bad weather (*the weather has been bad*). Are you afraid of bad weather? I am not afraid of it when I am obliged to go out; but I do not like to go out when it rains. But it has not rained these few days. You have forgotten, for it rained yesterday, the day before, and the previous day. That is to say Thursday, Wednesday and Tuesday. Yes, you are right.

Apercevez-vous l'homme qui vient? Je ne l'aperçois pas.—Apercevez-vous les enfants du soldat? Je les aperçois.—Apercevez-vous les hommes qui vont dans le jardin? Je n'aperçois pas ceux qui vont dans le jardin, mais ceux qui vont au marché. —Votre frère aperçoit-il l'homme qui lui a prêté de l'argent? Il n'aperçoit pas celui qui lui en a prêté, mais celui à qui il en a prêté.—Vois-tu les enfants qui étudient? Je ne vois pas ceux qui étudient, mais ceux qui jouent.—Aperçois-tu quelque chose? Je n'aperçois rien.—Avez-vous aperçu les magasins de mes parents? Je les ai aperçus.—Où les avez-vous aperçus? Je les ai aperçus au-delà du chemin.

Are you going to eat of this chicken or of this fish? Of this chicken, if you please. I do not like fish. Which piece do you wish to have? No matter which (*any one*). Give me the first you come to. Have you no choice? No, I have no choice.

Here! This is a good piece; at least I like it. Do you, too?
I believe I do, for I eat of everything, I like everything. Will
you have a glass (*a drink*) of wine or of syrup? Give me a
glass (drink) of syrup, but do not put much syrup in. Put it
in yourself. Give it to me. I am going to put a little in.
Here! Here is the glass. Put in it the syrup you want.—
Who is this little gentleman? He is my youngest brother. Indeed? Is he a good child? Does he study as he ought? He
does his duty pretty well. Does he like to learn by heart? Yes,
he every day learns something by heart. Do not scholars generally like to learn by heart? There are some who like to do
it; but many like to study, but not to learn by heart.

Comptez-vous aller voir le vaisseau neuf de M. Tessier? Je
compte le faire. Quand? Demain ou après-demain? Après-demain, s'il fait beau temps. Fait-il assez clair dans votre comptoir? Il n'y fait pas clair.—Voulez-vous travailler dans le
mien? Je veux y travailler.—Y fait-il clair? Il y fait très-clair.—Pourquoi votre frère ne peut-il pas travailler dans son
magasin? Il ne peut pas y travailler, parce qu'il y fait trop
obscur.—Où fait-il trop obscur? Dans son magasin.—Fait-il
clair dans ce trou? Il y fait obscur.—Fait-il sec? Il fait très-sec.—Fait-il humide? Il ne fait pas humide. Il fait trop sec.
Fait-il clair de lune? Il ne fait pas clair de lune, il fait très-humide.—De quoi votre oncle parle-t-il? Il parle du beau temps.
—De quoi ces hommes parlent-ils? Ils parlent du beau et du
mauvais temps.—Avez-vous goûté ce vin? Je l'ai goûté.—
Comment le trouvez-vous? Je le trouve bon.—Comment votre
cousin trouve-t-il ce cidre? Il ne le trouve pas bon.—Quel vin
voulez-vous goûter? Je veux goûter celui que vous avez goûté.
—Voulez-vous goûter ce tabac? Je l'ai déjà goûté.—Comment
le trouvez-vous? Je le trouve bon.—Pourquoi ne goûtez-vous
pas ce cidre? Parce que je n'ai pas soif.—Pourquoi votre ami
ne goûte-t-il pas ce bœuf? Parce qu'il n'a pas faim.

EXERCISE XLI.

41me. Quarante et unième Thême. 2de Section.

Ah! you have a piece of bread and butter. Are you going to eat it or to give it to any one? I am going to eat it, for I am very hungry. How! You are hungry already? It is not late, however. How many times a day do you eat? We eat four times. How many times do your children drink a day? They drink several times. Do you drink as often as they? I drink oftener. How many times a month do you go to the theatre? I go but once a month. Do the pupils go there? They do not.—What do they speak about? They speak about their lessons. Do they do three exercises a day? They make but two, but they do them properly (*right well*).—Have you been able to read the note that was written to you? I could not (p. 508—4) read it all. Is it badly written? Yes, I assure you; see, yourself. That is true.—Be welcome, Mr. —. Let us go and take a glass of mineral water. I always put syrup in it, do you? I do not.

Combien de fois par an votre cousin va-t-il au bal? Il y va deux ou trois fois pendant l'hiver. Y allez-vous aussi souvent que lui? Je ne suis pas accoutumé à y aller.—Combien de fois votre cuisinier va-t-il au marché? Il y va généralement une fois par jour; quelque fois deux (*deux fois*). Alors il y va tous les jours, excepté Dimanche (*le dimanche*), n'est-ce pas? Oui.—Qui demandez-vous? Je demande votre cousin anglais. Est-il à la maison? Non, il n'y est pas. Aimez-vous un grand chapeau? Je n'aime pas un grand chapeau, mais un grand parapluie.—Qu'aimez-vous à faire? J'aime à écrire.—Aimez-vous à voir ces petits garçons?—J'aime à les voir.—Aimez-vous l'eau minérale avec le sirop? Je l'aime.—Votre frère aime-t-il le cidre? Il l'aime.—Les soldats qu'aiment-ils? Ils aiment le vin.—Aimes-tu le thé ou le café? J'aime l'un et l'autre.—Ces enfants aiment-ils à étudier? Ils aiment à étudier et à jouer.—Aimez-vous à lire et à écrire? J'aime à lire et à écrire.—Combien de fois par jour sortez-vous? Je sors aussi souvent que je veux.—Allez-vous souvent chez mon oncle ? J'y vais six fois par an.—Comprenez-vous l'homme qui vous parle ? Je ne le comprends pas. Pourquoi ne le comprenez-vous pas ? Parce qu'il parle trop mal.—Cet homme-ci sait-il le français ? Il le sait, mais je ne le sais pas. Pourquoi ne l'apprenez-vous pas ? Je n'ai pas le temps de l'apprendre.

De qui a-t-on parlé ? On a parlé de votre ami.—N'a-t-on pas parlé des médecins ? On n'en a pas parlé.—Ne parle-t-on pas de l'homme dont nous avons parlé ? On en parle.—A-t-on parlé des gentilshommes ? On en a parlé.—A-t-on parlé de ceux dont nous parlons ? On n'a pas parlé de ceux dont nous parlons, mais on a parlé d'autres.—A-t-on parlé de nos enfants ou de ceux de nos voisins ? On n'a parlé ni des nôtres, ni de ceux de nos voisins.—De quels enfants a-t-on parlé ? On a parlé de ceux de notre maître.—Parle-t-on de mon ouvrage ? On en parle.—Etes-vous content de vos élèves ? J'en suis content.—Comment mon frère étudie-t-il ? Il étudie bien.—Combien de thêmes avez-vous étudiés ? J'en ai déjà étudié quarante et un.—Votre maître est-il content de son écolier ? Il est content de lui et des présents qu'il a reçus.

42me. Quarante-deuxième Thême. 1ère *Section.*

Whom did you speak of? We spoke of you. Did you praise me? We did not praise you, on the contrary we have blamed you. Why did you blame me? Because you do not study well.—Your brother has spoken to you, of what? He spoke about his books, his horses and dogs.—Why are these children loved? Because they are good, they are loved. Are they better than we? They are not better than you, but they are more studious. Is your cousin as assiduous as mine? He is as assiduous as yours; but yours is better than mine.—Is it good travelling in spring? It is good travelling in spring and autumn, but bad in summer and winter. Do you like travelling ? Have you sometimes travelled in winter? I like well enough to travel, and I have often travelled in summer, but not in winter --The general is often sick, you know that he has the gout

Why does he not travel? He says that the spring is too damp, the summer too warm, and the winter too cold. And what does he say of the fall? Then, he says that he is too busy to travel (go travelling).

Etes-vous aimé? Je suis aimé.—De qui êtes-vous aimé? Je suis aimé de mon oncle.—De qui suis-je aimé? Tu es aimé de tes parents.—De qui sommes-nous aimés? Vous êtes aimés de vos amis.—De qui ces garçons sont-ils aimés? Ils sont aimés de leurs voisins.—Par qui cet homme est-il conduit? Il est conduit par moi.—Où le conduisez-vous? Je le conduis à la maison.—Par qui sommes-nous blâmés? Nous sommes blâmés par nos ennemis.—Pourquoi en sommes-nous blâmés? Parce qu'ils ne nous aiment pas.—Etes-vous puni par votre maître? Je n'en suis pas puni, parce que je suis sage et studieux.—Sommes-nous entendus? Nous le sommes.—De qui sommes-nous entendus? Nous sommes entendus par nos voisins.—Ton maître est-il entendu par ses élèves? Il en est entendu.—Quels enfants sont loués? Ceux qui sont sages.—Lesquels sont punis? Ceux qui sont paresseux et méchants.—Sommes-nous loués ou blâmés? Nous ne sommes ni loués ni blâmés.

Notre ami est-il aimé de ses maîtres? Il en est aimé et loué, parce qu'il est studieux et sage; mais son frère est méprisé des siens, parce qu'il est méchant et paresseux.—Est-il puni quelquefois? Il l'est tous les matins et tous les soirs.—Etes-vous puni quelquefois? Je ne le suis jamais; je suis aimé et récompensé par mes bons maîtres.—Ces enfants ne sont-ils jamais punis? Ils ne le sont jamais, parce qu'ils sont studieux et sages; mais ceux-là le sont très-souvent, parce qu'ils sont paresseux et méchants.—Qui est loué et récompensé? Les enfants habiles sont loués, estimés et récompensés; mais les ignorants sont blâmés, méprisés et punis.—Qui est aimé et qui est haï? Celui qui est studieux et sage est aimé, et celui qui est paresseux et méchant est haï.—Faut-il être sage pour être aimé? Il faut l'être.—Que faut-il faire pour être aimé? Il faut être sage et assidu —Que faut-il faire pour être récompensé? Il faut être habile et étudier beaucoup.

42me. Quarante-deuxième Thême. 2de Section.

Do you like to ride on horseback in the morning? No, but I like to go on horseback in the evening. Why? Because in the evening it is cooler, and you sleep better after you return. I believe you are right, however, people ride more in the morning than in the evening.—Did your brother ever ride on horseback? He never did. Does your uncle ride as often as your father? They often ride together. Have you been in a carriage to the wire bridge? We went there several times. Have you already been there on horseback? No, I never rode there on horseback. Let us go this afternoon. On horseback or in a carriage? On horseback. No, but on foot if you will (*choose*). Do you like to walk? Yes, I am very fond of walking; it is too dusty to go there on horseback.

Avez-vous été à Londres? J'y ai été.—Y fait-il bon vivre? Il y fait bon vivre, mais cher.—Fait-il cher vivre à Paris? Il y fait bon vivre, et pas cher.—Aimez-vous à voyager en France? J'aime à y voyager, parce qu'on y trouve de bonnes gens.— Votre ami aime-t-il à voyager en Hollande? Il n'aime pas à y voyager, parce qu'il y fait mauvais vivre.—Aimez-vous à voyager en Italie? J'aime à y voyager, parce qu'il y fait bon vivre, et qu'on y trouve de bonnes gens; mais les chemins n'y sont pas très-bons.—Les anglais aiment-ils à voyager en Espagne? Ils aiment à y voyager; mais il y trouvent les chemins trop mauvais.—Quel temps fait-il? Il fait très-mauvais temps.— Fait-il du vent? Il fait beaucoup de vent.—A-t-il fait de l'orage hier? Il a fait beaucoup d'orage.—Allez-vous au marché ce matin? J'y vais, s'il ne fait pas d'orage.—Comptez-vous aller en France cette année? Je compte y aller, s'il ne fait pas trop mauvais temps.—Aimez-vous à aller à pied? Je n'aime pas à aller à pied, mais j'aime à aller en voiture, quand je voyage.—Voulez-vous aller à pied? Je ne puis aller à pied, parce que je suis fatigué.

Quel temps fait-il ? Il fait du tonnerre. Fait-il du soleil ? Il ne fait pas de soleil ; il fait du brouillard. Entendez-vous le tonnerre ? Il gronde. Oui, je l'entends, il gronde beaucoup.—Fait-il beau ? Il fait beaucoup de vent et le tonnerre gronde beaucoup.—Que faites-vous le soir ? Je travaille aussitôt que j'ai soupé.—Et que faites-vous ensuite ? Ensuite je dors.—Quand buvez-vous ? Je bois aussitôt que j'ai mangé.—Quand dormez-vous ? Je dors aussitôt que j'ai soupé.—Avez-vous parlé au marchand ? Je lui ai parlé.—Qu'a-t-il dit ? Il est parti sans rien dire.—Pouvez-vous travailler sans parler ? Je peux travailler, mais non pas étudier le français sans parler.—Veux-tu aller chercher du vin ? Je ne peux pas aller chercher de vin sans argent.—Avez-vous acheté des chevaux ? Je n'achète pas sans argent.—Votre père est-il enfin arrivé ? Il est arrivé.—Quand est-il arrivé ? Ce matin à quatre heures.—Votre cousin est-il enfin parti ? Il n'est pas encore parti.—Avez-vous enfin trouvé un bon maître ? J'en ai enfin trouvé un.—Apprenez-vous enfin l'allemand ? Je l'apprends enfin.—Pourquoi ne l'avez-vous pas déjà appris ? Parce que je n'ai pas pu trouver un bon maître.

43me. Quarante-troisième Thême. 1ère Section.

Ah ! here you are at last ! I have been waiting long for you. I am sorry I made you wait ; but I could not come sooner. Is any one sick at your house ? No, but ... No matter. Let us speak of your new horse. Are you pleased with it? I am not much pleased with it. Why so ? It is a good and fast horse, but it is so big, so big that I look like a child when I am on it. Have you already tried it? Yes, twice. Is it difficult to mount ? No, not at all.—Joseph, Joseph ! I am called. I think it is my uncle who wants me. Go then. Adieu. Wait. I want to ask you something. What ? Will you come back this evening ? This evening ? I believe not. I am very busy. But, come yourself to see me. And why ? If you are so busy we can neither talk nor play together. You are right ; but I must go. Adieu, till we meet again. Good-by.

Qui allume votre feu ? Notre domestique l'allume. L'allume-t-il bien ? Il se brûle quelquefois. Fait-il votre café ? Oui, et il le fait excellent.—Vous avez été en Angleterre, n'est-ce pas ? Oui, j'y ai été. Et en Irlande aussi ? Non, je n'ai pas voulu y aller. Avez-vous eu peur d'y aller ? Oui, un peu. Comment y vit-on ? Comme cela. Pas si bien qu'en Angleterre et en France.—Où fait-il plus cher vivre, à Paris ou à Londres ? Il fait plus cher vivre à Paris ; non, je veux dire à Londres.—Méprise-t-on les paresseux et les méchants ? Oui, on les méprise.—Qu'est-ce qui est estimé ? Le mérite l'est.—Les élèves aiment-ils ou haïssent-ils leurs maîtres ? Les uns les aiment et les estiment ; les autres les haïssent. Le studieux est généralement estimé, n'est-ce pas ? Oui, il l'est par (de) tout le monde. Les parents punissent-ils leurs mauvais enfants ? Oui, ils le font, quand ceux-ci font quelque chose de mal.

Vous voyez-vous dans ce petit miroir ? Je m'y vois. Vos amis peuvent-ils se voir dans ce grand miroir ? Ils peuvent s'y voir.—Pourquoi votre frère n'allume-t-il pas le feu ? Il ne l'allume pas, parce qu'il a peur de se brûler.—Pourquoi ne coupez-vous pas votre pain ? Je ne le coupe pas, parce que j'ai peur de me couper le doigt.—Avez-vous mal au doigt ? J'ai mal au doigt et au pied.—Voulez-vous vous chauffer ? Je veux me chauffer, parce que j'ai grand froid.—Pourquoi cet homme ne se chauffe-t-il pas ? Parce qu'il n'a pas froid.—Vos voisins se chauffent-ils ? Ils se chauffent, parce qu'ils ont froid.—À quoi vous amusez-vous ? Je m'amuse de mon mieux.—À quoi vos enfants s'amusent-ils ? Ils s'amusent à étudier, à écrire et à jouer.—À quoi votre cousin s'amuse-t-il ? Il s'amuse à lire de bons livres et à écrire à ses amis.—À quoi vous amusez-vous, quand vous n'avez rien à faire à la maison ? Je vais au spectacle et au concert. Je dis souvent : "Chacun s'amuse comme il veut."—Chacun a son goût ; quel est le vôtre ? Le mien est d'étudier, de lire un bon livre, d'aller au théâtre, au concert, au bal, et de monter à cheval. Le sien, est de ne rien faire. Le leur, est d'avoir de beaux chiens.

EXERCISE XLIII.

43me. Quarante-troisième Thème. 2de Section.

You look warm: take a glass of syrup. Have you mineral water here? No, we have none; but we may send for some, or rather, let us go and each take a glass at the apothecary's, at the corner. Willingly. Let us go. Come also, Frederick, will you not? No, I am not thirsty, but I am hungry. So, when you return bring me one or two cakes. Where can we buy any? You may find some at the cakeshop. Is it at the corner? No, it is in the middle of the square (*street*). On which side? On this side. Have you never bought anything there? No, I never buy cakes. Why so? Don't you like them? Yes, I like them much, on the contrary, but I am not often hungry before dinner. Before you go lend me your penknife. To do what? (*What for?*) To cut my nails with it. Don't you cut your nails with scissors? No, I cannot cut my nails with scissors. Have you not got a penknife? Yes, I have one, here it is; but it is not sharp enough to cut my nails.

Vous coupez-vous les cheveux? Je me coupe les cheveux (*me les coupe*).—Votre ami se coupe-t-il les cheveux? Il se coupe les ongles mais non pas les cheveux.—Pourquoi cet homme s'arrache-t-il les cheveux? Est-il fou? Oui, il l'est.—Pourquoi votre cousin ne brosse-t-il pas son habit? Il ne le brosse pas, parce qu'il a peur de se salir les doigts.—Mon voisin, que vous dit-il? Il me dit que vous voulez acheter son cheval; mais je sais qu'il se trompe, parce que vous n'avez pas d'argent pour l'acheter.—Que dit-on au marché? On dit que l'ennemi est battu.—Croyez-vous cela? Je le crois, parce que tout le monde le dit.—Pourquoi avez-vous acheté ce livre? Je l'ai acheté parce que j'en ai besoin pour apprendre le français, et parce que tout le monde en parle et le loue.—Vos amis s'en vont-ils? Ils s'en vont.—Quand s'en vont-ils? Ils s'en vont demain.—Quand vous en allez-vous? Nous nous en allons aujourd'hui.—Est-ce que je m'en vais? Vous vous en allez, si vous voulez.—Nos voisins que disent-ils? Ils s'en vont sans rien dire.—Comment trouvez-vous ce vin? Je ne le trouve pas bon.

Qu'avez-vous? J'ai envie de dormir.—Votre ami a-t-il envie de dormir? Il n'a pas envie de dormir, mais il a froid.—Pourquoi ne se chauffe-t-il pas? Il n'a pas de bois pour faire du feu. —Pourquoi n'achète-t-il pas de bois? Il n'a pas d'argent pour en acheter.—Voulez-vous lui en prêter? S'il n'en a pas, je veux lui en prêter.—Avez-vous soif? Je n'ai pas soif, mais j'ai grand' faim.—Votre domestique a-t-il sommeil? Il a sommeil. —A-t-il faim? Il a faim.—Pourquoi ne mange-t-il pas? Parce qu'il n'a rien à manger.—Vos enfants ont-ils faim? Ils ont faim, mais ils n'ont rien à manger.—Ont-ils quelque chose à boire? Ils n'ont rien à boire.—Pourquoi ne mangez-vous pas? Je ne mange pas, quand je n'ai pas faim.—Pourquoi le Russe ne boit-il pas? Il ne boit pas, quand il n'a pas soif.—Votre frère a-t-il mangé quelque chose hier au soir? Il a mangé un morceau de bœuf, un petit morceau de poulet, et un morceau de pain.—N'a-t-il pas bu? Il a bu aussi.—Qu'a-t-il bu? Il a bu un verre de vin et d'eau, et du sirop et de l'eau.

44me. Quarante-quatrième Thême. 1ère Section.

I have not seen George this morning, where is he? He is gone to the dentist's. Why? Has he the toothache? Yes, he had it all night. Is he going to have a tooth extracted? Yes, if the dentist will pull it. Does he not always pull out a tooth when one wishes it? No, I assure you. Why not? Because, sometimes it is not necessary. Have you ever had a tooth pulled out yet? No, never yet.—What did the gardener tell you? That one of his small trees has been pulled out. Indeed! Who can have pulled it out? He knows nothing about it.— I forgot to return your penknife to you (*give you back*); but here it is, here, take it. Thank you. It is I that thank you. What is the matter with your finger? I cut myself. What with? (§ 92, 481—536). With one of the cook's knives. What did you put on? Nothing yet. Are you going to put nothing on? Yes, I am—a little cologne water and a rag.

Vous êtes-vous coupé les cheveux? Je ne me les suis pas

coupés, mais je me les suis fait couper.—Cet enfant qu'a-t-il fait? Il s'est coupé le pied.—Pourquoi lui a-t-on donné un couteau? On lui a donné un couteau pour se couper les ongles, et il s'est coupé le doigt et le pied.—Vous couchez-vous de bonne heure? Je me couche tard, car je ne peux pas dormir quand je me couche de bonne heure.—À quelle heure vous êtes-vous couché hier? Hier j'ai été me coucher à onze heures et un quart.—À quelle heure vos enfants vont-ils se coucher? Ils se couchent au coucher du soleil.—Se lèvent-ils de bonne heure? Ils se lèvent au lever du soleil.—À quelle heure vous êtes-vous levé aujourd'hui? Aujourd'hui je me suis levé tard, parce que je me suis couché tard hier au soir.

Votre fils se lève-t-il tard? Il se lève de bonne heure, car il ne se couche jamais tard.—Que fait-il quand il se lève? Il étudie, puis il déjeune.—Ne sort-il pas avant de déjeuner? Non, il étudie et déjeune avant de sortir.—Que fait-il après avoir déjeuné? Aussitôt qu'il a déjeuné il vient chez moi, et nous allons nous promener à cheval.—T'es-tu levé ce matin d'aussi bonne heure que moi? Je me suis levé de meilleure heure que vous, car je me suis levé avant le lever du soleil. Allez-vous souvent vous promener? Je vais me promener, quand je n'ai rien à faire à la maison.—Voulez-vous vous promener? Je ne puis me promener, car j'ai trop à faire.—Votre frère s'est-il promené à cheval? Il s'est promené en carrosse.—Vos enfants vont-ils souvent se promener? Ils vont se promener tous les matins après le déjeuner.—Allez-vous vous promener après le dîner? Après le dîner je prends le thé, puis je me promène.

44me. Quarante-quatrième Thême. 2de Section.

Who is that child whom you praise so much? It is Albert, the youngest son of our grocer. Don't you know him? No, I do not. Have you never seen him in the grocery store? May be I have. But why did you praise him so much? He was praised for having studied well. But he merely did his duty. Must he be praised for that? To be sure. I did not think that necessary. When he is praised he studies better. That is different. Why has that other child been punished? Why are children generally punished? Because they are idle and lazy. That is the very reason that other one was punished. And this one? Has he been rewarded? He has, because he worked well. What must one do not to be despised? (43^a, and p. 535—7.) One must be studious, diligent and good. Ah! Louis, you have had your hair cut, you have put on a new coat, a pretty black satin vest, you look like another boy. I hardly recognised you. What do you think of my new coat? I think it is beautiful (*superb*).

Qu'avez-vous fait de votre argent? J'en ai acheté un livre.—Le menuisier qu'a-t-il fait de son bois? Il en a fait un banc.—Le tailleur qu'a-t-il fait du drap que vous lui avez donné? Il en a fait des habits pour vos enfants et les miens.—Cet homme vous a-t-il fait mal? Non, Monsieur, il ne m'a pas fait mal.—Que faut-il faire pour être aimé? Il faut faire du bien à ceux qui nous ont fait du mal.—Vous avons-nous jamais fait du mal? Non; vous nous avez au contraire fait du bien.—Faites-vous du mal à quelqu'un? Je ne fais de mal à personne.—Pourquoi avez-vous fait du mal à ces enfants? Je ne leur ai pas fait de mal. Vous ai-je fait mal? Vous ne m'avez pas fait de mal, mais vos garçons m'en ont fait.—Que vous ont-ils fait? Ils m'ont battu.—Est-ce votre frère qui a fait mal à mon fils? Non, Monsieur, ce n'est pas mon frère, car il n'a jamais fait de mal à personne.

Avez-vous bu ce vin? Je l'ai bu.—Comment l'avez-vous trouvé? Je l'ai trouvé très-bon.—Vous a-t-il fait du bien? Il m'a fait du bien.—Vous êtes-vous fait mal? Je ne me suis pas fait mal.—Qui s'est fait mal? Mon frère s'est fait mal, car il s'est coupé le doigt.—Est-il encore malade? Il est mieux.—Je me réjouis d'apprendre qu'il n'est plus malade, car je l'aime.—Pourquoi votre cousin s'arrache-t-il les cheveux? Parce qu'il ne peut pas payer ce qu'il doit.—Votre père s'est-il réjoui de vous voir? Il s'est réjoui de me voir.—De quoi vous êtes-vous réjoui? Je me suis réjoui de voir mes bons amis.—De quoi votre oncle s'est-il réjoui? Il s'est réjoui du cheval que vous lui avez envoyé.—De quoi vos enfants se sont-ils réjouis? Ils se sont réjouis des beaux habits que je leur ai fait faire.

44me. Quarante-quatrième Thème. 3me Section.

Do you often take your children walking? I do every morning and evening when the weather permits it. That is to say, when the weather is fine. No; but when it is not too bad. Do you take them a walking when it is cloudy or damp? Of course. And when it rains? Yes, if it does not rain a great deal. When the thunder roars? Yes, even when the thunder roars, if it does not rain. Are you going to take them a walking this evening? No, it is too windy and rainy. Do you not hear the noise (*roaring*) of the wind? Yes, I do. And the noise of the rain on the house? Yes, I hear it, also. No one can walk with pleasure during a storm like that. You are right; I think as you do.—Do you believe that little boy with black hair? Yes, he is a good little boy, but that other one is a great story-teller. Does he know when he lies? (*tells a story?*) Indeed, I think not.—Why do you not come in? Are you afraid of being bitten by our little white dog? Does he bite as well as he barks? He barks a great deal, but he does not bite.

Qu'est devenu votre ami? Il s'est fait avocat.—Qu'est devenu votre cousin? Il s'est enrôlé.—Votre voisin s'est-il enrôlé? Il ne s'est pas enrôlé.—Qu'est-il devenu? Il s'est fait marchand.—Ses enfants que sont-ils devenus? Ses enfants sont devenus hommes.—Votre fils qu'est-il devenu? Il est devenu grand homme.—Est-il devenu savant? Il est devenu savant.—Mon livre qu'est-il devenu? Je ne sais pas ce qu'il est devenu. L'avez-vous déchiré? Je ne l'ai pas déchiré.—Qu'est devenu le fils de notre ami? Je ne sais pas ce qu'il est devenu. Est-il en Angleterre ou en Italie? Je ne peux vous le dire. Je crois que son père ne sait pas ce qu'il est devenu.—Avec qui est-il allé voyager? Il y est allé avec son cousin. Sait-on ce qu'est devenu le dernier? Oh! oui; il est revenu et il étudie pour être docteur. C'est extraordinaire.—Pourquoi cet homme se réjouit-il tant? Parce qu'il se flatte d'avoir de bons amis.—N'a-t-il pas raison de se réjouir? Il a tort, car il n'a que des ennemis.—N'est-il pas aimé? On le flatte, mais on ne l'aime pas.—Vous flattez-vous de savoir le français? Je me flatte de le savoir; car je sais le parler, le lire et l'écrire.—Le médecin a-t-il fait mal à votre enfant? Il lui a coupé le doigt, mais il ne lui a pas fait de mal, et vous vous trompez, si vous croyez qu'il lui a fait mal.—Pourquoi écoutez-vous cet homme? Je l'écoute, mais je ne le crois pas; car je sais que c'est un menteur.—Comment savez-vous que c'est un menteur? Il ne croit pas en Dieu; et tous ceux qui ne croient pas en Dieu sont des menteurs.

45me. *Quarante-cinquième Thême.* 1re *Section.*

How bad the weather is to-day! It pours, it lightens, the thunder roars... Does it not hail, too? I thought so a minute ago. Is it not better to have (get) the shutters shut? (*Had we not better?*) I think we had better have them shut. For if it hails again, the hail (stones) may break our panes of glass. Tell Solomon to come and (p. 512—12) shut the shutters. Where is Solomon? Call him if you cannot find him. What is that noise? Is it not the hail coming against the panes? Solomon, shut those shutters quickly. Is there not a pane broken? No, Sir, I see none broken. Here is a shutter shut. Shut the other quickly, for I fear for our panes of glass.

Avez-vous vu le Monsieur dont j'ai reçu un présent? Je ne l'ai pas vu.—Avez-vous vu le beau fusil dont je vous ai parlé? Je l'ai vu.—Votre oncle a-t-il vu les livres dont vous lui avez parlé? Il les a vus.—As-tu vu l'homme dont les enfants ont été punis? Je ne l'ai pas vu.—À qui avez-vous parlé au théâtre? J'ai parlé à l'homme dont le frère a tué mon beau chien. —Avez-vous vu le petit garçon dont le père s'est fait avocat? Je l'ai vu.—Qui avez-vous vu au bal? J'y ai vu les fermiers dont vous avez acheté les chevaux, et les hommes dont vous avez eu envie d'acheter le carrosse.—Qui voyez-vous à présent ? Je vois l'homme dont le domestique a cassé mon miroir et mes deux carreaux de vitre.—Avez-vous entendu l'homme dont l'ami m'a prêté de l'argent anglais ? Je ne l'ai pas entendu.— Qui avez-vous entendu ? J'ai entendu le capitaine français dont le fils est mon ami.

As-tu brossé l'habit dont je t'ai parlé ? Je ne l'ai pas encore brossé.—Avez-vous reçu l'argent dont vous avez eu besoin ? Je l'ai reçu.—Ai-je le papier brun dont j'ai besoin ? Vous l'avez.— Votre frère a-t-il les livres italiens dont il a besoin ? Il les a. —Avez-vous parlé aux marchands, dont nous avons pris le magasin ? Nous leur avons parlé.—Avez-vous parlé au médecin dont le fils a étudié l'allemand ? Je lui ai parlé.—As-tu vu les pauvres hommes dont les magasins ont été brûlés ? Je les ai vus.—Avez-vous lu les livres que nous vous avons prêtés ? Nous les avons lus. Qu'en dites-vous ? Nous disons qu'ils sont très-beaux.—Donnez-vous quelque chose aux enfants qui sont paresseux ? Nous ne leur donnons rien.—A-t-il neigé hier ? Oui, il a grêlé, fait des éclairs et neigé hier soir et toute la nuit. J'en suis bien fâché. Pourquoi ? Parce qu'il va faire mauvais marcher pendant quelques jours. N'est-ce pas ?

45me. Quarante-cinquième Thême. 2de Section.

You hold your hat? (Do not hold your hat.) Put it on. No, thank you. Then give it to me, I am going to put it on the hat-stand. You are very kind. There it is on an arm-chair. Well, what do you think of the picture of which we spoke yesterday morning, and which you doubtless saw yesterday afternoon? I am sorry to tell you that I have not yet seen it. Is it possible? Yesterday I was very busy, so that I could not (p. 508—4) see it. Say that you would not see it. No, you are mistaken, you are wrong to believe that. For, I assure you, that I have a great wish (*desire*) to see it. Are you still very busy? Yes, and in a great hurry, because my vessel is going to sail (*depart*) in a day or two. However, I will try to see the picture we spoke of. As you are in a hurry, I am going away. Adieu, until we meet again. I present my respects to you.

Avez-vous enfin appris le français? J'ai été malade, de sorte que je n'ai pas pu l'apprendre.—Votre frère l'a-t-il appris? Il ne l'a pas appris, parce qu'il n'a pas encore pu trouver un bon maître.—Allez-vous au bal ce soir? J'ai mal aux pieds, de sorte que je ne puis y aller.—Avez-vous compris cet Allemand? Je ne sais pas l'allemand, de sorte que je n'ai pas pu le comprendre.—Avez-vous acheté le cheval dont vous m'avez parlé? Je n'ai pas d'argent, de sorte que je n'ai pas pu l'acheter.—Vos enfants ont-ils ce dont ils ont besoin? Ils ont ce dont ils ont besoin.—De quel homme parlez-vous? Je parle de celui dont le frère s'est enrôlé.—De quels enfants avez-vous parlé? J'ai parlé de ceux dont les parents sont savants.—Quel livre nouveau avez-vous lu? J'ai lu celui dont je vous ai parlé hier.—Quel papier votre cousin a-t-il? Il a celui dont il a besoin.—Quels poissons a-t-il mangés? Il a mangé ceux que vous n'aimez pas.

De quels livres avez-vous besoin? J'ai besoin de ceux dont vous m'avez parlé.—Avez-vous besoin de ceux que je lis? Je n'en ai pas besoin.—Voyez-vous les enfants à qui j'ai donné des gâteaux? Je ne vois pas ceux à qui vous avez donné des gâteaux, mais ceux que vous avez punis.—À qui avez-vous donné de l'argent français? J'en ai donné à ceux qui ont été habiles.—À quels enfants doit-on faire des présents? On doit en faire à ceux qui sont sages et obéissants.—À qui donnez-vous à manger et à boire? À ceux qui ont faim et soif. Les capitaines ont-ils enfin écouté cet homme? Ils ont refusé de l'écouter; tous ceux à qui il s'est adressé ont refusé de l'entendre.—Qui avez-vous rencontré ce matin? J'ai rencontré l'homme dont je suis estimé.—Avez-vous donné des gâteaux à vos élèves? Ils n'ont pas bien étudié, de sorte que je ne leur ai rien donné. Vous avez bien fait.

EXERCISE XLVI.

46me. Quarante-sixième Thème.   1ère Section.

How do you form the future tense of verbs in French? (is the future tense of French verbs formed?) Must I answer you in French? Doubtless. Can I do it? Try. Do I know all the words necessary for that? I believe you do. I am going to (*will*) try. Wait or stop. Do you know the French of *final?* I am not certain about the French of *final*. Is it the same as the English? Yes, it is the same. You know how to translate *changing*, don't you? It is *changeant*. That's it (*that's right*). Begin. I am going to (*will*) repeat the question. I think that *répéter* is *to repeat*, is it not? Yes, that's the very thing. How do you form the future tense of French verbs? By changing (p. 528—4) the final *r* of the 1st and 2d conjugations, the *oir* of the 4th, no, I am mistaken, I mean of the 3d, and the *re* of the 4th, into *rai*. That's it. Can you tell me the future tense of *former?* Yes; it is *formerai*. What is that of *devoir?* It is *devoirai*. No, you are mistaken. Here, you must change *oir* into *rai:* then it is *devrai*. Very well. When you have the first person (*personne;* fem. noun), can you form the others? Yes, for the future tense always ends in *rai, ras, ra, rons, rez, ront*.

Aurez-vous des livres? J'en aurai.—Qui vous en donnera? Mon oncle m'en donnera.—Quand votre cousin aura-t-il de l'argent? Il en aura le mois prochain.—Combien d'argent aurez-vous? J'aurai trente-cinq francs.—Qui aura de bons amis? Les anglais en auront.—Votre père sera-t-il chez lui ce soir? Il y sera.—Y serez-vous? J'y serai aussi.—Votre oncle sortira-t-il aujourd'hui? Il sortira, s'il fait beau temps.—Sortirez-vous? Je sortirai, s'il ne pleut pas.—Aimerez-vous mon fils? Je l'aimerai, s'il est sage.—Paierez-vous votre cordonnier? Je le paierai, si je reçois mon argent.—Aimerez-vous mes enfants? S'ils sont sages et assidus je les aimerai; mais s'ils sont paresseux et méchants je les mépriserai et je les punirai.—Ai-je raison de parler ainsi? Vous n'avez pas tort.—Votre ami écrit-il encore? Il écrit encore.—N'avez-vous pas fini de parler? J'aurai bientôt fini.—Nos amis ont-ils fini de lire ? Ils auront bientôt fini.—Quand m'enverrez-vous l'argent que vous me devez ? Je vous l'enverrai bientôt.—Vos frères m'enverront-ils les livres que je leur ai prêtés ? Ils vous les enverront.—Quand me les enverront-ils ? Ils vous les enverront le mois prochain.

46me. *Quarante-sixième Thème.* 2de Section.

Are you going (do you go) to Washington to-day ? No, I have no time to go there to-day. When shall you go ? I shall go on Thursday or Saturday next (p. 537—14). Shall you have time to come and see us ? Doubtless I shall. When will you come ? I'll go to-morrow. No, I am mistaken; the day after to-morrow. Indeed ? Yes, truly.—Shall you send some tobacco to France ? Yes, I will (send some there). What vessel will you send it in ? I'll send it by the same as Mr. Lippard. Will he send some there ? Yes, he will. Will he send much ? He will send all he has.—Who will keep the corner store ? I do not know who will keep it. Is it not to be kept by the small merchant ? (*Is it not the small merchant who will keep it ?*) He and his brothers will keep it. Will they keep dry goods ? They will keep only cloth. When will they open it ? They will open it in a fortnight. Are you not mistaken ? No, I assure you.—Will your cousins come soon ? They will not come before two weeks (*a couple of weeks*). Will your uncle come with them ? He will come if the captain does not. Do you think the captain will come ? He will come if he has not the gout.—When will you know your exercise ? I will know it in a quarter of an hour. Do you think you will know it so soon ? Yes, I will. Will Frederick know his ? He will. Will the new scholars know theirs ? They will know them. We shall all know them.

Le tailleur a-t-il fait mon habit ? Il ne l'a pas encore fait, mais il le fera bientôt.—Quand le fera-t-il ? Quand il aura le temps.—Quand ferez-vous vos thêmes ? Je les ferai quand j'aurai le temps.—Quand votre frère fera-t-il les siens ? Il les fera samedi prochain.—Viendras-tu chez moi? Je viendrai.—Quand viendras-tu? Je viendrai vendredi prochain.—Quand avez-vous vu mon oncle? Je l'ai vu dimanche dernier.—Vos cousins iront-ils au bal mardi prochain? Ils iront.—Viendrez-vous à mon concert? J'y viendrai, si je ne suis pas malade.—Pourrez-vous me payer ce que vous me devez? Je ne pourrai pas vous le payer, car j'ai perdu tout mon argent.—L'Américain pourra-t-il payer ses souliers? Il a perdu son portefeuille, de sorte qu'il ne pourra pas les payer.—Faudra-t-il envoyer chercher le médecin? Personne n'est malade, de sorte qu'il ne faudra pas l'envoyer chercher.—Faudra-t-il aller au marché demain? Il faudra y aller, car il nous faut du bœuf, du pain et du vin.—Verrez-vous votre père aujourd'hui? Je le verrai.—Où sera-t-il? Il sera à son comptoir.—Irez-vous au bal ce soir? Je n'irai pas, car je suis trop malade pour y aller.—Votre ami ira-t-il? Il ira, si vous y allez.

46me. Quarante-sixième Thême. 3me Section.

If I come on Saturday next, will your son come? He will come when you shall come (*you do*). Will he do what I shall do? He will do what he can (*will be able*). Will they go where you please? No, they will not go where I please, but where they please. When will you gather my *bouquet?* (nosegay?) I will gather it when and where you please. Will you also gather one for Emma? I will also gather one for her as soon as you will tell me. Will he acquire honor if he does his duty? He will acquire some as soon as he will do what he has to do. Will you run if I do? Yes, I will run when you do, or as soon as you have run.—How is the old soldier? He is very sick. Is it thought he will die? (Do they think he . . . ?) Yes, they think he will. And the sailor? He is better, they hope he will not die (lose his life).—What will those scholars acquire? They will acquire honor.—Will this young horse be worth two hundred dollars when he is (it is) four years old? I think it will be worth more than that. Indeed! (Do you!)

Le fermier cueillera-t-il son grain aujourd'hui ? Non, il ne le cueillera que demain ou après-demain. Sera-t-il prêt alors ? Il sera prêt. Il sera prêt, nous serons prêts et nos amis seront prêts aussi.—Où nos jeunes voisins iront-ils ? Ils n'iront nulle part ; ils resteront à la maison (*chez eux*), car, ils auront beaucoup à faire. Qu'auront-ils à faire ? Ils auront à couper leur grain et à le mettre dans leur grenier. Vous perdrez votre argent, si vous ne tenez pas votre portefeuille fermé.—Votre cousin tiendra-t-il un magasin d'apothicaire ? Il en tiendra un. Où prendra-t-il un magasin ? Il en prendra un près du musée. Pourra-t-il y en trouver un ? Il l'espère. Quand viendra-t-il ? Il viendra quand son père lui donnera les deux mille dollars qu'il lui a promis. Les lui donnera-t-il bientôt ? Ils les recevra dans quelques jours. Recevra-t-il de l'argent de vous ? Oui, je lui en prêterai. Vous repaiera-t-il ? Il le fera (*me repaiera*), car il est diligent, assidu, et il fera, sans doute, son devoir. J'espère que vous ne vous trompez pas.

47me. Quarante-septième Thême. 1ère Section.

I have found some (*I found*) gloves. Whom do they belong to? Are they kid gloves? Yes, they are. Then they belong to me. Give them to me. Wait a little, if you please. Are they white, yellow, green or blue? Mine are rather brown than yellow. Here they are, then. They belong to you. I thank you. You are welcome.—Did you buy anything? Yes. What suited you? This suited me, and that will suit brother. Will that suit him? Yes, I am sure it will.—Has the lawyer's cousin been to the museum with your friends? It did not suit him to go, so that he has refused to go with them. Do you succeed in doing your duty every day? I frequently succeed in it. Has the joiner succeeded in mending your desk? Yes, he did, immediately. Did he succeed in mending the secretary? No, he did not succeed. Did he succeed better with the armchair? Yes, he did, perfectly.—Who cleaned your satin vest? Our new servant did. Did he not succeed well? Yes, indeed, did he! Are your shoes cleaned? They are. I am mistaken. They have been taken to be cleaned.

À qui ce cheval appartient-il? Il appartient au capitaine anglais dont le fils vous a écrit un billet.—Cet argent vous appartient-il? Il m'appartient.—De qui l'avez-vous reçu? Je l'ai reçu des hommes dont vous avez vu les enfants.—À qui sont ces chevaux? Ce sont les nôtres.—Avez-vous dit à votre frère que je l'attends ici? J'ai oublié de le lui dire.—Est-ce votre père ou le mien qui est allé à Berlin? C'est le mien.—M'avez-vous apporté le livre que vous m'avez promis? Je l'ai oublié.—Votre oncle vous a-t-il apporté les portefeuilles qu'il vous a promis? Il a oublié de me les apporter.—Avez-vous déjà écrit à votre ami? Je n'ai pas encore eu le temps de lui écrire.—Avez-vous oublié d'écrire à votre parent? Je n'ai pas oublié de lui écrire.—Ce drap vous convient-il? Il ne me convient pas; n'en avez-vous pas d'autre? J'en ai d'autre; mais il est plus cher que celui-ci.—Voulez-vous me le montrer? Je vais vous le montrer.—Ces souliers conviennent-ils à votre oncle? Ils ne lui conviennent pas, parce qu'ils sont trop chers.—Sont-ce les souliers dont vous nous avez parlé? Ce sont les mêmes.—À qui sont ces souliers? Ils appartiennent au gentilhomme que vous avez vu ce matin dans mon magasin.

47me. Quarante-septième Thème. 2de Section.

When you are in Europe will you go to Germany? I believe I will; at least I have a great desire to travel there. Will you travel on foot there? No, it does not suit me to travel on foot; so that I shall go in a carriage. In a carriage or a *diligence* (stage coach?) Sometimes in a carriage, sometimes in the public coach. Do you think you will like travelling in Germany as well as in Italy? I do not know anything about it.—The merchant you know in Amsterdam, has he much credit? Yes, he is one of the first merchants of the city. How is he called? (*What is his name?*) He is called ....—You have a coat that fits you well; have you had it made here? No, I did not get it made here. Where then? Nowhere. I bought it ready made. Why do you not say: *déjà fait?* for *already made?* Because the French don't use it. Truly, it fits you as well as can be.—I lent you my knife, did I not? Did you keep it? I have kept it, and I will keep it yet, for I shall want it presently.

Ce marchand vend-il à crédit? Il ne vend pas à crédit.—Vous convient-il d'acheter comptant? Il ne me convient pas.—Où avez-vous acheté ces jolis couteaux? Je les ai achetés chez le marchand dont vous avez vu le magasin hier.—Vous les a-t-il vendus à crédit? Il me les a vendus comptant.—Achetez-vous souvent comptant? Moins souvent que vous.—Avez-vous oublié quelque chose ici? Je n'ai rien oublié.—Y a-t-il du vin dans ce baril? Il y en a.—Y a-t-il du vinaigre dans ce verre? Il n'y en a pas.—Y a-t-il du vin ou du cidre dedans? Il n'y a ni vin ni cidre.—Qu'y a-t-il dedans? Il y a du vinaigre.

Y a-t-il des hommes dans votre magasin? Il y en a.—Y a-t-il quelqu'un dans le bureau? Il n'y a personne.—Y a-t-il eu beaucoup de monde au théâtre? Il y en a eu beaucoup.—Y aura-t-il beaucoup de monde à votre bal? Il y en aura beaucoup.—Est-ce qu'il y a beaucoup d'enfants qui ne veulent pas jouer? Il y en a beaucoup qui ne veulent pas étudier, mais tous veulent jouer.—As-tu nettoyé mon coffre? J'ai essayé de le faire, mais je n'ai pas réussi.—Comptez-vous acheter un parapluie? Je compte en acheter un, si le marchand me le vend à crédit.—Comptez-vous garder le mien? Je compte vous le rendre, si j'en achète un.—Avez-vous rendu les livres à mon frère? Je ne les lui ai pas encore rendus.

47me. *Quarante-septième Thême. 3me Section.*

Does the sun shine this morning? (*Is it sunny?*) Yes, it does (it is). Then I had better take my parasol, hadn't I? (*Had I not?*) Yes, you had better take it. Is it very sunny in England? No, the weather is almost always cloudy. Does it thunder often there? No, it does not much.—Are you afraid

of thunder? No; but the little white dog is afraid of it.—
What did you say? Do you not understand me? I do; but I
never saw a dog fear thunder. That one is afraid of it, I assure
you.—Are you pleased here? Yes, very much. You are
pleased to say so. (*You joke.*) No, truly, I am much pleased
here.—What do you think of the last work of C. D.? I do not
like it at all. You joke, for it pleases everybody. If it does, I
assure you that it does not please me.—What umbrella will you
have? It is this one I want. And which gloves must you
have? Those are the ones I wish for. What must your cousin
have? He has what he has need of. Then you may go (*away*).
We will go presently (are going to go. P. 90, N. 1). Good-bye,
till we meet again. I am going away, too. Good-bye, then.

Que vous plaît-il, M.? Je demande votre père. Est-il chez
lui? Non, M., il est sorti. Que dites-vous? (*Plaît-il?*) Je
vous dis qu'il est sorti. Voulez-vous vous asseoir et attendre
jusqu'à son retour? Quand l'attendez-vous? Quand reviendra-t-il? Je ne sais pas exactement. Il peut revenir dans un
quart d'heure ou moins; il peut ne revenir que pour dîner
C'est-à-dire entre deux et trois heures, je suppose. Non pas
entre deux et trois heures, comme vous supposez; mais entre
une et deux. N'importe. Je n'ai pas le temps d'attendre à
présent; de sorte que je ferai mieux de revenir (*repasser*).
Comme il vous plaira.—Quel nom lui donnerai-je? (dirai-je?)
Donnez-lui ce billet-ci; il y trouvera mon nom. Je le lui
donnerai. Bon jour.—Est-ce notre boulanger ou celui du
docteur qui vous a vendu du pain à crédit? C'est le nôtre.—
Est-ce là votre fils? Ce n'est pas le mien; c'est le fils du voisin
de mon ami. Où est le vôtre? Il est devenu *voyageur*. Il
est à présent à Paris. Non, je me trompe, à Bordeaux
Comptez-vous vendre votre habit? Je compte le garder, car
j'en ai besoin.—Au lieu de le garder, vous ferez mieux de le
vendre.—Vendez-vous vos chevaux? Je ne les vends pas.—
Au lieu de les garder, vous ferez mieux de les vendre.—Notre
ami garde-t-il son parasol? Il le garde, mais au lieu de le gar

der, il fera mieux de le vendre; car il est usé.—Votre fils déchire-t-il son livre? Il le déchire; mais il a tort de le faire, car au lieu de le déchirer, il fera mieux de le lire.

48*me*. *Quarante-huitième Thême.* 1*ère Section.*

Do you intend buying a horse? (to buy?) I cannot buy one, for I have not yet received my money.—Must I go to the theatre? You must not. It is not your turn to go, and the weather is bad.—Why do you not go to my brother's? It is not my turn to go to his house. Is it his turn to come and see you? Yes, it is his turn, and I will go to his house only when he shall have (*he has*) come to mine. As you please.—Which of these two pupils begins to speak? Is it the tallest or the smallest? (*the taller or smaller?*) The oldest or the youngest? (*the older or younger?*) It is not that which makes the difference. What then? He who is studious learns, and begins to speak. And what does the one who is not so? He learns how to read and translate a little; but not to speak, and he will never learn if he does not become more studious. I hope he will become so. I hope so too. (*So do I.*)

Vous en allez-vous déjà? Je ne m'en vais pas encore.—Quand cet homme s'en ira-il? Il s'en ira tout à l'heure.—Vous en irez-vous bientôt? Je m'en irai jeudi prochain.—Quand vos amis s'en iront-ils? Ils s'en iront le mois prochain.—Quand t'en iras-tu? Je m'en irai sur le champ.—Pourquoi votre père s'en est-il allé si tôt? Il a promis à son ami d'être chez lui à neuf heures moins un quart, de sorte qu'il s'en est allé de bonne heure pour tenir ce qu'il a promis.—Quand nous en irons-nous? Nous nous en irons demain.—Partirons-nous de bonne heure? Nous partirons à cinq heures du matin.—Quand vous en irez-vous? Je m'en irai aussitôt que j'aurai fini d'écrire.—Quand vos enfants s'en iront-ils? Ils s'en iront aussitôt qu'ils auront fait leurs thêmes.

Vous en irez-vous lorsque je m'en irai? Je m'en irai quand vous vous en irez.—Nos voisins s'en iront-ils bientôt? Ils s'en iront quand ils auront fini de parler.—Que deviendra votre fils, s'il n'étudie pas? S'il n'étudie pas il n'apprendra rien.—Que deviendrez-vous si vous perdez votre argent? Je ne sais pas ce que je deviendrai.—Votre ami, que deviendra-t-il s'il perd son portefeuille? Je ne sais pas ce qu'il deviendra, s'il le perd.— Votre fils qu'est-il devenu? Je ne sais pas ce qu'il est devenu. S'est-il enrôlé? Il ne s'est pas enrôlé.—Que deviendrons-nous si nos amis s'en vont? Je ne sais pas ce que nous deviendrons s'ils s'en vont.—Que sont devenus vos parents? Ils s'en sont allés.

48me. Quarante-huitième Thême. 2de Section.

How many times did the enemy fire at us? They did several times. Did they kill any one? They killed no one.—What did you do with my book? I put it behind the desk on your trunk.—Am I to answer you? You will answer me when your turn comes. Is it my brother's turn? When his turn comes I will ask him, for every one in his turn. Did you take a walk this morning? I went round the garden (took a turn in the...). Where is your uncle gone? He is gone to take a walk. Which way did he go? That way. You are mistaken; he went towards the bridge, did he not? Yes, he went the way he always goes to take a walk.—Why does that boy run so fast? He is afraid of that foreigner. Will the foreigner hurt him? Yes, he wishes to give him a kick, or a blow with his fist. Why so? What did the boy do to him? The little wicked fellow pulled his hair.—What runs behind us? Our dog runs behind us (*does*). Do you perceive the bird which is behind the tree? I do.

Votre garçon n'écoute-t-il pas ce que vous lui dites? Il ne l'écoute pas si je ne lui donne pas de coups. Pourquoi ces enfants ne travaillent-ils pas? Leur maître leur a donné des coups de poing, de sorte qu'ils ne veulent pas travailler.—Pourquoi leur a-t-il donné des coups de poing? Parce qu'ils ont été désobéissants.—Avez-vous tiré un coup de fusil? J'en ai tiré trois.—

Sur quoi avez-vous tiré? J'ai tiré sur un oiseau.—Avez-vous tiré un coup de fusil à cet homme? Je lui ai tiré un coup de pistolet. —Pourquoi lui avez-vous tiré un coup de pistolet? Parce qu'il m'a donné un coup de couteau.—Combien de coups avez-vous tirés sur cet oiseau? J'ai tiré deux coups sur lui.—L'avez-vous tué? Je l'ai tué au deuxième coup.

Avez-vous tué cet oiseau du premier coup? Je l'ai tué du quatrième.—Tirez-vous sur les oiseaux que vous voyez sur les arbres, ou sur ceux que vous voyez dans les jardins? Je ne tire ni sur ceux que je vois sur les arbres, ni sur ceux que je vois dans les jardins, mais sur ceux que j'aperçois sur le château derrière le bois.—Avez-vous envie de tirer sur cet oiseau? J'ai envie de tirer sur lui.—Pourquoi ne tirez-vous pas sur ces oiseaux? Je ne puis, car j'ai mal au doigt.—Quand le capitaine a-t-il tiré? Il a tiré quand ses soldats ont tiré.—Sur combien d'oiseaux avez-vous tiré? J'ai tiré sur tous ceux que j'ai aperçus, mais je n'en ai pas tué un, parce que mon fusil ne vaut rien.— Avez-vous jeté un coup d'œil sur cet homme? J'ai jeté un coup d'œil sur lui.—Vous a-t-il vu? Il ne m'a pas vu, car il a mal aux yeux.—Avez-vous bu de ce vin? J'en ai bu, et il m'a fait du bien.—Pourquoi vos élèves s'en sont-ils allés? Pourquoi se sont-ils enfuis, ainsi? Ils s'en sont allés et ils se sont enfuis si vite, parce qu'ils n'ont pas voulu être vus par l'homme dont ils ont tué le chien.

49me. Quarante-neuvième Thème. 1ère Section.

You have there some pretty books; how long have you had them? It is only three or four days. (*Only these 3 or 4 days.*) Is it long since you began to read them? No, only a few minutes ago. Is it since your cousin started? Yes, it is since that. How long has he been gone? It is not long since. When did you meet with my father? I met him a fortnight ago. Is it so long ago? I think it is. Are you not mistaken? It is not so long. No, I am not mistaken. It is exactly two weeks to-day that we met at the iron bridge.—Have you been long acquainted with this Swiss merchant? Which Swiss merchant? I do not know any. He says he knows you. He is mistaken.—Your son has been in Europe nearly these three months, has he not? (*It is nearly 3 months since your son is in Europe, is it not?*) Three months? Let me see. May, June. No, it is only two months. Has he written to you? Yes, several times. Whence? (*Where from?*) From Liverpool, first, afterwards from London, where he is now. Has he been there a fortnight? Yes, about two weeks.—Is he pleased with it? (*Does he enjoy himself there?*) He writes to me that he is much pleased with it. What does he think of Liverpool? He did not say much to me about it; he remained there only three or four days.

Avez-vous entendu parler de quelqu'un? Je n'ai entendu parler de personne, car je ne suis pas sorti ce matin.—N'avez-vous pas entendu parler de l'homme qui a tué un soldat? Je n'en ai pas entendu parler.—Avez-vous entendu parler de mes frères? Je n'en ai pas entendu parler.—De qui votre cousin a-t-il entendu parler? Il a entendu parler de son ami qui est allé en Amérique.—Y a-t-il long-temps qu'il en a entendu parler? Il n'y a pas long-temps qu'il en a entendu parler.—Combien y a-t-il? Il n'y a qu'un mois.—Y a-t-il long-temps que vous êtes à Paris? Il y a trois ans.—Y a-t-il long-temps que votre frère est à Londres? Il y a dix ans qu'il y est.—Combien de temps y a-t-il que vous avez dîné? Il y a long-temps que j'ai dîné, mais il n'y a pas long-temps que j'ai soupé.—Combien de temps y a-t-il que vous avez soupé? Il y a une demi-heure.—Combien y a-t-il que vous avez ces livres? Il y a trois mois que je les ai.—Combien y a-t-il que votre cousin est parti? Il y a plus d'un an qu'il est parti.

Qu'est devenu l'homme qui vous a prêté de l'argent? Je ne sais pas ce qu'il est devenu, car il y a très long-temps que je ne l'ai vu.—Y a-t-il long-temps que vous n'avez entendu parler du soldat qui a donné un coup de couteau à votre ami? Il y a plus d'un an que je n'en ai entendu parler.—Combien y a-t-il que vous apprenez le français? Il n'y a que cinq mois que je l'apprends.—Savez-vous déjà le parler? Vous voyez que je commence à le parler.—Y a-t-il long-temps que les enfants des gentilshommes anglais l'apprennent? Il y a trois ans qu'ils l'apprennent, et ils ne commencent pas encore à parler.—Pourquoi ne savent-ils pas le parler? Ils ne savent pas le parler, parce qu'ils l'apprennent mal.—Pourquoi ne l'apprennent-ils pas bien? Ils n'ont pas un bon maître, de sorte qu'ils ne l'apprennent pas bien.

49me. *Quarante-neuvième Thême.* 2de Section.

Is it long since you saw the young man who learned German at the teacher's with whom we learned it? I have not seen him for nearly a year.—How long is it since that child ate? It ate a few minutes ago. How long is it since those children drank? Which ones? Those little ones or the others? These big ones? Those! Oh! They drank a quarter of an hour ago. Are you not mistaken? No, I am not mistaken, I assure you; for I saw the young valet give milk to some and water to others. How long has your nephew been in Spain? In Spain? He is not there. I thought he was in Spain; where is he, then? He is in Baltimore. How long has he been there? These six months. It is, then, your cousin who is in Spain. Oh! that is different. He is there, that's true. How long has he been there? This month. Has he seen our minister there? He has seen him more than ten times. I am mistaken; I mean more than twenty times. He sees him almost every day. What have you just told me? They see each other! Yes, to be sure. I thought they were enemies. They are so no longer. I am delighted to hear it. Had you not my Italian journal yesterday afternoon? I had it then, but I have it no longer.

Quand avez-vous rencontré le neveu de l'avocat? Je viens de le rencontrer. Où venez-vous de le rencontrer? Je l'ai rencontré tout près d'ici. Qui avez-vous vu avec lui? Je l'ai vu seul. Vous a-t-il fait du mal? Il ne m'a pas fait de mal, car c'est un très-bon garçon. Où sont mes gants ? On les a jetés, car ils étaient tout-à-fait usés. Qui est l'homme qui vient de vous parler ? C'est un marchand.—Le cordonnier que vient-il d'apporter ? Il vient d'apporter les souliers qu'il nous a faits. —Qui sont les hommes qui viennent d'arriver ? Ce sont des Russes.—Où votre oncle a-t-il dîné hier ? Il a dîné à l'hotel.— Combien a-t-il dépensé ? Il a depensé cinq francs.—Combien a-t-il à dépenser par mois ? Il a deux cents francs par mois à dépenser. C'est à peu près quarante dollars, n'est-ce pas ? Oui, un peu moins. Jetez-vous votre chapeau ? Je ne le jette pas, car il me va très-bien.—Combien avez-vous dépensé aujourd'hui ? Je n'ai pas dépensé beaucoup ; je n'ai dépensé que deux francs. —Dépensez-vous tous les jours autant que cela ? Je dépense quelquefois plus que cela.—Y a-t-il long-temps que votre neveu attend ? Il ne fait que d'arriver.—Que veut-il ? Il veut vous parler.—Voulez-vous faire cela ? Je veux le faire.—Pourrez-vous le bien faire ? Je ferai de mon mieux.—Cet homme pourra-t-il faire cela ? Il pourra le faire, car il fera de son mieux.— Avez-vous mon cahier jaune ? Je l'avais ce matin, mais je ne l'ai plus. Je croyais que vous l'aviez encore. Vous vous êtes trompé.

49*me. Quarante-neuvième Thême. 3me Section.*

Have the shawls been found ? They have. Where were they found ? They were found behind the sofa, on this side of the desk. Were you seen by any one ? I was seen by nobody. I thought you had been seen by the new gardener. I thought I had not been seen. (28^2, Ob. 65—R. 3.)—Do you expect any one ? We expect only our cousin, the captain. Has he arrived ? Yes, he has just arrived. How long has he been here ? He has but just arrived. Send for me when he comes (505—4) ; don't fail ; (*do not forget ;*) do you hear ? Can you not wait for him ? He will be here before half an hour. I cannot, I am in a hurry now. Then I will send for you. If you please. Don't you fail ; do you hear (*mind you don't forget it*). No, no, depend upon it. I shall not fail (*forget it*). Did the king pass over the wire bridge? No, he passed before it What is that good-for-nothing fellow waiting for? I do not know what he is waiting for. Tell him to go away (*be off*). He is going away. Where is your nephew? See, there he is.

Le roi a-t-il passé par ici? Il n'a pas passé par ici, mais devant le théâtre.—N'a-t-il pas passé devant le château? Il y a passé, mais je ne l'ai pas vu.—À quoi passez-vous votre temps? Je passe mon temps à étudier.—À quoi votre frère passe-t-il son temps? Il passe son temps à lire et à jouer.—Cet homme passe-t-il son temps à travailler? C'est un vaurien; il passe son temps à boire et à jouer. À quoi vos enfants passent-ils leur temps? Ils passent leur temps à apprendre.—Pouvez-vous me payer ce que vous me devez? Je ne puis vous le payer, car le marchand a manqué de m'apporter mon argent.

Pourquoi avez-vous déjeuné sans moi? Vous avez manqué de venir à neuf heures, de sorte que nous avons déjeuné sans vous.—Le marchand vous a-t-il apporté les gants que vous avez achetés chez lui? Il a manqué de me les apporter.—Vous les a-t-il vendus à crédit? Il me les a, au contraire, vendus argent comptant.—Connaissez-vous ces hommes? Je ne les connais pas, mais je crois que ce sont des vauriens, car ils passent leur temps à jouer.—Pourquoi avez-vous manqué de venir chez mon père ce matin? Le tailleur ne m'a pas apporté l'habit qu'il m'avait promis, de sorte que je n'ai pas pu faire ce que j'avais promis.

50me. Cinquantième Thème. 1re Section.

Are you going anywhere? Why do you ask me that? Because I see you are ready to travel. You have everything requisite for that. Hat, gloves, umbrella, cloak. You are right. I am going to start for Providence. How far is it from here to Providence? There are about 250 miles. Is it farther from NewYork to Washington than from Philadelphia to Providence? It is not quite so far.—Whom are you afraid of? That wicked man who is running away. Are you not afraid of that big black dog? I do not fear it, it is not bad; it has never bitten anybody. Did it not bite the innkeeper? No, it did not hurt him.—What pleases you so much, my young nephew? That little dog. It is so obedient that it does all one wishes.—Had you not my dictionary this morning? Yes, I had, and I have it yet. Have you wanted it? No, not till now. If you want it, I will return it to you. Give it to me. Here it is.

Quelle distance y a-t-il de Paris à Londres? Il y a près de deux cents milles de Paris à Londres.—Y a-t-il loin d'ici à Berlin? Il y a loin.—Y a-t-il loin d'ici à Vienne? Il y a près de cent cinquante milles d'ici à Vienne.—Y a-t-il plus loin de Paris à Blois que d'Orléans à Paris? Il y a plus loin d'Orléans à Paris que de Paris à Blois. Quelle distance y a-t-il de Paris à Berlin? Il y a près de cent-trente milles de Paris à Berlin.—Comptez-vous aller bientôt à Paris? Je compte y aller bientôt.—Pourquoi voulez-vous y aller cette fois-ci? Pour y acheter de bons livres et de bons gants, et pour voir mes bons amis. Y a-t-il long-temps que vous n'y avez été? Il y a près d'un an que je n'y ai été.—N'allez-vous pas en Italie cette année? Je n'y vais pas, car il y a trop loin d'ici en Italie.

Qui sont les hommes qui viennent d'arriver? Ce sont des philosophes.—De quel pays sont-ils? Ils sont de Londres.—De quel pays êtes-vous? Je suis Espagnol, et mon ami est Italien.—Etes-vous de Tours? Non, je suis Parisien.—Combien d'argent vos enfants ont-ils dépensé aujourd'hui? Ils n'ont guère dépensé; ils n'ont dépensé qu'un écu.—Où avez-vous dîné hier? J'ai dîné chez l'aubergiste.—Avez-vous dépensé beaucoup? J'ai dépensé un écu et demi.—Le roi a-t-il passé par ici? Il n'a pas passé par ici, mais devant le théâtre.—L'avez-vous vu? Je l'ai vu.—Est-ce la première fois que vous l'avez vu? Ce n'est pas la première fois, car je l'ai vu plus de vingt fois.—Je croyais que vous l'aviez vu plusieurs fois, mais je ne croyais pas que vous l'aviez vu vingt fois.—Pourquoi votre domestique s'enfuit-il? Il a peur de ce bœuf.—Pourquoi vous enfuyez-vous? Je ne m'enfuis pas.

EXERCISE L.

50me. Cinquantième Thême. 2de Section.

Do you offer me this nosegay? (*bouquet?*) Yes, Miss, I do with all my heart. Does it please you? (*Are you pleased with it?*) It does (*I am*) much, and I thank you for your present. You are welcome. Did you offer one to Sophia? No, I did not. Will you offer her one to morrow? I will not fail to do it. Do not forget it, I pray you. (*Pray don't forget.*) No, you may depend I shall not fail to do it.—Have you my Dutch fan? No, I thought you had it yourself. I had it a little while ago, and I thought you had taken it. No, I have not had it. Ah! I see it; it is behind you. Here it is. Thank you. It is not worth mentioning.(*You are welcome*).—What has happened to Mr. Lenoir's nephew? Oh! not much. He has hurt his finger a little. Has nothing happened to you? To me? Nothing has happened to me.—What are you learning? I am learning this, and it is not difficult (*hard*). What news have you heard? (*Did you hear anything new?*) People talk of the cholera, of California; but that is not new.

De qui votre frère a-t-il entendu parler? Il a entendu parler d'un homme à qui il est arrivé un malheur.—Pourquoi vos écoliers n'ont-il pas fait leurs thêmes? Je vous assure qu'ils les ont faits, et vous vous trompez, si vous croyez qu'ils ne les ont pas faits.—Qu'avez-vous fait de mon livre? Je vous assure que je ne l'ai pas vu.—Votre fils a-t-il eu mes couteaux? Il m'assure qu'il ne les a pas eus.—Votre oncle est-il déjà arrivé? Il n'est pas encore arrivé.—Voulez-vous attendre jusqu'à son retour? Je ne puis attendre, car j'ai beaucoup à faire.—N'avez-vous rien appris de nouveau? Je n'ai rien appris de nouveau.—Le roi est-il arrivé? On dit qu'il est arrivé.—Que vous est-il arrivé? Il m'est arrivé un grand malheur.—Lequel? J'ai rencontré mon plus grand ennemi, qui m'a donné un coup de bâton.—Alors je vous plains de tout mon cœur.

Pourquoi plaignez-vous cet homme? Je le plains, parce que vous lui avez cassé le cou.—Pourquoi vous plaignez-vous de mon

ami ? Je me plains de lui, parce qu'il m'a occupé le doigt.—
Cet homme vous sert-il bien ? Il me sert bien, mais il dépense
trop.—Voulez-vous prendre ce domestique ? Je veux le prendre,
s'il veut me servir.—Est-ce que je peux prendre ce domestique-
là ? Vous pouvez le prendre, car il m'a très-bien servi.—Combien
y a-t-il qu'il est hors de votre service ? Il n'y a que deux mois.
Vous a-t-il servi long-temps ? Il m'a servi pendant six ans.—
M'offrez-vous quelque chose ? Je n'ai rien à vous offrir.—Mon
ami, que vous offre-t-il ? Il m'offre un livre.—Les Parisiens
vous ont-ils offert quelque chose ? Ils m'ont offert du vin, du
pain et de bon bœuf.

50me. Cinquantième Thême. 3me Section.

Some one has just gone away, has he not ? Yes, some one just
went out. Who has just gone out ? It is an Englishman who
has squandered all his wealth in France. Is he an Englishman ?
Yes, I assure you he is. I thought he was a German, or rather
a Dutchman. You made a mistake; for he is from Bristol, in
England.—Why does that youth run away ? He runs away
because he is afraid of being punished. By whom is he afraid of
being punished ? He is afraid of being punished by a relation of
his, because he has not been able to do his duty (*he could not* . . .)
—Whom do you intrust your money with ? I intrust the bank
with it, or I keep it myself.—Do not intrust that boy with anything, for he cannot keep a secret. I will not intrust him with
anything.—Who takes care of your birds ? I take care of them
myself. Who will take care of them when you are (46³, Ob.
106) at your uncle's ? Thomas has promised me he would take
care of them. (R. 3).—Leave my white gloves alone. (*Let my
white gloves be.*) You soil, you spoil them. Here ! there they
are.

Pourquoi plaignez-vous notre voisin ? Je le plains parce qu'il
a confié son argent à un marchand de Paris, et que celui-ci ne
le lui rendra pas.—Ne confiez rien à cet homme. Je ne lui
confie rien.—Vous a-t-il déjà trompé ? Je ne lui ai jamais rien

confié, de sorte qu'il ne m'a jamais trompé; mais on dit qu'il a trompé beaucoup de monde.—Voulez-vous confier votre argent à mon père? Je veux le lui confier.—Quel secret mon fils vous a-t-il confié? Je ne puis vous confier ce qu'il m'a confié, car il m'a prié d'en garder le secret.—À qui confiez-vous vos secrets? Je ne les confie à personne, de sorte que personne ne les sait.—Votre frère a-t-il été récompensé? Il a, au contraire, été puni; mais je vous prie d'en garder le secret, car personne ne le sait.—Que lui est-il arrivé? Je vous dirai ce qui lui est arrivé, si vous me promettez d'en garder le secret.—Me promettez-vous d'en garder le secret? Je vous le promets, car je le plains de tout mon cœur.—Voulez-vous prendre soin de mes habits? Je veux en prendre soin.—Prenez-vous soin du livre que je vous ai prêté? J'en prends soin; je l'ai serré dans mon pupitre.—Qui prendra soin de mon domestique? L'aubergiste en prendra soin.—Jetez-vous votre chapeau? Je ne le jette pas, car il me va à merveille.—Votre ami vend-il son habit? Il ne le vend pas, car il lui va extrêmement bien.—Qui a gâté mon livre? Personne ne l'a gâté, parce que personne n'a osé le toucher.—Ce petit garçon aux cheveux noirs ne l'a-t-il pas touché? Non, je l'ai empêché de le toucher. Empêchez-le de le toucher, car s'il le fait, il le salira et le gâtera.

Recapitulatory Exercises for the 50th Lesson.

Has the foreigner's dog a sore back? Yes, it has a sore back (*its back is sore*).—Has the butcher's young horse a sore back? No, but his old sheep has. Is he going to kill the sheep that has a sore back? No, he is not going to kill that one. Which one is he going to kill? He is going to kill the one whose foot is sore.—Whose back is sore? I do not know who has a sore back.—Is Miss Sarah's pretty little sheep in the garden? No, it is in her room.—What room are you going to take? I am going to take the one you have no longer. Do you like that room? No, but I like this one. Do you think it pretty? Yes, pretty enough. Don't you think it is too small? No, I think it large enough. What day are you going to take your apartment? We are going to take it on the 10th of this month (p. 537—14). Is not to-day the 8th? Yes, it is. Then you will take your room in two days. Yes, we will take it in two days.—Whom are you going to play with? I am going to play with the dentist's son. Where are you going to play with him? We are going to play in his father's work-shop. Will you come and play with us? With pleasure.—Who is in that room? The little boy whose elbow and knee are sore.—With whom are the physicians? They are with the children who have sore eyes.—Will you not come with us to see the wire bridge? Yes, I will.—Is that bedstead large enough for the room you take? The one we take is not very large.—Why do your little friends go to the consul's? They go to read the journals from France. What papers does he receive from France? He receives several. Does he receive as many as the President of council? He receives more than he. Does he read more than ten? He reads less than ten. He reads but four or five. Is it not enough? Yes, it is. I believe it is too much. I cannot read so many. How many (of them) do you read? I have time to read but one.—Does the butcher bring you what you buy in market? He does not bring it to me, but he sends me what I buy. Does he send it to you every morning? No, we go to market but every third day; on Wednesday and Saturday. Have you two large bedsteads? No, I have a large bedstead for myself, and a small one for my son.

Whose fine garden is this? It is that of ... Whose beautiful horses and pretty carriage are these? I do not know whose they are.—You are tall, but I think my cousin is taller than you. No, he is not so tall as I am. I am two inches taller than he (*am taller by two inches*).—Do the Americans send more cotton to France than to England? No, they send much more to England than to France.—Where do the Bostonians buy their coal? They almost always buy it in Philadelphia. How much do they pay for it in Philadelphia? They pay

$4 for a ton, and sell it for $7 or $8.—Does your uncle read much? He is very fond of reading French, English, and American works.—Do your cousins read the papers every day? They begin to read them every morning. What does your father read? He reads nothing now, his eyes are sore. He makes our younger brother read for him.—What works do the Americans read? They read the works of all other nations as well as their own. Have they, themselves, many works? They every day make new ones.

Does this gardener's son's friend work as much as the joiner's cousin? No, he does not work so much as he. Is he younger? No, on the contrary he is older. How much older is he? He is two years older. He is lazy, then. Yes, a little.—You have pretty shoes, who makes them for you? Our shoemaker. Does he always make them so well? Yes, if you get them made.— How much do you sell those gloves at, Miss? (*What is the price...?*) We sell them at half a dollar. Have you any for a quarter of a dollar? Yes, we have some, but they are not the best. Let me see both. Here are those we sell at fifty cents, they are beautiful, as you see. Those are the 25 cent ones. They are good, but not so good as the others.—Is your basket big enough to put your marketing in? (*to contain your...?*) I believe it is. At least we put a good many things in it.—What is the matter with your horse? It has a sore back and a sore foot.—Has not Julius a sore eye? Yes, he has.

51me. *Cinquante et unième Thême.* 1ère *Section.*

I heard something fall, did you drop anything? No, I think I did not drop anything. See, however. Ah! here is a silver thimble; is it you that dropped it? It is Louisa's thimble. I perhaps threw it down. I thought I had put it (R. 3) in her basket. I found it near the foot of the arm-chair. Thank you. You are welcome.—Who goes to the museum this afternoon? George is going, but I fear I cannot go. Why so? My uncle has just told me that he expects 100 bags of coffee, and that they must be attended to and put in the storehouse. No matter;

if you do not go this afternoon, you will go another time. That's true.—Do you play on the violin and piano? No, I play only on the violin. Do you play every day? A little, not to forget how.

Jouez-vous du violon? Je ne joue pas du violon, mais du piano.—Aurons-nous un bal ce soir? Nous en aurons un, dans le grand salon.—À quelle heure? À onze heures moins un quart.—Quelle heure est-il à présent? Il est près de onze heures, et le monde va bientôt venir.—De quel instrument jouerez-vous? Je jouerai du violon.—Si vous jouez du violon, je jouerai du piano.—Doit-il y avoir beaucoup de monde à notre bal? Il doit y en avoir beaucoup.—Danserez-vous? Je danserai.—Vos enfants danseront-ils? Ils danseront si cela leur plaît.—À quoi passez-vous le temps dans ce pays-ci? Je passe le temps à jouer du piano, et à lire.—A quoi votre cousin s'amuse-t-il? Il s'amuse à jouer du violon.—Quelqu'un danse-t-il quand vous jouez? Beaucoup de monde danse quand je joue. On n'y manque jamais.—Qui? D'abord nos enfants, ensuite nos cousins, enfin nos voisins.—Vous amusez-vous? Je vous assure que nous nous amusons beaucoup.

Qui plaignez-vous? Je plains votre ami.—Pourquoi le plaignez-vous? Je le plains, parce qu'il est malade.—Quelqu'un vous a-t-il plaint? Personne ne m'a plaint, parce que je n'ai pas été malade.—M'offrez-vous quelque chose? Je vous offre un beau fusil.—Mon père, que vous a-t-il offert? Il m'a offert un beau livre.—A qui avez-vous offert vos beaux chevaux? Je les ai offerts au capitaine anglais.—Offres-tu ton joli petit chien à ces enfants? Je le leur offre, car je les aime de tout mon cœur.—Pourquoi avez-vous donné un coup de poing à ce garçon? Parce qu'il m'a empêché de dormir.—Quelqu'un vous a-t-il empêché d'écrire? Personne ne m'a empêché d'écrire, mais j'ai empêché quelqu'un de faire du mal à votre cousin et à votre neveu.

51me. Cinquante et unième Thême. 2de Section.

You look cold, come (*draw*) near the fire. I dare not go near it (§ 50, p. 473). Why do you not dare? I am afraid I shall burn myself (*of getting burned*). You joke. Does your nephew withdraw from the fire because he is afraid of burning himself? No, but because he is no longer cold, I think. No, it is not for that. And why then? He has dropped a quarter of a dollar, and he wishes to pick it up. See! there it is, near the sofa. Pick it up for him. On which side of the sofa? This side; there, near your foot. True. I see it now. I have it. I am going to give it back to him. Here! Here is your quarter. Thank you. You are welcome.—Ah! Mr. Lucien, do you recollect the name of the physician of the general? No, I do not.—Who sits on this arm-chair? Nobody sits on it. Then I will. As you please; it is at your service.—Why does little Julius withdraw? He is ashamed of not having recollected to take my note to you.

Vous souvenez-vous de quelque chose de joli? Je ne me souviens de rien du tout; j'ai trop sommeil.—Votre oncle que se rappelle-t-il? Il se rappelle ce que vous lui avez promis.—Que lui ai-je promis? Vous lui avez promis d'aller en France avec lui l'hiver prochain, n'est-ce pas? Je compte le faire, s'il ne fait pas trop froid.—Pourquoi vous éloignez-vous du feu? Il y a une heure et demie que je suis assis près du feu, de sorte que je n'ai plus froid.—Votre ami n'aime-t-il pas à être assis près du feu? Il aime, au contraire, beaucoup à être assis près du feu, mais seulement quand il a froid.—Peut-on approcher votre oncle? On peut l'approcher, car il reçoit tout le monde.—Voulez-vous vous asseoir? Je ne veux pas m'asseoir; j'ai à travailler.—Où votre père s'assied-il? Il s'assied près de moi, dans ce grand fauteuil de velours rouge.—Où m'asseierai-je? Vous pouvez vous asseoir près de moi.

Vous asseyez-vous près du feu, ou sur le sofa? Je ne m'asieds pas près du feu, car j'ai peur d'avoir trop chaud.—Vous rappelez-vous mon frère ? Je me rappelle l'avoir vu et lui avoir parlé une fois.—Vos parents se rappellent-ils leurs vieux amis ? Ils se les rappellent.—Vous rappelez-vous ces mots ? Je ne me les rappelle pas.—Vous êtes-vous rappelé cela ? Je me le suis rappelé.—Votre oncle s'est-il rappelé ces mots ? Il se les est rappelés.—Me suis-je rappelé mon thême ? Vous vous l'êtes rappelé.—Vous êtes-vous rappelé vos thêmes ? Je me les suis rappelés, car je les ai appris par cœur; et mes frères se sont rappelés les leurs, parce qu'ils les ont appris par cœur.—Y a-t-il long-temps que vous n'avez vu votre ami de Paris ? Je l'ai vu il y a quinze jours.

51me. Cinquante et unième Thême. 3me Section.

Pick up the kid glove of Miss Clara, who has just dropped it. Adrien has already picked it up.—Your nephew has just finished his task, has he not? No, he has not yet done it. I thought he had done it (R. 3). You were mistaken.—You are going out? Do you go by the museum? No, I go far from it. No matter.—Charles, come and see me this evening, will you? I am very busy (*much engaged*), however, I will if I think of it (*recollect it*).—If you have so much to do, you will get sick. Are you not afraid of it? I am not, but father is.— Why did you run off so quick last evening? I was in a great hurry. What had you to do? You know it well. I had to learn my lessons. Were you in a hurry when you were at the cake-shop? When was I there? Were you not there at eleven o'clock? I was not. He sells too dear. His cakes are hardly as good as those of the other merchants, and they are a great deal smaller.

Vos écoliers aiment-ils à apprendre par cœur ? Ils n'aiment pas à apprendre par cœur ; ils aiment mieux lire et écrire que d'apprendre par cœur.—Aimez-vous mieux le cidre que le vin ? J'aime mieux le vin que le cidre.—Votre frère aime-t-il à jouer ? Il aime mieux étudier que de jouer.—Aimez-vous mieux le veau que le mouton ? J'aime mieux celui-ci que celui-là pour déjeuner; mais j'aime mieux celui-là que celui-ci pour dîner.—Aimez-vous mieux boire que de manger ? J'aime mieux manger que de boire ; mais mon oncle aime mieux boire que de manger —Le Français aime-t-il mieux le poulet que le poisson ? Il aime mieux le poisson que le poulet.—Aimez-vous mieux écrire que de parler ? J'aime à faire l'un et l'autre.—Aimez-vous mieux le miel que le sucre ? Je n'aime ni l'un ni l'autre.—Votre père aime-t-il mieux le café que le thé ? Il n'aime ni l'un ni l'autre.

Pouvez-vous me comprendre ? Non, Monsieur, car vous parlez trop vite.—Voulez-vous avoir la bonté de ne pas parler si vite ? Je ne parlerai pas si vite, si vous voulez m'écouter. Je suis prêt à écouter.—Pouvez-vous comprendre ce que mon frère vous dit en français ? Il parle si vite que je ne puis le comprendre. —Vos élèves peuvent-ils vous comprendre ? Ils me comprennent quand je parle lentement, car pour être compris, il faut parler lentement.—Faut-il parler haut pour apprendre le français ? Il faut parler haut.—Votre maître parle-t-il haut ? Il parle haut et lentement.—Pourquoi n'achetez-vous pas quelque chose à ce marchand ? Il vend si cher que je ne puis rien acheter chez lui.—Voulez-vous me mener chez un autre ? Je veux vous mener chez le fils de celui à qui vous avez acheté l'année passée.—Vend-il aussi cher que celui-ci ? Il vend moins cher.—Vos enfants aiment-ils mieux apprendre l'italien que l'espagnol ? Ils n'aiment à apprendre ni l'un ni l'autre ; ils n'aiment à apprendre que le français.—Aimez-vous le mouton ? J'aime mieux le bœuf que le mouton.—Vos enfants aiment-ils mieux le gâteau que le pain ? Ils aiment l'un et l'autre.—A-t-il lu tous les livres qu'il a achetés ? Il en a tant acheté qu'il ne peut les lire.—Voulez-vous écrire des thêmes ? J'en ai tant écrit, que je ne peux plus en écrire.—Pourquoi ce garçon s'enfuit-il si vite ? Quelqu'un veut-il le toucher ? lui faire du mal ? Personne ne veut lui faire de mal ; mais il sera puni par son maître pour ne pas avoir fait son devoir. (§ 162—7.)

EXERCISE LII.

52me. Cinquante-deuxième Thême.   1ère Section.

Which way did you come to our house? I came by the iron bridge, Buena Vista wharf and the museum. You took a long walk, then. Yes, I like to walk, and I like better to do it early than at noon. You are right; it is not so warm then. That is the reason I do it.—Are you making use of your umbrella? No, I am not. Take it. Make use of it. Thank you. It is not worth mentioning.—Have you met with the grocer's nephew? No, but I passed near that of the apothecary. What did he say to you? Nothing. I perceived him, but he did not perceive me, so that we passed by each other without speaking.—Have you told your cousin what was told you about him? I did not dare. Why did you not dare? I do not know exactly why I did not dare, but I did not tell him of it. Will you not tell him? Why tell him? (*Why should I?*) That will not please (*be agreeable to*) him.

A-t-on trouvé vos nouveaux livres? On les a trouvés.—Où? Sous le lit.—Mon habit est-il sur le lit? Il est dessous.—Les bas de votre frère sont-ils sous le lit? Ils sont dessus.—Ai-je été vu de quelqu'un? Vous n'avez été vu de personne.—Avez-vous passé près de quelqu'un? J'ai passé à côté de vous, et vous ne m'avez pas vu.—Quelqu'un a-t-il passé à côté de vous? Personne n'a passé à côté de moi.—Où votre fils est-il passé? Il est passé près du théâtre.—Passerez-vous près du château? J'y passerai.—Pourquoi n'avez-vous pas nettoyé mon coffre? J'avais peur de me salir les doigts.—Le domestique de mon frère a-t-il nettoyé les fusils de son maître? Il les a nettoyés. —N'a-t-il pas eu peur de se salir les doigts? Il n'a pas eu peur de se les salir, parce que ses doigts ne sont jamais propres.—Vous servez-vous des livres que je vous ai prêtés? Je m'en sers.—Puis-je me servir de votre couteau? Tu peux t'en servir, mais il ne faut pas te couper, ni gâter le couteau.—Mes frères peuvent-ils se servir de vos livres? Ils peuvent s'en servir.—Pouvons-nous nous servir de votre fusil? Vous pouvez vous en servir, mais il ne faut pas le gâter.—Qu'avez-vous fait de mon bois ? Je m'en suis servi pour me chauffer.—Votre père s'est-il servi de mon cheval ? Il s'en est servi.—Nos voisins se sont-ils servis de nos habits ? Ils ne s'en sont pas servis, parce qu'ils n'en ont pas eu besoin.—Qui s'est servi de mon chapeau ? Personne ne s'en est servi, car personne n'a osé s'en servir

52me. Cinquante-deuxième Thême. 2de Section.

You are alone; you have at last got rid of that bad fellow (*loafer*). I have at last got rid of him.—Why has your father parted with his horses? Has he parted with them? Don't you know it? I have not heard of it.—The French teacher comes this morning, does he not? It is his day, anyhow, and I think he will come. Will you be ready when he comes? (505—4.) I have to shave and dress myself, for you see that I am neither shaved nor dressed. Well, shave and dress yourself. What prevents you? (*Why don't you?*) Nothing, therefore I am going to my room for that purpose. Call me if he comes before I return. I will not fail.—William, what do you intend doing with your English gun? The French teacher has asked me to lend it to him. Are you going to take it to him? While he is shaving and dressing himself he has sent this little boy to get it (*he sent this little boy for it*). Are you going to trust this boy with it? Do you think he will spoil it? I am afraid of it. Then, I had better take it to him myself.

Vous êtes-vous rasé aujourd'hui ? Je me suis rasé.—Votre frère s'est-il rasé ? Il ne s'est pas rasé, mais il s'est fait raser. —Vous rasez-vous souvent ? Je me rase tous les matins, et quelquefois aussi le soir.—Quand vous rasez-vous le soir ? Quand je ne dîne pas à la maison.—Combien de fois par jour votre père se rase-t-il ? Il ne se rase qu'une fois par jour, mais mon oncle se rase deux fois par jour.—Votre cousin se rase-t-il souvent ? Il ne se rase que de deux jours l'un.—À quelle heure vous habillez-vous le matin ? Je m'habille aussitôt que j'ai déjeuné, et je déjeune tous les jours à huit heures, ou à huit heures et un quart.—Votre voisin s'habille-t-il avant de déjeuner ? Il déjeune avant de s'habiller.—À quelle heure du soir te déshabilles-tu ? Je me déshabille aussitôt que je reviens du théâtre.

Vas-tu au théâtre tous les soirs ? Je n'y vais pas tous les soirs, car il vaut mieux étudier que d'aller au théâtre.—À quelle heure te déshabilles-tu quand tu ne vas pas au théâtre ? Alors je me déshabille aussitôt que j'ai soupé, et je vais me coucher à dix heures.—Avez-vous déjà habillé l'enfant ? Je ne l'ai pas encore habillé, car il dort encore.—Vous êtes-vous enfin débarrassé de cet homme ? Je m'en suis débarrassé.—Pourquoi votre père s'est-il défait de ses chevaux ? Parce qu'il n'en avait plus besoin.—Votre marchand est-il enfin parvenu à se défaire de son sucre avarié ? Il est parvenu à s'en défaire.—L'a-t-il vendu à crédit ? Il a pu le vendre comptant, de sorte qu'il ne l'a pas vendu à crédit.—Qui vous a appris à lire ? Je l'ai appris chez un maître français.—Vous a-t-il appris à écrire ? Il m'a appris à lire et à écrire.

52me. Cinquante-deuxième Thême. 3me Section.

You came down alone. Did you not tell your brother to come down? No, I did not dare tell him. Why did you not dare? Because he sleeps (*is asleep*). Did you not wake him up? No, indeed. I did not dare. And why so? It is time to get up, is it not? Yes, to be sure, but he told me never to wake him when he is asleep. And if you wake him, what will happen? He will beat me. Is he wicked enough to do it? He does it when it suits him.—Who taught your little brother arithmetic (*ciphering ?*) A French teacher taught him. (*He was taught by a F...*)—Are you calling me? I am. What do you wish? Why do you not rise up? Don't you know it is already late? What do you ask me for? I have lost all my money and I come to beg you to lend me some. What o'clock is it? It is already a ¼ past 6, and you have slept enough. Have you been up long? I have been up this hour and a half.—Will you take a walk with me? I cannot go and take a walk, for I am expecting my French teacher.

Vous levez-vous d'aussi bonne heure que moi? Je ne sais pas à quelle heure vous vous levez, mais je me lève aussitôt que je me réveille.—Voulez-vous dire à mon domestique de m'éveiller demain à quatre heures? Je veux le lui dire (*le lui dirai*).—Pourquoi vous êtes-vous levé de si bonne heure? Mes enfants ont fait tant de bruit qu'ils m'ont réveillé, et qu'ils m'ont empêché de dormir.—Avez-vous bien dormi? Je n'ai pas bien dormi, car les chiens ont fait tant de bruit et ont aboyé si haut (*fort*), que je n'ai pas pu dormir.—À quelle heure le bon capitaine s'est-il éveillé? Il s'est éveillé, comme à l'ordinaire, à cinq heures et un quart du matin.

Comment mon enfant s'est-il comporté? Il s'est très-bien comporté. Comment mon frère s'est-il comporté envers vous? Il s'est très-bien comporté envers moi, car il se comporte bien envers tout le monde.—Est-ce la peine d'écrire à cet homme? Ce n'est pas la peine de lui écrire.—Est-ce la peine de descendre de cheval pour acheter un gâteau? Ce n'est pas la peine, car il n'y a pas long-temps que vous avez mangé.—Est-ce la peine de descendre de cheval pour donner quelque chose à ce pauvre? Il paraît en avoir besoin; mais vous pouvez lui donner quelque chose sans descendre de cheval.—Vaut-il mieux aller au théâtre que d'étudier? Il vaut mieux faire ceci que cela.—Vaut-il mieux apprendre à lire le français que d'apprendre à le parler? Ce n'est pas la peine d'apprendre à le lire sans apprendre à le parler.—Vaut-il mieux aller se coucher que d'aller se promener? Il vaut mieux faire ceci que cela.—Vaut-il mieux aller en France qu'en Allemagne? Ce n'est pas la peine d'aller en France ou en Allemagne, quand on n'a pas envie de voyager.

53*me. Cinquante-troisième Thême*. 1*ère Section.*

Why do you not take off your hat when you are in the house? Because I am used to keep it on.—If you change horses with Peter, do you expect to get a better one? I do not know whether his is better than mine, but I know it is prettier, and that is the reason I wish to exchange with him (*barter*). It is not worth while to change, for his is good for nothing.—Where is Peter? He frequents those good-for-nothing fellows who play so much at cards (*loafers*). Has he altered? A great deal, so that you will hardly recognise him when you see him (505—4). I hope he will behave better when his father will be back. I hope so too. He is afraid of his father. Do you think he will no longer mix with those *loafers?* He will not dare to frequent them so much. If you have more honey than you want, I hope you will oblige me by selling me some (*will let me have some as a favour*). Yes, willingly; I can let you have as much as you want.

Espérez-vous recevoir un billet aujourd'hui? J'espère en recevoir un.—De qui? D'un de mes amis.—Qu'espères-tu? J'espère voir mes parents aujourd'hui, car mon précepteur m'a promis de me mener chez eux.—Votre ami espère-t-il recevoir quelque chose? Il espère recevoir quelque chose, car il a bien travaillé.—Espérez-vous arriver de bonne heure à Paris? Nous espérons y arriver à huit heures et un quart, car notre père nous attend ce soir.—Espérez-vous le trouver à la maison? Nous l'espérons.—Contre quoi avez-vous changé votre carrosse, dont vous venez de me parler? Je l'ai changé contre un beau cheval arabe.—Voulez-vous changer votre livre contre le mien? Je ne le puis, car j'en ai besoin pour étudier le français.—Pourquoi ôtez-vous votre chapeau? Je l'ôte, parce que je vois venir mon vieux maître.

Savez-vous pourquoi cet homme ne mange pas? Je crois qu'il n'a pas faim, car il a plus de pain qu'il n'en peut manger. —Avez-vous donné de l'argent à votre fils? Je lui en ai donné plus qu'il n'en dépensera.—Voulez-vous me donner un verre de cidre? Vous n'avez pas besoin de boire du cidre, car il y a plus de vin qu'il n'en faut.—Dois-je vendre mon fusil pour acheter un chapeau neuf? Vous n'avez pas besoin de le vendre, car vous avez plus d'argent qu'il ne vous en faut.—Voulez-vous parler au cordonnier ? Je ne veux pas lui parler, car nous avons plus de souliers qu'il ne nous en faut.—Pourquoi les Français se réjouissent-ils ? Ils se réjouissent, parce qu'ils se flattent d'avoir beaucoup de bons amis.—N'ont-ils pas raison de se réjouir ? Ils ont tort, car ils ont moins d'amis qu'ils ne pensent. —Avez-vous reconnu votre cousin quand vous l'avez rencontré au pont de fil de fer ? Non, il est tant changé que je ne l'ai pas du tout reconnu. Vous a-t-il reconnu ? À l'instant. Il dit que je ne suis pas du tout changé.—Combien y a-t-il que votre neveu a ce joli petit oiseau ? Il y a long-temps qu'il l'a. Il lui a été donné par un marchand grec.

53me. Cinquante-troisième Thême. 2de Section.

Did you know that your uncle is here ? I did not. Did you not, indeed ? No, I assure you I did not. When did he arrive ? Last evening. I shall be glad to see him. Has he the same clothes yet, or has he changed them ? He has changed them. He has a fine blue coat instead of the old brown one he had.—Why do you go away so soon ? Are you not pleased here ? You are mistaken if you think that I do not enjoy myself here, for I assure you that I find much pleasure in conversing with you. Why do you go away then ? I thought you knew it. What is it ? I am expected at the concert of a relation of mine. It is to begin at 9 o'clock, and you see that it wants a quarter of 9. I did not know that. Good-bye.

Etes-vous prêt à partir avec moi ? Je le suis.—Votre oncle part-il avec nous ? Il part avec nous, s'il le veut.—Voulez-vous lui dire d'être prêt à partir demain à six heures du soir ? Je veux le lui dire. (*Je le lui dirai*).—Ce jeune homme est-il prêt à sortir ? Pas encore, mais il sera bientôt prêt.—Pourquoi a-t-on pendu cet homme ? On l'a pendu parce qu'il a tué quelqu'un. —A-t-on pendu l'homme qui a volé un cheval à votre frère ? On l'a puni, mais on ne l'a pas pendu ; on ne pend que les voleurs de grand chemin dans notre pays.—Qu'avez-vous fait de mon habit? Je l'ai pendu au mur.—Voulez-vous pendre mon chapeau à l'arbre? Je veux l'y pendre.

N'avez-vous pas vu mes souliers? Je les ai trouvés sous votre lit, et je les ai pendus aux clous.—Le voleur qui a volé votre fusil a-t-il été pendu? Il a été puni, mais il n'a pas été pendu. —Pourquoi vous étendez-vous tant sur ce sujet? Parce qu'il faut parler sur tous les sujets.—S'il faut vous écouter et vous répondre, quand vous vous étendez sur ce sujet, je pendrai mon chapeau au clou, je m'étendrai sur le sofa, je vous écouterai et je vous répondrai de mon mieux.—Vous ferez bien.—Votre neveu apprend le français, n'est-ce pas? Sans doute. Combien y a-t-il qu'il l'apprend? Il y a cinq mois. En sait-il autant que vous? Il en sait plus que moi. Je croyais que vous en saviez plus que lui. Vous vous êtes trompé. Il y a plus longtemps qu'il l'apprend que moi.

54me. Cinquante-quatrième Thême. 1ère *Section.*

Where is your uncle? He is travelling. Has he been travelling long? A few months. Is he well? Yes, he is much better since he is travelling.—What does he think of Europe? Some countries please him, others do not. Has he been in France? Yes, he passed through, but as he does not speak French, he does not like it much. How! your uncle does not speak French? No, he never learned it.—How are they at your house? All well. And at your nephew's? The servant says that they are sick there. Who is sick? I do not know. As I intend going there, I did not ask the servant. I doubt what that valet says. I do not always believe him.—Where have you bought this pretty stick? Do you think it pretty? (*Do you like it?*) Yes, charming. What did you pay for it? I paid only ¾ of a dollar for it. It is not dear.—Did you agree to go to-morrow to Burlington? I did.—Take some of our wine at $12 the basket. I will take some.

Comment se porte Monsieur votre père? Il se porte comme cela.—Comment se porte votre malade? Il se porte un peu mieux aujourd'hui qu'hier.—Y a-t-il long-temps que vous n'avez vu Messieurs vos frères? Il y a deux jours que je ne les ai vus.—Comment te portes-tu? Je me porte assez bien.—Combien de temps y a-t-il que Monsieur votre cousin apprend le français? Il n'y a que huit mois qu'il l'apprend.—Le parle-t-il déjà? Il le parle, le lit et l'écrit déjà mieux que Monsieur votre frère qui l'apprend depuis deux ans.—Y a-t-il long-temps que vous n'avez entendu parler de mon oncle? Il y a à peine quinze jours que j'en ai entendu parler.—Où séjourne-t-il maintenant? Il séjourne à Berlin, mais mon père est à Londres.—Vous êtes-vous arrêté long-temps à Vienne? Je m'y suis arrêté quinze jours.—Combien de temps Monsieur votre cousin s'est-il arrêté à Paris? Il ne s'y est arrêté qu'un mois.

Votre oncle a-t-il enfin acheté le jardin? Il ne l'ai pas acheté, car il n'a pas pu convenir du prix.—Etes-vous enfin convenus du prix de ce tableau? Nous en sommes convenus.—Combien l'avez-vous payé? Je l'ai payé quinze cents francs.—Qu'as-tu acheté aujourd'hui? J'ai acheté deux beaux chevaux, trois beaux tableaux, et un beau fusil.—Combien as-tu payé les tableaux? Je les ai achetés sept cents francs.—Les trouvez-vous chers? Je ne les trouve pas chers.—Combien avez-vous donc dépensé? J'ai dépensé et payé près de quatre mille francs. Combien de *gourdes* cela fait-il? Environ huit cents. C'est beaucoup d'argent.—Avez-vous déjà entendu parler de M. votre cousin qui est allé en Hongrie? Il est convenu de m'écrire, mais il ne l'a pas encore fait; cependant je lui ai écrit.

54me. *Cinquante-quatrième Thème.* 2de Section.

Something does not please you. That's true. I expect to receive a present, and it does not come. Be not impatient, it will come if it has been promised. Who makes you this present? (*gift?*) The secretary of the general has promised me one.—Has the apothecary's cousin agreed to let you have his English and French dictionary? He has not yet consented to it. Will he? I hope so.—What are you going to wear this spring? I have not yet made a choice. I do not know what I shall wear. As for me, I will wear some dark clothes in the spring, and something light in summer. Had you not a light colored *surtout* last winter? Yes, I had. I wore one all last winter. I thought you did. As for me, I do not like them light colored any more, I formerly did.—Did you sell your grain at 75 cents a bushel? I got 80 cents a bushel for it.

Vous êtes-vous accordé avec votre associé? Je me suis accordé avec lui.—Consent-il à vous payer le prix du vaisseau? Il consent à me payer le prix convenu.—Consentez-vous à aller en France? Je consens à y aller. Et vous? Moi? Non.—Avez-vous revu votre vieil ami? Je l'ai revu.—L'avez-vous reconnu? Je ne l'ai presque plus reconnu, car, contre son ordinaire, il porte un grand chapeau.—Comment se porte-t-il? Il se porte très-bien.—Quels vêtements porte-t-il? Il porte de beaux vêtements neufs.—Vous êtes-vous aperçu de ce que votre garçon a fait? Je m'en suis aperçu.—L'en avez-vous puni? Je l'en ai puni.—Monsieur votre père vous a-t-il déjà écrit? Pas encore; mais je m'attends à recevoir un billet de lui aujourd'hui.

De quoi vous plaignez-vous? Je me plains de ne pouvoir me procurer de l'argent.—Pourquoi ces pauvres hommes se plaignent-ils? Il se plaignent parce qu'ils ne peuvent se procurer de quoi manger.—Comment se portent vos parents? Ils se portent, comme à l'ordinaire, fort bien.—Monsieur votre oncle se porte-t-il bien? Il se porte mieux qu'à l'ordinaire.—Avez-vous déjà entendu parler de votre ami qui est en Allemagne? Je lui ai déjà écrit plusieurs fois, cependant il ne m'a pas encore répondu.—Pourquoi avez-vous puni votre garçon? Je l'ai fait parce qu'il a cassé mon meilleur verre. Je lui avais donné du sirop et de l'eau et au lieu de le boire, il l'a répandu sur le tapis neuf que nous avons acheté il y a dix jours, et que croyez-vous qu'il a fait ensuite? A-t-il cassé le verre? Oui, il l'a fait, et alors je lui ai donné quelques coups. Qu'avez-vous payé la *yard* de votre tapis neuf? Je l'ai payé cher: une gourde et soixante cents (sous.)

54me. *Cinquante quatrième Thême.* 3nte *Section.*

Thou comest late, my dear Armand; didst thou stop on the way? I started a little late, and I stopped on the way. Why didst thou stop? I stopped to see a highwayman, who was taken up early this morning. I believe thou hast new clothing on. Yes, to-day, I have put on the clothes which my good uncle has given me. They are fine (*look well*) but I believe the coat is a little too big: what dost thou think of it? I cannot see it behind; before it fits well, does it not? Admirably; but here and there it is a little too large. How does the waistcoat fit? Perfectly well. And how do the pantaloons fit? They fit well also. Are they neither too long nor too wide? No, they are exactly what they ought to be.

Aimez-vous à parler à mon oncle? J'aime beaucoup à lui parler, mais quelquefois il se moque de moi.—Pourquoi se moque-t-il de vous? Il se moque de moi parce que je parle mal.—Pourquoi Monsieur votre frère, n'a-t-il pas d'amis? Il n'en a pas, parce qu'il se moque de tout le monde.—Pourquoi vous moquez-vous de cet homme? Je n'ai pas dessein de me moquer de lui.—Je vous prie de ne pas le faire, car vous lui fendrez le cœur, si vous vous moquez de lui.—Doutez-vous de ce que je vous dis? Je n'en doute pas.—Doutez-vous de ce que cet homme vous a dit? J'en doute, car il a souvent menti. —Avez-vous enfin acheté le cheval que vous avez voulu acheter le mois passé? Je ne l'ai pas acheté, car je n'ai pas pu me procurer d'argent.

Qu'avez-vous fait des livres que le capitaine anglais vous a prêtés? Je les lui ai rendus, après les avoir lus.—Pourquoi avez-vous jeté votre couteau? Je l'ai jeté après m'être coupé. —Quand ai-je été au concert? Vous y avez été après vous être habillé.—Quand votre frère est-il allé au bal? Il y est allé après s'être habillé.—Quand avez-vous déjeuné? Nous avons déjeuné après nous être rasés.—Quand nos voisins sont-ils sortis? Ils sont sortis après s'être chauffés. Qu'avez-vous fait ce matin ? Je me suis rasé après m'être levé, et je suis sorti après avoir déjeuné.—Monsieur votre père qu'a-t-il fait hier soir ? Il a soupé après avoir été au spectacle, et il a été se coucher après avoir soupé.—S'est-il levé de bonne heure ? Il s'est levé au lever du soleil.

55me. Cinquante-cinquième Thême. Ière Section.

How is your mother? I thank you, she is tolerably well. And your sisters? They are not so well as usual. What is the matter with them? It is not much that ails them, but they complain a little. Women like to complain, do they not? They do not complain any more than men do. Is the minister's daughter better? They say she is worse. Does she eat anything? No, her mouth is too sore to eat.—Do they burn candles or gas at your sister's? They burn gas there. They think it is not so dear as candles.—Where has Sophia put the key? The key of what? The key of the French desk. I do not know. But here is my key; it opens the desk. No matter. I do not want to open it. Have the bottles been brought? The bottles of what? The bottles of wine. Yes, here they are behind the door. How much did you pay for a bottle? I paid almost ½ a dollar for a bottle.—Have you seen the handsome woman who went by here? When did she go by? A minute ago. I was then busy breaking my nuts, so that I could not see her (p. 508—4). My steel pen is in my large port-folio, take it if you want it. Thank you. You are welcome.

Votre sœur a-t-elle mon ruban d'or ? Elle ne l'a pas.—Qu'a-t-elle ? Elle n'a rien.—Votre mère a-t-elle quelque chose ? Elle a une belle fourchette d'or.—Qui a ma grande bouteille ? Votre sœur l'a.—Voyez-vous quelquefois ma mère ? Je la vois souvent.—Quand avez-vous vu Mademoiselle votre sœur ? Je l'ai vue il y a quinze jours.—Qui a mes belles noix ? Votre bonne sœur les a.—A-t-elle aussi mes fourchettes d'argent ? Elle ne les a pas.—Qui les a ? Votre mère les a.—Quelle fourchette avez-vous ? J'ai ma fourchette de fer.—Vos sœurs ont elles eu mes plumes? Elles ne les ont pas eues, mais je crois que leurs enfants les ont eues.—Pourquoi votre frère se plaint-il? Il se plaint parce qu'il a mal au pied droit.—Pourquoi vous plaignez-vous? Je me plains parce que j'ai mal à l'œil gauche.

Parmi vous autres gens de campagne il y a beaucoup de fous, n'est-ce pas? demanda l'autre jour un philosophe à un paysan. Celui-ci répondit: "Monsieur, on en trouve dans tous les états." "Les fous disent quelquefois la vérité," dit le philosophe.— Qu'est-ce que le philosophe a demandé au paysan? Il lui a demandé s'il n'y avait pas beaucoup de sots (*fous*) parmi les gens de campagne? Qu'est-ce que le paysan a répondu au philosophe? Il lui a répondu, qu'il y en avait (*qu'on en trouvait*) dans tous les états. La réponse du paysan a-t-elle plu au philosophe? Je crois qu'elle lui a plu. Qu'est-ce que vous pensez de la réponse du paysan? Je pense que.... (*L'écolier peut finir la réponse*).—N'aimez-vous pas la figure de cette demoiselle? Si fait; mais je n'aime pas ses cheveux.—Cette jeune femme n'a-t-elle pas trop de langue? Si fait, elle en a un peu trop; du moins, on le dit.

55me. Cinquante-cinquième Thême. 2de Section.

Are these the Misses Cavaignac? Yes, it is they. Will you introduce me to them? Willingly. Come. Let us wait a while, for you see they are speaking to those ladies in blue. Who are those two ladies in blue? They are pretty, are they not? I am not acquainted with them. Let us approach now. Young ladies, will you permit me to present, my friend, M. de Montcalme to you? We are glad, M. de Montcalme, to make your acquaintance. Ladies, all the pleasure is on my side. You are very polite. —Is Miss Clara going to play on the piano? No, she will not this evening, for her right hand is sore. How did she hurt herself? She hurt herself with her scissors.—What noise is that? It is the street door which has just been shut (closed). —Why does Miss Sophia keep her handkerchief on her cheek?

Is it sore? Her cheek is not sore, but she has the toothache. Is that dumb woman happy? Yes, she is so, because she is good and virtuous.

Votre sœur écrit-elle? Non, Madame, elle n'écrit pas.—Pourquoi n'écrit-elle pas? Parce qu'elle a mal à la main droite.—Pourquoi la fille de votre voisin ne sort-elle pas? Elle ne sort pas parce qu'elle a mal aux pieds.—Pourquoi ma sœur ne parle-t-elle pas? Parce qu'elle a mal à la bouche.—N'as-tu pas vu ma plume d'argent? Non; mais j'ai vu la plume d'acier de votre sœur.—As-tu une chambre sur le devant? J'en ai une sur le derrière, mais mon frère en a une de devant.—Est-ce une chambre du haut? C'en est une.—La femme de notre cordonnier sort-elle déjà? Non, Madame, elle ne sort pas encore, car elle est encore très-malade.—Quelle bouteille votre petite sœur avait-elle? Elle avait celle de notre mère.—Avez-vous mangé de ma soupe ou de celle de ma mère? Je n'ai mangé ni de la vôtre, ni de celle de votre mère, mais de celle de ma bonne sœur.

Avez-vous vu la dame qui était chez moi ce matin? Non, mais j'ai vu son aimable fille. Votre mère s'est-elle fait mal? Elle ne s'est pas fait mal. Pouvez-vous écrire avec cette plume d'acier? Laquelle? Celle de Sophie? Oui; celle de Sophie. Non, mais j'écrirai avec celle d'or. Chaque femme se croit aimable, et chacune a de l'amour propre.—De même que les hommes, mon cher ami: tel se croit savant, qui ne l'est pas, et bien des hommes surpassent les femmes en vanité.—Qu'avez-vous? Je n'ai rien.—Pourquoi votre sœur se plaint-elle? Parce qu'elle a mal à la joue.—Votre frère a-t-il mal à la joue? Non, mais il a mal au côté.—Où est la soie? Elle est tombée de la fenêtre dans la rue. Cette vieille femme l'a-t-elle ramassée? Oui, elle l'a ramassée; mais elle n'a pas ramassé la toile. La toile est-elle aussi tombée de la fenêtre? Oui, elle est tombée.

55me. *Cinquante-cinquième Thème.* 3me Section.

Which of your cheeks aches? The right or the left? Neither the right nor the left aches. Indeed! I thought one of them ached.—How does that lady spend her time? She spends it in playing on the piano.—William, bring in a light, we wish to play chess. Will you have a candle, or shall I light the gas? Bring in a lighted candle.—Have you not seen again our ancient (old) acquaintance Mrs. Leroux? No, I did not see again that old acquaintance, but I saw another. Who? Guess.—Did she make you such a promise? Yes, she made a similar one to my sister, my cousin, and myself. How are your sisters? They have been very well these few days. Where do they reside? (live?) They reside in Wilmington. Is it a small town? Yes, it is a small town in the state of Delaware.—What day do the Turks celebrate? (keep?) They keep Friday; the Jews keep Saturday, and the Christians Sunday. What day do the negroes celebrate? The blacks celebrate their birth-day.

Votre sœur est-elle aussi âgée que ma mère? Elle n'est pas si âgée, mais elle est plus grande.—Votre frère a-t-il fait des emplettes? Il en a fait.—Qu'a-t-il acheté? Il a acheté de belle toile et de bonnes plumes, de vieilles chandelles et des serviettes.—N'a-t-il pas acheté des bas de soie? Il en a acheté.—Avez-vous mal au nez? Je n'ai pas mal au nez, mais j'ai mal aux dents.—Vous êtes-vous coupé le doigt? Non, Madame, je me suis coupé la main.—Voulez-vous me donner une plume? Je veux vous en donner une.—Voulez-vous avoir celle-ci ou celle-là? Je ne veux avoir ni l'une ni l'autre.—Laquelle voulez-vous? Je veux celle que votre sœur a.—Voulez-vous la bonne soie noire de ma mère, ou celle de ma sœur? Je ne veux ni celle de votre mère, ni celle de votre sœur, mais celle que vous avez.

Ouvrez-vous la fenêtre de derrière? Je l'ouvre, parce qu'il fait trop chaud.—Quelles fenêtres votre sœur a-t-elle ouvertes? Elle a ouvert celles de la chambre du devant.—Avez-vous été au bal de mon ancienne connaissance? J'y ai été.—Quelles demoiselles avez-vous conduites au bal? J'y ai conduit les amies de ma sœur et ses compagnes.—Ont-elles dansé? Elles ont beaucoup dansé.—Se sont-elles amusées? Elles se sont amusées.—

Sont-elles restées long-temps au bal ? Elles y sont restées deux
heures. — Cette demoiselle est-elle Turque ? Non, elle est
Grecque.—Parle-t-elle français ? Elle le parle.—Ne parle-t-elle
pas anglais ? Elle le parle aussi, mais elle parle mieux le français.—Votre sœur a-t-elle une compagne ? Elle en a une.—
L'aime-t-elle ? Elle l'aime beaucoup, car elle est très-amiable.—
Cette jeune femme active est naïve, n'est-ce pas ? Oui, elle est
et active et naïve. Que pensez-vous de la nouvelle robe de
soie de sa sœur ? Sa nouvelle robe de soie ? Oui, celle de soie.
Sa nouvelle robe de soie me plaît beaucoup.

56me. Cinquante-sixième Thème. 1ère Section.

Do you come from the country to go to the bank ? Yes, I
intend to change a bank-note for silver. Will you go to the
exchange before you go back to the country ? No ; but I will
go and buy something to go fishing with. Are you fond of
fishing ? I like it well enough. Do you fish all day ? No,
we fish all the morning, or all the evening.—Who goes to
school from your house ? John goes to English and French
school, Sophia to dancing and singing school, and Frederic goes
to none.—What are you going to do this week in the country ?
We will cut our grain.—Are your cousins going to California
next week ? They will go only in two weeks. Will their
wives and daughters go with them (*along*) ? No, they will
not.—Have you not cleaned my silk stockings, my pantaloons,
my blue coat, and my white vest ? No, not yet, I cannot do
all at once. No one can do all at once, that's true, but I
thought you had had time enough to do each thing in turn.

J'entends du bruit dans la cave ; qui est dedans ? (*qui y est ?*)
La vieille muette, je suppose. Que veut-elle dans la cave ?
Elle veut du bois ou du charbon.—J'ai votre fourchette d'acier,
avez-vous la mienne ? Je n'ai pas la vôtre, mais la sienne, et
celle de Henri est sur la table dans l'autre chambre. Quelle
table ? La table d'acajou.—Où est Madame votre mère ? Elle
est à l'église.—Votre sœur est-elle allée à l'école ? Elle y
est allée. Madame votre mère va-t-elle souvent à l'église ?

Elle y va tous les matins et tous les soirs.—À quelle heure du matin va-t-elle à l'église? Elle y va aussitôt qu'elle se lève.—À quelle heure se lève-t-elle? Elle se lève au lever du soleil.—Vas-tu à l'école aujourd'hui? J'y vais.—Qu'apprends-tu à l'école? J'y apprends à lire, à écrire et à parler.—Où est votre bonne mère? Elle est allée faire des emplettes avec ma petite sœur. Mesdemoiselles vos sœurs vont-elles ce soir à l'opéra? Non, Madame, elles vont à l'école de danse et de chant.—Ne vont-elles pas à l'école de français? Elles y vont le matin, mais non. le soir.—Monsieur votre père est-il allé à la chasse? Il n'a pas pu aller à la chasse, car il est enrhumé.—Aimez-vous à aller à la chasse? J'aime mieux aller à la pêche que d'aller à la chasse.—Monsieur votre père est-il encore à la campagne? Oui, Madame, il y est encore.—Qu'y fait-il? Il va à la chasse et à la pêche.—Avez-vous chassé à la campagne? J'ai chassé toute la journée.—Combien de temps êtes-vous resté chez ma mère? J'y suis resté toute la soirée.—Y a-t-il long-temps que vous n'avez été au château? J'y ai été la semaine dernière.—Y avez-vous trouvé beaucoup de monde? Je n'y ai trouvé que trois personnes, le maître de français, sa femme, et leur fille qui danse si bien.

56me. *Cinquante-sixième Thême.* 2de Section.

Is your niece at home? I know not. I will send the servant maid to know if she is in her room. Never mind; I have no time to stop now. Will you have the kindness to present her these peaches in my name? Oh! they are elegant! I thank you, in her name. But, now I think of it (*à propos*), how is your sister-in-law? I was at her house last evening. She is well, thank you. Present my compliments to her when you see her again. I shall not fail (*forget it*). My respects to you. Good-bye, Sir.—Has the general's relation (fem.) the earache? The earache? No; she has not the earache. Why did you think so?—Has not our female neighbor's female cook sent a cherry tart (*pie*) to our little girl this week? Yes, she sent her one, not this week, but last week.—What did you do (*fol-*

law) last year? I was a merchant.—Are you not your brother-in-law's partner? I have no brother-in-law, so that I cannot be his partner.—I have been told that your sister-in-law had an excellent female cook, is it true? A good one can hardly be found, but hers is good. Are you sure of it? Yes; at least my sister-in-law says she is.

Ces filles sont-elles aussi sages que leurs frères? Elles sont plus sages qu'eux.—Mesdemoiselles vos sœurs savent-elles parler allemand? Elles ne le savent pas, mais elles l'apprennent.—Avez-vous apporté quelque chose à Madame votre mère? Je lui ai apporté de bons fruits et une belle tourte.—Votre nièce, que vous a-t-elle apporté? Elle nous a apporté de bonnes cerises, de bonnes fraises et de bonnes pêches.—Aimez-vous les pêches? Je les aime beaucoup.—Combien de pêches votre voisine vous a-t-elle données? Elle m'en a donné plus de vingt. —Avez-vous mangé beaucoup de cerises cette année? J'en ai mangé beaucoup.—En avez-vous donné à votre petite nièce? Je lui en ai donné tant qu'elle ne peut pas les manger toutes.— Pourquoi n'en avez-vous pas donné à votre bonne voisine? J'ai voulu lui en donner, mais elle n'a pas voulu en prendre, parce qu'elle n'aime pas les cerises.

Y a-t-il eu des poires l'année dernière? Il n'y en a pas eu beaucoup.—Votre cousine a-t-elle des fraises? Elle en a tant qu'elle ne peut pas les manger toutes.—Comptez-vous voir votre nièce aujourd'hui? J'espère la voir, car elle m'a promis de dîner avec nous.—J'admire cette famille, car le père en est le roi et la mère en est la reine. Les enfants et les domestiques sont les sujets de l'état. Les précepteurs des enfants sont les ministres, qui partagent avec le roi et la reine le soin du gouvernement. La bonne éducation qu'on donne aux enfants est la couronne des monarques.

56me. *Cinquante-sixième Thème. 3me Section.*

Did you sleep well last night? No, I did not sleep well at all. They made so much noise, that they prevented my sleeping. Where did you spend last evening? I spent it at my brother-in-law's. Did you see your sister-in-law? I did. How is she? She is better than usual. Did you play? We did not play, not even at chess; but we read good books, for my sister-in-law likes reading better than playing.—Have you read this morning's gazette? I have. Is there anything new in it? There is always something new in it, but nothing very interesting. What do they say of the King and Queen? That one attends to the cares of government and this one to those of her family.—Was she not in the country when you were there? No, she was not then, but she was there last week.—Her daughter is an interesting girl, is she not? It is what I was saying.—Did the clerk say or do anything? He was saying something, but not doing anything. Who was doing anything? Charlotte was making a crown of cherries.

Pourquoi Mesdemoiselles vos sœurs ne vont-elles pas au spectacle? Elles ne peuvent pas y aller parce qu'elles sont enrhumées, et cela les rend très-malades.—Où se sont-elles enrhumées? Elles se sont enrhumées en sortant de l'opéra hier soir.—Convient-il à votre sœur de manger des pêches?—Il ne lui convient pas d'en manger, car elle en a déjà beaucoup mangé, et si elle mange tant, cela la rendra malade.—Avez-vous déjà loué une chambre? J'en ai déjà loué une.—Où l'avez-vous louée? Je l'ai louée (dans la) rue Guillaume, numéro cent-cinquante-deux.—Chez qui l'avez-vous louée? Chez l'homme dont le fils vous a vendu un cheval.—Pour qui votre père a-t-il loué une chambre? Il en a loué une pour son fils qui vient d'arriver de France.—Pourquoi n'avez-vous pas tenu votre promesse? Quelle promesse? Je ne me ressouviens pas de ce que je vous ai promis.—Ne nous aviez-vous pas promis de nous mener au concert jeudi dernier? Je confesse que j'ai eu tort de vous le promettre; cependant le concert n'a pas eu lieu.

Votre frère convient-il de sa faute? Il en convient.—Votre oncle que dit-il de ce billet? Il dit qu'il est très-bien écrit; mais il convient qu'il a eu tort de l'envoyer au capitaine.—

Convenez-vous de votre faute à présent? Je conviens que c'est une faute.—Où avez-vous trouvé mon habit? Je l'ai trouvé dans la chambre bleu, en haut.—La chambre de devant ou de derrière? La chambre de derrière.—Voulez-vous pendre mon chapeau à l'arbre? Je veux l'y pendre.—Comment vous portez-vous aujourd-hui? Je ne me porte pas très-bien.—Qu'avez-vous? J'ai un violent mal de tête et un rhume de cerveau.—Où vous êtes-vous enrhumé? Je me suis enrhumé hier soir en sortant du spectacle.—Quel âge a votre nièce? Elle a environ dix ans.

57me. Cinquante-septième Thême. 1ère Section.

I have been told that you wanted to ask me some questions? Yes, that's true; I have a question to ask you. From whom is the letter you have received? The letter I received? Ah! it is a secret. That you do not choose to confide to me, is it not? Yes, is a secret that I would rather keep. Very well, keep it. —The carriage is before the door of the house, are you ready to start? Ready? No indeed, I did not know the carriage would come (*was coming*) so soon. We thought you knew it. What more have you to do? I have to put my cravat on. It is a minute's work. A minute's work? not with me. I like to have a cravat nicely put on, well fixed. Then do not speak any more, and do it quickly. Very well. Let me be; go away. I am going down stairs to prepare your hat, gloves and umbrella. No, no, let them alone and meddle with your own affairs. If I meddle with yours, it is because I love you.

Voulez-vous dîner avec nous aujourd'hui? Avec beaucoup de plaisir.—Quels mets avez-vous, (qu'avez-vous à dîner?) Nous avons de bonne soupe, de la viande fraîche et de la viande salée, et du laitage.—Aimez-vous le laitage? Je le préfère à tout autre aliment.—Etes-vous prêt à dîner? Je suis prêt.—Comptez-vous bientôt partir? Je compte partir la semaine prochaine.—Voyagez-vous seul? Non, Madame, je voyage avec mon oncle.—Voyagez-vous à pied ou en voiture? Nous voyageons en voiture.—Avez-vous rencontré quelque voyageur dans votre dernier voyage à Berlin ? Nous avons rencontré beaucoup de voyageurs.—À quoi comptez-vous passer le temps cet été ? Je compte faire un petit voyage.

Avez-vous beaucoup marché dans votre dernier voyage ? J'aime beaucoup à marcher, mais mon oncle aime à aller en voiture.—N'a-t-il pas voulu marcher ? Il a voulu marcher d'abord, mais il a voulu monter en voiture après avoir fait quelques pas, de sorte que je n'ai pas beaucoup marché.— Ne fait-il plus d'affaires ? Il n'en fait plus, car il est trop âgé pour en faire.—Pourquoi se mêle-t-il de vos affaires ? Il ne se mêle pas ordinairement des affaires des autres, mais il se mêle des miennes, parce qu'il m'aime.—Votre maître vous a-t-il fait répéter votre leçon aujourd'hui ? Il me l'a fait répéter. —L'avez-vous sue ? Je l'ai sue assez bien.—Avez-vous aussi fait des thêmes ? J'en ai fait ; mais je n'ai pas tout-à-fait fini ma leçon.

57me. *Cinquante-septième Thême.* 2de Section.

Do you not admire that lady's beauty ? I do, but I still more admire her goodness. Do you prefer goodness to beauty ? Doubtless. Who does not prefer it ? Many persons.—Is your baker's flour good ? It is sometimes good and sometimes sour. —Where did they use to hold their meetings ? Their meetings were held in the solitude of the forests (*woods*).—Is Mme. de Beaumont going to the concert ? No, she has given her seat (*ticket*) to her niece. Formerly she was fond of singing, now she does not care about it.—Will they not go to the ball ? No, they will not, for they no longer care about dancing.—What dost thou care about ? I am indifferent to almost everything. Where is the singing master ? He is at the rehearsal (repetition). How many rehearsals are there a week ? There is one every morning.—Is the art of painting easy ? Ask Miss Caroline, who cultivates painting. Goodness is a benefit from heaven, is it not ? It is a good which the Creator has granted to the earth.—Have you heard of your cousin's marriage? Yes, he informed me of it. It is a pity, is it not? I say nothing, but I do not think the less.—The captain's death is strange, is it not? Yes, it is very strange.

Qu'avez-vous fait aujourd'hui à l'école? Nous avons écouté notre professeur.—Qu'a-t-il dit de nouveau et d'intéressant? Il a fait un grand discours sur la bonté de Dieu. Après avoir dit : La répétition est la mère des études, et une bonne mémoire est un grand bienfait de Dieu, il a dit : Dieu est le créateur du ciel et de la terre ; la crainte du Seigneur est le commencement de toute sagesse.—Que faites-vous toute la journée dans ce jardin? Je m'y promène. Qu'est-ce qui vous y attire? Le chant des oiseaux m'y attire. Y a-t-il des rossignols? Il y en a, et l'harmonie de leur chant m'enchante. Ces rossignols ont-ils plus de pouvoir sur vous que les beautés de la peinture, ou que la voix de votre tendre mère, qui vous aime tant? J'avoue que l'harmonie du chant de ces petits oiseaux a plus de pouvoir sur moi que les paroles les plus tendres de mes plus chers amis.

À quoi votre nièce s'amuse-t-elle dans sa solitude? Elle lit beaucoup, elle joue du piano, elle aime à peindre et elle écrit des lettres à sa mère, qui est absente. À quoi M. votre oncle s'amuse-t-il dans sa solitude? Il trouvait beaucoup de plaisir dans la société, dans le monde ; mais à présent, il ne s'en soucie plus ; il n'aime que la pêche et la chimie. Pourquoi n'allez-vous pas voir (ne passez-vous pas chez) Frédéric? Qu'est-ce que cela vous fait, je vous prie? Je ne me mêle pas ordinairement des choses qui ne me regardent pas, mais je vous aime tant que je m'intéresse beaucoup à ce que vous faites.—Quelqu'un se soucie-t-il de vous? Personne ne se soucie de moi, car je n'en vaux pas la peine.

58me. Cinquante-huitième Thème. 1ère Section.

When you have come (p. 505—5) to see us we will go to see you, for you know that you owe us a visit. Do you count visits in this way? No, it is merely to remind you that it is long since we had the pleasure of seeing you at our house.—As soon as they have been brought, send them to me, do you hear (*mind*)? I will not fail to do it.—When will you go to see the de Courcis? We will call on them as soon as we are (*will be*) informed of their return.—Will Charles take a ride on horseback as soon as he has eaten his dinner? No, he will pay a visit to his uncle whose wife is dead. His wife is dead, and what of? She died of the cholera. It is a pity. She was a very fine (good) lady. —Has the merchant sent the barrel of flour? No, he has not yet sent it. When he has (p. 505—5) sent it, make some bread. I shall make some as soon as the flour has come.—Did you know that Thomas is married? No, I did not know it; but I knew that Martha is married and well married. Whom did she marry? She married M. Dubois. The merchant? No, the lawyer. I am delighted to hear it.

Vos parents iront-ils demain à la campagne? Ils n'iront pas, car il fait trop de poussière.—Irons-nous nous promener aujourd'hui? Nous n'irons pas nous promener, car il va bientôt pleuvoir.—Pleuvra-t-il avant midi? Je crois que oui.—Voyez-vous le château de mon parent derrière cette montagne-là? Je le vois. Y entrerons-nous? Nous y entrerons si cela vous plaît. Voulez-vous entrer dans cette chambre? Je n'y entrerai pas, car il y fait de la fumée.—Je vous souhaite le bonjour, Madame. Ne voulez-vous pas entrer? Ne voulez-vous pas vous asseoir? Je m'assiérai sur ce grand fauteuil.—Voulez-vous me dire ce qu'est devenu votre frère? Je vais vous le dire.—Où est votre sœur? Ne la voyez-vous pas? Elle est assise sur le banc. Votre père est-il assis sur le banc? Non, il est assis sur le sofa d'acajou.

As-tu dépensé tout ton argent? Je n'ai pas tout dépensé —Combien t'en reste-il? Il ne m'en reste pas beaucoup; il ne me reste plus que cinq francs. — Combien d'argent reste-t-il à tes sœurs? Il ne leur reste plus que trois écus.— Vous reste-t-il assez d'argent pour payer votre tailleur? Il m'en reste assez pour le payer; mais si je le paie, il ne m'en restera guère.—Combien d'argent restera-t-il à vos frères? Il leur restera cent écus.—Quand irez-vous en Italie? J'irai aussitôt que j'aurai appris l'italien.—Quand vos frères iront-ils en France? Ils iront aussitôt qu'ils sauront le français.—Quand l'apprendront-ils? Ils l'apprendront, quand ils auront trouvé un bon maître.—Combien nous restera-t-il d'argent, quand nous aurons payé nos chevaux? Quand nous les auront payés, il ne nous restera que cent écus.

58me. Cinquante-huitième Thême. 2de Section.

Where is Miss Emily? She is seated on the bench under the big tree in the garden. It is very damp; is she not afraid of catching a cold? She is more afraid of the dust than of the dampness.—What will he do as soon as he has finished (p. 505—5) his exercise? Will he play on the violin? No, he will not, for the dampness has broken two strings of his violin. Which strings are they? They are the two smallest. Has he no other strings? No, but when he has done, he will go and get some (*buy*). Will you play on the piano when he plays on the violin? I do not care about playing to-day; but we often play together. It rains; call Miss Emily, or else she will get wet. You are mistaken; it is not rain, but snow. I believe you are right, and I am very sorry for it, for it will be very dirty out of doors, it will be very bad walking. I begin to be cold; let us go in my office. It is warmer there.

Gagnez-vous quelque chose à cette affaire? Je n'y gagne pas beaucoup; mais mon frère y gagne beaucoup. Il remplit sa bourse d'argent.—Combien d'argent y avez-vous gagné? Je n'y ai guère gagné, mais mon cousin y a gagné beaucoup. Il a rempli sa poche d'argent.—Pourquoi ce jardinier ne travaille-t-il pas? C'est un vaurien, car il ne fait que manger toute la journée. Il se remplit toujours de viande fraîche et de viande salée, de sorte qu'il se rendra malade, s'il continue à manger tant.—De quoi avez-vous rempli cette bouteille? Je l'ai remplie de vin.—Cet homme veut-il avoir soin de mon cheval? Il veut en avoir soin.—Qui aura soin de mon domestique? L'aubergiste aura soin de lui.

Votre domestique a-t-il soin de vos chevaux? Il a soin des

miens et de ceux de mon cousin.—A-t-il soin de vos habits? Il en a soin, car il les brosse tous les matins.—Avez-vous jamais bu du vin français? Je n'en ai jamais bu.—Y a-t-il long-temps que vous n'avez mangé de pain français? Il y a près de trois ans que je n'en ai mangé.—Avez-vous fait mal à mon beau-frère? Je ne lui ai pas fait mal, mais il m'a coupé le doigt.—Avec quoi vous a-t-il coupé le doigt? Avec le couteau que vous lui avez prêté.—Votre père est-il enfin arrivé? Tout le monde dit qu'il est arrivé; mais je ne l'ai pas encore vu.—Le médecin a-t-il fait mal à votre fils? Il lui a fait mal, car il lui a coupé le doigt.

58me. Cinquante-huitième Thême. 3me Section.

Has the traveller come down from the mountain? He came down the mountain and ascended the river.—Did your nephew alight from his horse to pick up his companion's (*fem.*) glove? No, a traveller was kind enough to pick it up and to return it to the young lady.—Play Hail Columbia for us. I would rather not play now. Oh! do, play it. I will do it to oblige you; but I will not be able to play it well, I assure you, for I do not feel like it (*in a playing humor*).—Who is this gentleman with a blue beard? He is the minister of our church. —Has the groom (*ostler*) taken the new horse to the old stable? Yes, he has.—Will you bring your sister with you, and take her song book along? I will bring her, but not her singing book.—I forgot my cane in the stable; go and get it for me. Wait a minute, I will return presently.

A-t-on coupé la jambe du menuisier? On la lui a coupée pour l'empêcher de mourir.—Etes-vous content de votre domestique? J'en suis très-content, car il est propre à tout.—Que sait-il? Il sait tout.—Sait-il monter à cheval? Il le sait.—Votre frère est-il enfin revenu d'Angleterre? Il en est revenu, et il vous a amené un beau cheval.—A-t-il dit à son palefrenier de me l'amener? Il lui a dit de vous l'amener.—Que dites-vous de ce cheval? Je dis qu'il est beau et bon, et je vous prie de le mener à l'écurie.—À quoi avez-vous passé le temps hier? J'ai été au concert et ensuite au spectacle.

Quand cet ouvrier est-il descendu dans le puits ? Il y est descendu ce matin.—Est-il déjà remonté ? Il y a une heure qu'il est remonté.—Où est votre frère ? Il est dans sa chambre. —Dites-lui de descendre, je vous en prie.—Je vais le lui dire ; mais il n'est pas encore habillé.—Votre ami est-il toujours sur la montagne ? Il en est déjà descendu.—Avez-vous descendu ou remonté la rivière ? Nous l'avons descendue.—Mon cousin vous a-t-il parlé avant de partir ? Il m'a parlé avant de monter en voiture.—Avez-vous vu mon frère ? Je l'ai vu avant de monter sur le vaisseau.—Vaut-il mieux aller en voiture que de monter sur un vaisseau ? Ce n'est pas la peine de monter en voiture, ni de monter sur le vaisseau, quand on n'a pas envie de voyager.

59me. Cinquante-neuvième Thême. 1ère Section.

Whom were you looking for ? I was looking for my little brother, whom I can find neither up nor down stairs. If you are seeking him yet, you must go near the river. What is he doing there ? He is fishing, seated on the bench you got placed there. He was not very well yesterday ; will not the dampness make him sick ? I hope not.—There is at the door a boy who asks for you. Bid him come in. What do you want of me ? I bring you your clothes. Why did you not bring them before ? They were not made, so that I could not bring them ; but here they are. Very well. (*That will do.*) Put them on that chair. When I have tried them on, I will call on the tailor. Very well, Sir.—You have learned your lesson, why did not your sister know hers ? She took a long walk with our dear mother, so that she could not study it. Where did they go ? They first went near the river, which is behind our garden ; then, they passed before the large new house, around which they went, and finally they ascended the mountain. And all that on foot ? Yes ; but I assure you they were very tired. I believe so.

Étiez-vous aimé quand vous étiez à Dresde ? Je n'étais pas haï.—Votre frère était-il estimé, lorsqu'il était à Londres ? Il était aimé et estimé.—Quand étiez-vous en Espagne ? J'y étais lorsque vous y étiez.—Qui était aimé et qui était haï ? Ceux qui étaient sages, assidus et obéissants étaient aimés, et ceux qui étaient méchants, paresseux et désobéissants étaient punis, haïs et méprisés.—Étiez-vous à Berlin, lorsque le roi y était ? J'y étais lorsqu'il y était.—Votre oncle était-il à Londres, lorsque j'y étais ? Il y était lorsque vous y étiez.—Où étiez-vous lorsque j'étais à Dresde ? J'étais à Paris.—Où était votre père, lorsque vous étiez à Vienne ? Il était en Angleterre.

Quand déjeuniez-vous, lorsque vous étiez en France ? Je déjeunais lorsque mon oncle déjeunait.—Travailliez-vous lorsqu'il travaillait ? J'étudiais lorsqu'il travaillait.—Votre frère travaillait-il lorsque vous travailliez ? Il jouait lorsque je travaillais.—De quoi nos ancêtres vivaient-ils ? Ils ne vivaient que de poisson et de gibier, car ils allaient tous les jours à la chasse et à la pêche.—Remontiez-vous le fleuve pendant qu'il pleuvait ? Oui, nous le remontions pendant qu'il pleuvait très-fort, et comme nous n'avions pas de parapluie, nous avons été tout mouillés.—Alliez-vous souvent voir vos amis quand vous étiez à Berlin ? J'y allais souvent ; cinq ou six fois par semaine.—Ecriviez-vous à Jean ? J'écrivais à lui, à son cousin Jules et à son ami Alfred.—Alliez-vous quelquefois aux Champs-Elysées, lorsque vous étiez à Paris ? J'y allais souvent.

59me. *Cinquante-neuvième Thême.* 2de *Section.*

Who is out ? Nobody is out. Thomas, shut the doors and shutters.—Has the wine-merchant sent the brandy ? No, he has not yet been able to send it, because his boy is sick. Has he drunk too much brandy ? That is the very thing.—Where will you be obliged to wait for your nephew and your niece ? We will wait for her, at the turnpike-gate ; for him, at the workshop. Were you waiting for them at the museum yesterday ? No, I was waiting for them at the covered bridge. Was it stormy then ? Yes, it was. The thunder was roaring, it was raining and hailing. Did they come after the storm ? No, they thought I had not gone out.—What tale did that traveller relate to you? He related to me a tale I did not understand; he told me strange and extraordinary things. It is a pity that travellers exaggerate as they do.—Will there be much fruit this year? There will be a great deal, apples especially.—What did you use to do when you lived in that country? When we lived there, we often went gunning on the sea-shore. What people (*kind of*) had you there? We had good people there, but they are not happy.

Vous levez-vous de bonne heure? Pas si tôt que vous; mais quand je demeurais chez mon oncle je me levais de meilleure heure que je ne le fais maintenant.—Gardiez-vous le lit quelquefois, lorsque vous demeuriez chez votre oncle? Quand j'étais malade, je gardais le lit toute la journée.—Y a-t-il beaucoup de fruit cette année? Je ne le sais pas, mais l'été dernier, lorsque j'étais à la campagne, il y avait beaucoup de fruit.—À quoi gagnez-vous votre vie? Je gagne ma vie à travailler.—Votre ami gagne-t-il sa vie à écrire? Il la gagne à parler et à écrire. —Ces messieurs gagnent-ils leur vie à travailler? Ils la gagnent à ne rien faire, car ils sont trop paresseux pour travailler.—À quoi votre neveu a-t-il gagné cet argent? Il l'a gagné à travailler.

À quoi gagniez-vous votre vie, lorsque vous étiez en Angleterre? Je la gagnais à écrire.—Votre cousin gagnait-il son appétit à écrire? Il le gagnait à travailler.—Avez-vous jamais vu une telle personne? Je n'en ai jamais vu une pareille.— Avez-vous déjà vu notre église? Je ne l'ai pas encore vue.— Où est-elle? Elle est hors de la ville. Si vous voulez la voir, j'irai avec vous pour vous la montrer.—De quoi vivent les gens qui habitent le bord de la mer? Ils ne vivent que de poisson.—Pourquoi ne voulez-vous plus aller à la chasse? Pendant qui je chassais hier, je n'ai tué qu'un vilain oiseau, de sorte que je n'irai plus à la chasse.—Pourquoi ne mangez-vous pas? Parce que je n'ai pas bon appétit.—Pourquoi votre frère a-t-il tant mangé? Parce qu'il avait bon appétit.—Faites-vous des fautes dans vos thêmes ? J'en fais quelque fois.—Il ne faut pas en faire, car vous avez tout ce qu'il faut pour vous empêcher d'en faire.

60me. Soixantième Thême. 1ère Section.

Do you expect any one? At present? No. I was expecting a workman at 6 o'clock, but as he did not come, I no longer expect him. Should he come, would you employ him? No, if that workman should come at this time, I would not employ him, if he had not an excellent reason to give me for having missed coming. You are right; there is nothing like punctuality.—Did you know that Mr. N. D. was dead? Yes, I heard it before I arrived. Was he one of your acquaintances? (*Was he an acquaintance of yours?*) Yes, he was one of my most ancient acquaintances. How long had you been acquainted with him? I had known him about...... Guess. Guess! I never can guess. Tell me. Well! I had known him 15 years.—Where must I go? You must go to the jeweller's. To the silver-smith's? Yes, to the jeweller's. And why must I go there? I wanted to have something done (*I had bespoken*); but as I have changed my mind you must immediately go to tell him so, to prevent his beginning the work.

Oubliiez-vous quelque chose lorsque vous alliez à l'école? Nous oubliions souvent nos livres.—Où les oubliiez-vous? Nous les oubliions à l'école.—Oubliions-nous quelque chose? Vous n'oubliiez rien.—Votre mère priait-elle pour quelqu'un, lorsqu'elle allait à l'église? Elle priait pour ses enfants.—Pour qui priions-nous? Vous priiez pour vos parents.—Pour qui nos parents priaient-ils? Ils priaient pour leurs enfants.—Lorsque vous receviez votre argent qu'en faisiez-vous? Nous l'employions à acheter de bons livres.—Employiez-vous aussi le vôtre à acheter des livres? Non, nous l'employions à secourir les pauvres.—Ne payiez-vous pas votre tailleur? Nous le payions. —Payiez-vous toujours comptant, lorsque vous achetiez chez ce marchand? Nous payions toujours comptant, car nous n'achetons jamais à crédit.

Votre sœur est-elle parvenue à raccommoder vos bas? Elle y est parvenue.—Votre mère est-elle revenue de l'église? Elle n'en est pas encore revenue.—Elle en reviendrait s'il ne pleuvait pas; n'est-ce pas? Oui, elle en reviendrait. Où votre tante est-elle allée? Elle est allée à l'église.—Où nos cousines sont-elles allées? Elles sont allées au concert.—N'en sont-elles pas encore revenues? Elles n'en sont pas encore revenues, car la voiture n'ira les prendre que dans un quart d'heure.—Me donneriez-vous quelque chose de joli si j'étais bon? Si vous étiez bon et si vous travailliez bien, sans vous mêler des affaires d'autrui, je vous donnerais un beau livre.—Auriez-vous de l'argent si votre père était ici? J'en aurais assez s'il arrivait.

60me. Soixantième Thème. 2de Section.

Where are my kid gloves? Here they are behind your hat. If they were not here, would you go for them? If they had not been here, I would have gone for them. I did not think you were so obliging. You were mistaken.—Are my cousins up stairs? Must I go and see? No, there they are.—Of whom were you speaking? Guess. I cannot guess. We were speaking of Messrs. Ducomb, and there they are.—Have I any clean shoes? I do not know. You must go and see. Yes, here are some. Give me a pair. Here are two. If I had asked you for two pairs, you would have shown me only one. Here are two, choose the pair you like.—Where is Thomas? Here he is. Where? I do not see him. He was here a moment ago; but he has gone away. Must I go for him? Never mind.—Does he speak Spanish? He could speak it if he would. You mean to say, that he would speak it, if he could.—Would you have gone to Baltimore if your parents had gone? Yes, they would have taken me there with them.—Would you not have come sooner if you had been able? (*had it been in your power?*) Yes, I would have come before them, if I had been able to do it.—Where must you go? Nowhere.

Qui est là? C'est moi.—Qui sont ces hommes? Ce sont

des étrangers qui veulent vous parler. De quel pays sont-ils ? Ce sont des Américains.—Où est mon livre ? Le voilà.—Et ma plume ? La voici.—Où est Mademoiselle votre sœur ? La voilà.—Où sont nos cousines ? Les voilà.—Où êtes-vous, Jean ? Me voici.—Pourquoi vos enfants demeurent-ils en France ? Ils veulent apprendre le français ; voilà pourquoi ils demeurent en France.—Pourquoi êtes-vous assis près du feu ? J'ai froid aux mains et aux pieds, voilà pourquoi je suis assis près du feu.— Votre sœur a-t-elle froid aux mains ? Non, mais elle a froid aux pieds.—Madame votre tante qu'a-t-elle ? Le bras lui fait mal.—Avez-vous quelque chose ? La tête me fait mal.—Cette femme qu'a-t-elle ? La langue lui fait beaucoup de mal.

Pourquoi ne mangez-vous pas ? Je ne mangerai pas avant d'avoir bon appétit.—Votre sœur a-t-elle bon appétit ? Elle a très-bon appétit ; voilà pourquoi elle mange tant.—Si vous avez lu les livres que je vous ai prêtés, pourquoi ne me les rendez-vous pas ? Je compte les lire encore une fois ; voilà pourquoi je ne vous les ai pas encore rendus ; mais je vous les rendrai aussitôt que je les aurai lus pour la seconde fois. Pourquoi n'avez-vous pas apporté mes souliers ? Ils n'étaient pas faits, c'est pourquoi je ne les ai pas apportés ; mais je vous les apporte à présent : les voici.—Pourquoi votre fille n'a-t-elle pas appris ses thêmes ? Elle a été faire un tour de promenade avec sa compagne ; voilà pourquoi elle ne les a pas appris ; mais elle promet de les apprendre demain, si vous ne la grondez pas. Qu'a son cheval ? Il a mal à une jambe ; c'est pour cela qu'elle ne s'est pas promenée à cheval.

60me. Soixantième Thême. 3me Section.

Where must you be to-morrow evening ? To arrive in Boston the day after to-morrow, in the morning, I must be in New York to-morrow evening. Is your son-in-law going with you ? I go there alone, without any company but that of little Joseph, who accompanies me (*comes along*). If your daughter were not sick, would not your son-in-law, her husband, accompany you ?

No; he could not, because it is the busy season.—Are not this little boy's feet cold? Why do you think so? Because he has such bad shoes. He would be cold if he was not used to it.—Who is gone to Canada? The lawyer's father-in-law, mother-in-law, sister-in-law and brother-in-law are all gone. Had he not started before they did? He? He has not gone yet. I thought he had.—Would you not have written to your dear little cousin (fem.) and to your tall cousin, if you had known that the captain would pass through Newark? I would have written to her, but not to him.

Seriez-vous bien aise si je vous prêtais un livre intéressant ? Sans doute que j'en serais bien aise. Vous savez très-bien que j'aime beaucoup à lire. Mais avez-vous un livre intéressant ? Que pensez-vous d'un des ouvrages de W.——? J'aimerais beaucoup à lire son dernier ouvrage.—En vérité ! Alors que voulez-vous me donner si je vous le prête ? Vous plaisantez, n'est-ce pas ? Pourquoi le pensez-vous ? Parce que je pense que vous ne dites cela que pour me tracasser. Vous tracasser ? Vous savez que je n'aime pas à vous tracasser. Vous ! Vous n'aimez pas à me tracasser ? Vous me tracassez tous les jours. J'aimerais à vous tracasser ; mais je ne peux pas, vous êtes si bonne.—Le voleur aurait-il été puni s'il avait été pris ? Il aurait été puni, si on avait pu prouver qu'il était coupable.—Votre cousine ferait-elle tant de progrès si elle n'étudiait pas tant ? Elle n'étudie pas tant que vous croyez (*pensez.*) Elle n'étudie pas tant que moi ; et cependant (*néanmoins*) elle fait plus de progrès. Comment cela se fait-il ? Elle apprend plus aisément que moi.

RECAPITULATORY EXERCISE. RÉSUMÉ.

Have you found the bracelet I lost? Have you lost a bracelet? Yes, I lost a golden one, like this. I am sorry to tell you that I have not found any. Is it long since you lost it? I put both on, about an hour ago, and now I have but that of the left arm. Did you go out since you put them on? No; however, I was at the front door to accompany a young lady of my acquaintance who called to see me. Have you since looked for your bracelet there? Yes, it is not there. If you did not go out, your bracelet is not lost, it is only mislaid. Mislaid or lost is nearly the same thing; it is no longer on my arm. You will find it again; be patient (*have patience*).—Now, I guess you thought you had put both bracelets on, and that you only put one on. You, jest, do you not? No, I do not. I am almost certain that you will find it upstairs on your table or on your toilet. I will go and see.

Mr. Saint-Cir, is it cold out? Cold? No, it is delightful weather; cooler than yesterday, but agreeable. Agreeable for those who walk or saunter about; but cold for those who sit down long to write or to read. That may be. As for me, I find it very pleasant. But come, sit down. Here is an arm-chair. No, keep the arm-chair, you who are cold; as for me, I will sit here on this seat. Are they all well at your house? We are all well except my young daughter. What is the matter with her? I do not know; but she is sick; to day, the toothache; to-morrow the headache; another time a cold ... But here is Louis. That one is not sick, I assure you. Good day, Louis, how goes it? Very well, Sir, thank you. Do you sleep well? Yes, I do. Do you eat, drink and play well? Yes, he does all that to perfection. Does he study well? Yes, he is a good pupil. Now, I think he has come to show me something he has translated. Is it not so, Louis?

It is a little anecdote, papa. Will you permit him to read it? To be sure; I shall be pleased to hear it. That translation has not been corrected, so that there may be some mistakes, which you will have the goodness to excuse. Doubtless. Who does not make mistakes? Read thy translation. I am afraid, papa. How! thou art afraid! Come, do not be childish. Read. Translation. A French officer having arrived at the court of Vienna, the Empress Theresa asked him, if he thought that the princess of N—, whom he had seen the day before, was truly, as people said, the handsomest woman in the world? Madam, replied the officer, I thought so yesterday. That is very well, Louis. But, tell me, how didst thou spell the past participle *vu?* I spelt it, v, u, e, feminine. Why? Because its *direct object, que,* is before. That is the rule. That's right. Very well.

The answer of the French officer was an ingenious one. It is looked upon as such; for, each nation relates it, and changes the place. Yes, that's true. The English place it at the court of England, under the reign of their favorite queen, Elizabeth; the French at the court of France, the Spaniards in Madrid, &c., &c. Good anecdotes belong to everybody. Louis, canst thou relate to us that of the old gentleman and of the young man in church? I do not know whether I can say it; but I could read it if I had it here. No, no, try to relate it to us. I am going to (will) try; but I am afraid I cannot succeed. Begin; we are ready to listen to thee. A young man being in a church, inattentive to the service and very restless, asked of an old gentleman, who was in the next pew: Do you know, sir, a rule without an exception? Yes, he answered; a gentleman always behaves well, and especially in church.

61*me. Soixante et unième Thême.* 1*ère Section.*

Would you wish (have you a notion) to go to the museum? Yes, I should like very well to go, but I must go home. And why so? I must be there before 9, and have done my task before 10 o'clock. You are punctual, and you are right.—Is the woman who was so ill last evening, dead? The physician thought she would not live through the night; but I presume she is not dead, for we have not heard anything about it. Physicians make mistakes sometimes as well as other people. And why should they not make mistakes? They are liable to make mistakes like other people.—Does cotton sell well this year? Yes, the price is a little higher in Liverpool. Did it sell well last year? Yes, it did, very well.—Are you pleased with your new pair of shoes? I am pretty well pleased with them; but I would have been still more so, had not the shoes been quite so big. What do you think of Solomon, who went out this morning with his winter cloak on? That is beyond comprehension (a familiar way: *that beats all*, or *did you ever!*) He must be sick. He? No, it is to look odd (*to appear eccentric*).

Qu'est devenu votre oncle? Je vous dirai ce qu'il est devenu. Voici la chaise sur laquelle il était assis souvent.—Est-il mort? Il est mort.—Quand est-il mort? Il est mort il y a deux ans. —J'en suis très-affligé.—Pourquoi ne vous asseyez-vous pas? Si vous voulez rester auprès de moi, je m'assiérai; mais si vous vous en allez, je m'en irai avec vous.—Qu'est devenue votre tante? Je ne sais pas ce qu'elle est devenue.—Voulez-vous me dire ce qu'est devenue votre nièce? Je veux vous dire ce qu'elle est devenue. Est-elle morte? Elle n'est pas morte, mais vivante. —Qu'est-elle devenue? Je pense qu'elle est allée à Vienne.—Que sont devenues vos sœurs? Je ne peux pas vous dire ce qu'elles sont devenues, car il y a deux ans que je ne les ai vues.—Vos parents vivent-ils? Ils ne sont pas vivants, mais morts.

Combien de temps y a-t-il que votre cousine est morte? Je présume qu'il y a six mois qu'elle est morte.—Le vin se vendait-il bien l'année dernière? Il ne se vendait pas trop bien; mais il se vendra mieux l'année prochaine, car il y en aura beaucoup, et il ne sera pas cher.—Pourquoi ouvrez-vous la porte? Ne voyez-vous pas comme il fait de la fumée ici? Je le vois, mais il faut ouvrir la fenêtre au lieu d'ouvrir la porte.—La fenêtre ne s'ouvre pas facilement, voilà pourquoi j'ouvre la porte.—Quand la fermerez-vous? Je la fermerai aussitôt qu'il n'y aura plus de fumée.—Alliez-vous souvent à la pêche, lorsque vous étiez dans ce pays-là? Nous allions souvent à la pêche et à la chasse —Si vous voulez venir avec nous à la campagne, vous verrez le château de mon père.—Vous êtes très-poli, Monsieur; si je n'avais pas vu ce château-là, j'accepterais volontiers; mais je l'ai déjà vu. N'importe; il faut que vous y alliez avec nous. Le puis-je? Vous savez qu'il faut que je sois à la maison ce soir, et que j'ai vingt milles à faire.

EXERCISE LXI.

61me. Soixante et unième Thème. 2de Section.

Are you from the same country as that lady? No, I am a French woman, and she is a Swiss.—What does your son-in-law (step-son) complain of? He complains of his brother-in-law.—How do you call this young lady? This is Madame de Balmont. Is this young lady married? To be sure. She seems so young that I would not think so, if you did not tell me. She is not so young as she appears to be. No! How old is she, then? Guess, if you can. If I guess, I'll say 16 years. You did not succeed in guessing.—Is not the young clerk angry at you? No, he is not angry at me, for I have not done anything to him. Whom is he angry at? He is displeased with you, who broke his pretty little cane. Did I not pay him for it? Yes, you did; but the price is not the cane. It depends upon circumstances; sometimes one is better, sometimes the other.—Do they say: *fill with water the bottle?* No, that is not said. What is said, then? *Fill the bottle with water.*

Où avez-vous pris ce livre? Je l'ai pris dans la chambre de votre amie.—Est-il bien de prendre les livres des autres? Ce n'est pas bien, je le sais; mais j'en avais besoin, et j'espère que votre amie n'en sera pas fâchée : car je le lui rendrai aussitôt que je l'aurai lu.—Comment vous appelez-vous? Je m'appelle Guillaume.—Comment s'appelle votre sœur? Elle s'appelle Léonore.—Les femmes sont-elles plus belles à Paris qu'à Londres? Les étrangers le disent.—Les femmes sont-elles belles ici? Oui, elles le sont. Sont-elles riches? Quelques unes sont riches, d'autres sont pauvres. Sont-elles industrieuses? Elles avaient coutume de l'être (*elles l'étaient*).—Vous paraissez mécontent; êtes-vous fâché contre quelqu'un? Oui, je suis fâché contre mon mari, qui n'a pas voulu m'amener à Boston Il n'est peut-être pas assez riche.

To THE READERS.—From to-day a portion of the questions will be without answers, to accustom the pupil to make them himself.

De quel pays est-elle ?—En êtes-vous aussi ?—Seriez-vous fâché si vous pouviez aller voyager ?—N'auriez-vous pas été contente si elle n'était pas morte ?—Pourquoi êtes-vous fâchée ?—Ce marchand est honnête ; on peut faire des affaires avec lui, n'est-ce pas ?—Qui, dites-vous, est si poli ?—Cet homme et sa femme sont heureux, n'est-ce pas ?—Cette jeune fille est très-intéressante : n'est-elle pas heureuse ?—Vos gants sont-ils aisés ou difficiles à mettre ?—Cet étranger porte-t-il de bons vins ?—Que vendent-ils à bon marché ?—Qu'est-ce qui est inutile ?—Qu'est-ce qui est impoli ?—L'allemand est-il difficile à traduire ? —L'est-il à prononcer ?—Ne l'est-il pas à parler ? Si ceci est utile, pourquoi ne le faites-vous pas ?—Si se lever de bonne heure est utile et aisé à faire, pourquoi ne vous levez-vous pas de meilleure heure que vous ne le faites ?—Est-ce bien de parler mal des absents ?—Ne remplissez pas cette bouteille de vin.—Que rempliriez-vous de café si vous en aviez ?—Aurait-il bu cette eau-de-vie si je la lui avais donnée ?—À quoi cela est-il bon ? (*sert-il ?*)

61me. *Soixante et unième Thême.* 3me Section.

Who reigns in England? Queen Victoria the First. What king reigns in France? No king reigns there. Who was the last? Louis Philippe the First.—Which was the last Charles of Spain? Was it Charles the Third or the Fourth? It was Charles the Fourth. Who was his successor? It was Ferdinand the Seventh. How many Georges were there in England? There have been four. Were there any in France? No, there were none. Was there a Henry the Fourth in that last country? Yes, there was one, who is called Henri the Great. *Without answers:* Can you give answers in French?—Could you have given any at the first lesson?—What must I have?—Does he wish me to go to the jeweller's?—If you were as rich as Stephen Girard was, what would you do?—Did he not always wear a half-worn-out coat?—Who does things by half?—What would you do rather than be a merchant?—Which king of France was put to death?—Where do you wish me to go?

Qu'est-ce que Charles-Quint disait des langues européennes? Charles-Quint, qui parlait couramment plusieurs langues européennes, avait coutume de dire qu'il fallait parler espagnol avec les dieux, italien avec son amie, français avec son ami, allemand avec les soldats, anglais avec les oies, hongrois avec les chevaux et bohémien avec le diable.—Admirez-vous ce que Charles-Quint disait des langues? Je vous assure que non. Je pense, au contraire, que c'est un sot discours. Pourquoi le pensez-vous? Parce qu'il faut parler ces langues aux gens qui les parlent, et non pas aux oies, aux chevaux et au diable.—Comment sa majesté, l'empereur Charles-Quint savait-il que le bohémien convenait à sa majesté infernale? Toutes les majestés ne sont-elles pas parentes?

Comment appelle-t-on cela en français?—Quel est le français de: companion? (*compagnon;*) de: a female companion? (*compagne;*) de: an acquaintance of mine? (*Une de mes connaissances.*) Savez-vous ou ne savez-vous pas celui de: a half-worn-out hat? (*Un chapeau à demi-usé.*) Cette jeune demoiselle s'appelle-t-elle Léonore?—Son frère s'appelle-t-il Étienne?—Où George trois a-t-il régné?—Charles premier fut-il mis à mort?—Sixte-Quint était-il pape ou roi?—Tous les rois sont-ils heureux?—Y a-t-il eu beaucoup de papes?—Est-il correct de dire: heureux comme un roi ou comme un pape?—Qui ne voudrait pas être fermier plutôt que roi?—Que me faut-il?—Où faut-il que vous alliez?—Vous voulez que je sois bon, soyez-le vous-même.—Veut-elle que je vienne jouer à son concert?

62me. Soixante-deuxième Thême. 1ère *Section.*

Are you going to pour yourself a drink? I, no; but as for Henry, he does not cease to pour himself drinks. He must be thirsty. It is very likely (*probable*).—Pour out a drink for the gardener. What shall I pour out for him? Water, brandy or sweet wine? As he has had a fever, pour him out a little sweet wine. Is it good for a fever? So they say.—Is your cider sweet or sour? It is neither sweet nor sour.—Does he like his coffee sweet? No, he takes it without sugar.—What makes life sweet?—Has Miss Clara an intermittent fever yet? Her fever is cured. What accident has happened to the priest? He fell from his horse and hurt his left leg and right foot very much.

Without answers: Did you associate (*form a partnership*) with the merchant who sells so cheap?—Were they able to tell you which disease the old priest died of?—Is not this wine a little sour?—Are those cherries sweet?—My tea is too sweet, pour in it a little water and milk.—Is not your son afraid of the yellow fever in New Orleans, or has he already had it?—What does the physician say?—Does he think that attack of apoplexy will kill the old grocer?—Must you not come?

De quelle maladie votre sœur est-elle morte? Elle est morte de la fièvre.—Comment se porte Monsieur votre frère? Mon frère ne vit plus. Il est mort il y a trois mois.—J'en suis étonné, car il se portait fort bien l'été dernier, lorsque j'étais à la campagne. De quoi est-il mort? Il est mort d'apoplexie.—Comment se porte la mère de votre ami? Elle ne se porte pas bien; elle a eu un accès de fièvre avant-hier et ce matin elle l'a reprise.—A-t-elle une fièvre intermittente? Je ne sais, mais elle a souvent des frissons.—Qu'est devenue la femme que j'ai vue chez votre mère? Elle est morte ce matin d'apoplexie.—Vos écoliers apprennent-ils leurs thêmes par cœur? Il les déchireront plutôt que de les apprendre par cœur.—Que me demande cet homme? Il vous demande l'argent que vous lui devez.

Aimez-vous ce vin? Vous verserai-je un verre d'eau-de-vie et d'eau?—Ne préfère-t-elle pas un verre d'eau minérale au sirop?—Ne savez-vous quoi manger?—Où faut-il que vous soyez ce soir?—Combien de vos cousins sont vivants?—Combien de sirop verserai-je pour elle?—N'avez-vous pas entendu frapper à la porte de devant?—Pourquoi verse-t-elle des larmes?—Est-il arrivé un accident?—Que leur est-il arrivé?—Ne cesse-t-il pas de parler?—Comment Madame votre mère aime-t-elle

62me. Soixante-deuxième Thême. 2de Section.

What is the cholera report? It is less favorable than yesterday. How many cases in the 24 hours? There have been 42 cases and 17 deaths. It is more than yesterday, for there were but 35 cases and 14 deaths. That increases one day, and diminishes the other. One must be prudent and moderate. How many cases were reported at St. Louis? Only 12. It is not so large as the last time.—Do you help your cousin to do his task? Only when it is too difficult. As to brother and myself, we never help one another.—Why does that child cry? He has hurt his left leg. What avails crying? Nothing; but children cry (*will cry*). Does she laugh, because that gentleman fell down?—Do you always laugh when you see any one fall?—Do you know no one that cries out then?—Do you trust that butcher?—Does she not trust her servant?—We can trust this one, can we not?—Will she not deceive us?—Do you know the French of: *as you pleased?*—Have you not heard a knock?—What does she pour out for you?—Do they not call out for help?—Do you feel the mild zephyr?—Must I not have a new hat?—Would you be sorry if I should go?—What is your new acquaintance's name?

Vous êtes-vous informé du marchand qui vend si bon marché? Je m'en suis informé; mais personne n'a voulu ou n'a pu me dire ce qu'il est devenu. N'importe; vous en trouverez aisément un autre qui vend aussi bon marché. Je voudrais pouvoir, car je n'ai que peu d'argent.—Le neveu du général est-il mort d'une maladie ou d'un accident? Il est mort de la fièvre jaune.—N'est-il pas arrivé un affreux accident au vieux commis de l'apothicaire? Il est tombé et il s'est cassé les bras ou les jambes.—Les bras et les jambes, avez-vous dit? Non, seulement les bras ou les jambes.—Crierait-elle au secours si je la battais? Si vous lui faisiez du mal, je suis sûr qu'elle crierait. —Ne riraient-ils pas si je leur racontais ce conte? Non, je suis sûr qu'ils s'en fâcheraient.—Ne faut-il pas que j'aille chercher des cigares ? Si fait, il faut que vous alliez en chercher. Ne faut-il pas que j'aie l'argent pour les payer ? Si fait, il faut que vous l'ayez, le voici. Après que vous les aurez payés, il vous restera six sous ; vous pourrez les garder.

Que me demandes-tu ?—Voulez-vous me passer la bouteille, s'il vous plaît.—N'avez-vous pas assez bu ? Faut-il vous verser du vin ? Pourquoi ne mangez-vous pas ?—Qui frappe à la porte ?—Pourquoi crie-t-il ? (*pleure-t-il?*)—Que vous est-il arrivé ? Où irez-vous ce soir ?—Où iront vos frères ?—Pourquoi allez-vous en ville ?—Irez-vous avec moi ?—Faut-il que je vende à crédit à cet homme ?—A-t-il déjà trompé quelqu'un ?—Faut-il que je me fie à ces dames-là ?—Ces marchands se fient-ils à vous ?—De qui ces Messieurs se moquent-ils ?—Pourquoi ces gens-là se moquent-ils de nous ? Faut-il se moquer des personnes qui parlent mal ?—De quoi riez-vous ?—Combien y a-t-il que vous le portez si grand ?

62me. Soixante-deuxième Thême. 3me Section.

Did not some one ring ? I believe some one did.—Has the maid-servant gone to the door ? I did not hear her.—She must go there quicker.—She perhaps did not hear the bell ? It is possible. Is it she who is running ? I presume it is. Yes, it is she. Who was it ? They brought Madam's bonnet. Take it to her. —Who goes to the concert this evening ? You and I will go if we have time.—Would your teacher scold you if you did not perform your task ? No, but he would be sorry. (*It would grieve him.*)—When must the carriage be ready ? It must be ready at ½ past 10.—At what o'clock must Charles come ? He must come a quarter of an hour before.—Will the carriage be full ? It will be full. Could we not also take little Emily ? No, she must not come ; she will cry.—Is it you that laugh so ?— Does she laugh in that foreigner's face ?—Whom are they laughing at ?—Does not your neighbor laugh at your children because they rise so late ?—Has not that author made a book full of mistakes ?—What is that glass filled with ?—I was told that

Mr. P— wished to buy B—'s large house at the corner of Broadway: can he afford it?—Are those who are coming your friends?

Est-ce votre sœur qui joue du piano? Il faut que ce soit elle, car aucune autre personne ne joue. Non, ce n'est pas elle, car la voici. Qui est-ce donc? C'est notre cousine Élise.—Sont-ce vos sœurs qui viennent? Ce sont elles.—Sont-ce vos voisines qui se sont moquées de vous? Ce ne sont pas nos voisines.—Qui est-ce? Ce sont les filles de la comtesse dont le frère a acheté votre maison.—Sont-ce les dames dont vous m'avez parlé? Ce sont elles.—Apprendrez-vous l'allemand? Mon frère et moi nous l'apprendrons.—Irons-nous demain à la campagne? J'irai à la campagne et vous resterez à la ville.—Ma sœur et moi irons-nous à l'opéra? Vous et elle vous resterez à la maison, et votre frère ira à l'opéra.—Que disiez-vous quand votre instituteur vous grondait? Je ne disais rien, parce que je n'avais rien à dire, car je n'avais pas fait mon devoir, et il avait raison de me gronder.

Il faut que vous veniez demain chez moi me rapporter les livres que je vous ai prêtés; entendez-vous?—Qui doit jouer au concert ce soir?—Est-ce toi qui as sali mon éventail?—Pourrait-il apprendre ceci par cœur, avant demain?—A-t-elle pu l'apprendre hier?—N'a-t-elle pas voulu aller à Baltimore la semaine passée?—Ses nièces iraient-elles la semaine prochaine si elles pouvaient?—Je voudrais pouvoir voyager; et vous?—Nous voudrions être savants; et elle?—Ne se soucie-t-elle pas du piano?

63me. Soixante-troisième Thème. 1ère Section.

Is it time for us to go to Washington on account of Frederick's affair? Yes, we must be there to-morrow, or at farthest, the day after to-morrow.—He got into a bad scrape there, I do not know how he will get out of it. He! he frequently gets into bad scrapes, but he always gets out of them. That is true, he is very lucky.—Does she not enjoy (*possess*) a considerable fortune?

Yes, her father left her a considerable fortune, which she possesses and makes a good use of.—Is her health good? Yes, for one who is rich, she enjoys very good health. Is her sister in good health? No, she must often be sick, for she does not look well.—Is not that gentleman one of your acquaintances? (*an acquaintance of yours?*) Which one? the one who is between the two ladies dressed in yellow? No, he who is between the table and the window.—Do you look like your sister?—Does she look like you?—Whom does this clerk resemble? (*look like?*)—Do brother and I look alike? Do not those two sisters resemble each other like two drops of water?—Why does that man run away thus? He must have done something wrong, don't you think so?

Quel est le rapport du comité de santé, aujourd'hui? Le rapport a augmenté aujourd'hui. Combien de cas y a-t-il? Cinquante trois et seulement onze morts. Il faut espérer qu'il diminuera bientôt.—Un certain vaurien aimait beaucoup l'eau-de-vie, mais il lui trouvait deux mauvaises qualités. "Si j'y mets de l'eau," disait-il, "je le gâte; et si je n'y en mets pas, il me gâte."—Votre cousin vous ressemble-t-il? Il me ressemble.—Vos sœurs se ressemblent-elles? Elle ne se ressemblent pas; car l'aînée est paresseuse et méchante, et la cadette assidue et complaisante envers tout le monde.—Comment se porte Madame votre tante? Elle se porte très-bien.—Madame votre mère jouit-elle d'une bonne santé? Elle s'imagine jouir d'une bonne santé, mais je crois qu'elle se trompe, car il y a six mois qu'elle a une mauvaise toux dont elle ne peut se défaire.

Est-ce bien de se moquer ainsi de tout le monde? Si je me moque de votre habit, je ne me moque pas de tout le monde.—Votre fils ressemble-t-il à quelqu'un? Il ne ressemble à personne.—Pourquoi ne buvez-vous pas? Je ne sais que boire: car j'aime le bon vin, et le vôtre ressemble à du vinaigre.—Si vous en voulez d'autre, je descendrai à la cave pour vous en chercher. Vous êtes trop poli, Monsieur, je ne boirai plus aujourd'hui.—Y a-t-il long-temps que vous connaissez mon père?

Il y a long-temps que je le connais, car j'ai fait connaissance avec lui quand j'étais encore à l'école. Nous travaillions souvent l'un pour l'autre, et nous nous aimions comme frères.—Je le crois, car vous vous ressemblez.—Quand je n'avais pas fait mes thêmes, il les faisait pour moi, et quand il n'avait pas fait les siens, je les faisais pour lui.

63me. *Soixante-troisième Thême.* 2de Section.

Why do you frequent those people? (*keep company with?*) I frequent (associate with) them, because they are useful to me. If you do not cease going with them, you will get into bad scrapes, for they have many enemies. You think so? Then I will not continue to see them. You had better do what you say.—Those people seem anxious to approach us. What do they want of us? Shall I ask them? Yes, do.—What do you wish, my friends? They seem not to understand me. They must be strangers.—Who are those ill-looking men (who are) coming this way? If they are robbers, all is over with us. Are you not afraid?—The young doctor is a good-looking man, is he not?—Whom are you going to see?—If you had time would you pay a visit to your cousins (fem.)?—Do you frequent (*frequently go to*) the theatre?—What places do they frequent? That merchant always looks displeased, is he sick?

Pourquoi n'êtes-vous pas venu dîner? J'ai été empêché. Je suis fâché de vous avoir fait attendre. Jusqu'à quand avez-vous attendu? Nous vous avons attendu jusqu'à quatre heures un quart, et comme vous n'êtes pas venu, nous avons dîné sans vous. Vous avez bien fait. J'avais envie de vous envoyer un garçon pour vous informer que je ne pourrais pas venir; mais je croyais pouvoir venir. N'importe. Avez-vous bu à ma santé? Nous avons bu à la vôtre et à celle de vos parents.— Votre oncle quelle mine a-t-il? Il a l'air très-enjoué, car il est très-content de ses enfants.—Ses amis ont-ils la mine aussi gaie que lui? Ils ont, au contraire, l'air triste, parce qu'ils sont mécontents. Mon oncle n'a pas d'argent et il est toujours content; et ses amis, qui en ont beaucoup, ne le sont presque jamais.

Cet homme est-il fâché contre vous? Je pense qu'il est fâché contre moi, de ce que je ne vais pas le voir; mais je n'aime pas à aller chez lui; car lorsque j'y vais, au lieu de me recevoir avec plaisir, il a l'air mécontent.—Il ne faut pas croire cela; il n'est pas fâché contre vous, car il n'est pas si méchant qu'il en a l'air. C'est le meilleur homme du monde; mais il faut le connaître pour pouvoir l'apprécier.—Il y a une grande différence entre vous et lui : vous faites bonne mine à tous ceux qui viennent vous voir, et il fait mauvaise mine à ceux qui vont le voir.

63me. Soixante-troisième Thême. 3me Section.

We must go away. Why must we go away? I do not like the looks of those people. They follow us, I believe. They come this way, let us turn that way. Be not afraid of them.—When shall we go swimming? We would go this very moment if we could find a good spot.—What is the matter with this little boy? His head pains him.—Has she not had a pain in her throat? (*a sore throat?*)—Do you not grieve your aunt?—Do they not grieve their relations?—Whom do you wish to please?—Should I go to the theatre, would my uncle be pleased?—Has he not hurt his sister-in-law's feelings?—Should a robber attack Mr. Randolph, would not his big dog jump upon the robber? (spring at the...)—Does she not cry, because one must yield to necessity?

Qu'avez-vous? C'en est fait de moi! Pourquoi criez-vous comme cela? Pourquoi je crie? On m'a volé mes bagues d'or, mes meilleurs habits, et tout mon argent : voilà pourquoi je crie.—Ne faites pas tant de bruit, car c'est nous qui avons pris tout cela pour vous apprendre à avoir plus de soin de vos affaires, et à fermer la porte de votre chambre quand vous sortez.—Pourquoi avez-vous l'air si triste? J'ai éprouvé de grands malheurs; après avoir perdu tout mon argent, j'ai été battu par des hommes de mauvaise mine, et pour surcroît de malheur, j'apprends que mon bon oncle que j'aime tant, a été frappé d'apoplexie.—Il ne faut pas tant vous affliger, car vous savez qu'il faut céder à la nécessité.

Connaissez-vous un bon endroit pour nager? J'en connais un; mais il est un peu loin. Où est-ce? Si vous voulez aller avec moi, je vous le dirai. J'irai si ce n'est pas trop loin. De l'autre côté de la rivière, derrière la forêt, près du grand chemin.—Quand irons-nous nager? Ce soir, si vous voulez.—Voulez-vous m'attendre devant la porte de la ville? Je vous y attendrai; mais je vous prie de ne pas l'oublier.—Vous savez que je n'oublie jamais mes promesses.—Où avez-vous fait connaissance avec cette dame? J'ai fait connaissance avec elle chez un de mes parents.—Pourquoi votre cousin me demande-t-il de l'argent et des livres? Parce que c'est un fou, car à moi, qui suis son plus proche parent, et son meilleur ami, il ne me demande rien.—Pouvez-vous vous débarrasser de cet homme? Je ne peux pas m'en débarrasser; il veut à toute force me suivre.—N'a-t-il pas perdu la tête? Cela se peut.—Que vous demande-t-il? Il veut me vendre un cheval dont je n'ai que faire.

64me. Soixante-quatrième Thême. 1ère Section.

How foolish that little boy is to cry so? How impolite you are to call him a fool! (to say he is foolish!) And you, how impertinent you are to call me impolite?—Did he answer you thus, he who is under so many obligations to you! He is rich, and he has forgotten all the obligations he owes me.—Who owes no obligations to his fellow creatures!—We owe some assistance to one another. That is true.—Who is that young man with a blue coat? He is the nephew of one of our first merchants. How much money that nephew has spent!—How beautiful is Mrs. Lewis! is she not? And how amiable she is!—Has any one thanked you for the gifts you made us? It is not worth mentioning.—I will thank you if you will show them to me. Willingly. Let us go up in the front room, we will find them there.—I'll thank you if you will pick up my steel pen. Here it is. I thank you. You are welcome.—To whom is that officer indebted for his company? He is indebted for it to his uncle, the general. To whom is he indebted for his situation?

Que de monde il y avait au bal! Alors vous êtes beaucoup amusés, je présume. Pas du tout. Pourquoi donc? Il y avait tant de monde qu'on pouvait à peine y entrer. Que d'invitations ils doivent avoir envoyées! Avez-vous pu danser? Non, il n'y avait pas assez de place. Je vous apporte un joli présent dont vous serez très-content, j'espère. Que vous êtes bon! Qu'est-ce? Une cravate de soie. Que je vous ai d'obligations! Où est-elle? Je l'ai dans la poche de mon habit. La voici dans ce papier. L'ouvrirai-je? Oui, ouvrez-le. À présent je vois la cravate. Comme elle est belle! Vous plaît-elle? Elle me plaît beaucoup, et je vous en remercie de tout mon cœur. J'espère que vous accepterez enfin quelque chose de moi. Que comptez-vous me donner? Je ne veux pas vous le dire, car si je vous le disais, vous n'auriez point de plaisir lorsque je vous le donnerais.

Où voulez-vous que j'aille pour vous? Où je veux que vous alliez pour moi? C'est un peu loin. N'importe. Je vous ai tant d'obligations que j'irai où vous voudrez (*il vous plaira.*) Que vous êtes bon! Pas plus que vous.—Que Clarisse est sotte de rester à la maison quand elle pourrait aller voyager? À présent, elle est presque trop vieille; mais, dites, qu'elle a été sotte de n'y avoir pas été il y a quinze ans, quand elle aurait pu y aller! (*le faire!*) Avec qui aurait-elle pu y aller il y a quinze ans? Avec la famille de son cousin, de la Virginie.—Avait-elle perdu la tête? Peut-être, ou peut-être son cœur.—Dépêchez-vous; vous et moi, il faut que nous soyons chez nous dans un quart d'heure. Venez alors: je suis prêt. Pas moi; car, avant de m'en aller, il faut que j'aie mes crayons. Les voici. Je vous suis très-obligé, et je vous en ai beaucoup d'obligations.

EXERCISE LXIV.

64me. Soixante-quatrième Thême. 2de Section.

Have you seen the lawyer's new house? Yes, I have. And you, have you not yet visited it? No, I must go and see it soon. You had better go and see its size (p. 466, N. 1.) How high is it? It is at least 56 feet high. How wide is it? It has, let me see, the two parlors are each 18 feet wide, and the vestibule nearly 8, which (p. 481, § 90.) make 44 feet, and the thickness of the walls nearly 4 feet more. Then the whole is from 48 to 50 feet wide, is it not? It is a large house for a small man. What is his size? He is about 5 feet 3 inches; for I am, at least, 6 inches taller than he.—Is not your son tall? Yes, he is more than 6 feet high.—Whose two fine black horses are these? Ah? how beautiful they are! They belong to the American minister. Is he not the gentleman with the black coat, the white vest, and the mazarine blue cravat?—How deep is that river? —How high is this mahogany table?—Is it not time for us to go and see the new bridge?

À qui sont ces maisons? Ce sont les miennes : (*Elles sont à moi.*) Ces plumes vous appartiennent-elles? Non, elles appartiennent à ma sœur.—Sont-ce là les plumes avec lesquelles elle écrit si bien? Ce sont les mêmes.—À qui est ce fusil? Il est à mon père.—Ces livres sont-ils à votre sœur? Ils sont à elle. —À qui est cette voiture? Elle est à moi.—Quel est l'homme dont vous vous plaignez? C'est celui qui porte un habit rouge. —Comment était-on habillé? Quelques-uns étaient habillés de bleu, d'autres de vert, d'autres de jaune, et plusieurs de rouge. —Qui sont ces hommes? Celui qui est habillé de gris est mon voisin, et l'homme à l'habit noir est le médecin dont le fils a donné un coup de bâton à mon voisin.—Qui est l'homme a l'habit vert? C'est un de mes parents.—Y a-t-il beaucoup de philosophes dans votre pays? Il y en a autant que dans le vôtre.— Comment ce chapeau me va-t-il? Il vous va très-bien.—Comment cet habit va-t-il à votre frère? Il lui va à merveille.— Votre frère est-il aussi grand que vous? Il est plus grand que moi, mais je suis plus âgé que lui.—De quelle taille est cet homme? Il a cinq pieds quatre pouces.—De quelle hauteur est la maison de notre aubergiste? Elle a soixante pieds de hauteur.—Votre puits est-il profond? Oui, Monsieur, car il a cinquante pieds de profondeur.—"Il y a beaucoup de savants à Rome, n'est-ce pas?" demanda Milton à un Romain.—"Pas autant que lorsque vous y étiez," répondit le Romain.

64me. *Soixante-quatrième Thême.* 3me *Section.*

Is it true your uncle has arrived? Although they told me he has arrived, I do not believe it, I assure you.—Has the minister promised you his assistance? Yes, I assure you it is true.—Is it not time for us to take tea? Yes, it is time for us to take it.—Will you go to the meeting? Although I can go, I shall not, because mother does not wish me to go.—How does Emma find herself to-day? Although better, she is not quite well. Does she go out? Yes, although she is not cured, she goes out.—Do they still quarrel? They quarrel, but it is time for them to be friends.—What are you disputing about? We dispute about the report of the health committee. Will you always dispute? Why should we not?—Has she not saved (*preserved*) you from a great danger?—Did the attack take place?—Did it succeed?—Where were you the day before that?—Were you ignorant of Mr. Francis's marriage?—What is the day before Monday?—What is the day before the 12th?—Don't you hear the cry of fire, fire!—Has the house been saved?—Could they save the stable?—If they had had more water, would the house have been burned?

"Quelle différence y a-t-il entre une montre et moi?" demanda une dame à un jeune officier.—"Madame," lui répondit celui-ci, "une montre indique les heures, et auprès de vous on les oublie."—Que d'obligations je vous ai, mon cher ami! vous m'avez sauvé la vie! Sans vous c'était fait de moi.—Ces misérables vous ont-ils fait du mal? Ils m'ont battu et volé, et quand vous êtes accouru à mon secours ils allaient me déshabiller et me tuer.—Je suis heureux de vous avoir délivré des mains de ces brigands.—Que vous êtes bon ! Je vous en serai toujours redevable ! Il ne vaut pas la peine d'en parler.

Pourquoi ces officiers se querellent-ils ? Ils se querellent, parce qu'ils ne savent que faire.—Est-on parvenu à éteindre le feu ? On y est enfin parvenu ; mais on dit que plusieurs maisons ont été brûlées. N'a-t-on pu rien sauver ? On n'a pu rien sauver, car au lieu d'éteindre le feu, les misérables qui étaient accourus, se sont mis à piller.—Qu'est-il arrivé ? Il est arrivé un grand malheur.—Pourquoi mes amis sont-ils partis sans moi ? Ils vous ont attendu jusqu'à midi, et voyant que vous ne veniez pas, ils sont partis.—Comment s'appelle la veille de lundi ? La veille de lundi, c'est dimanche.—Pourquoi n'avez-vous pas couru au secours de votre voisin dont la maison a été brûlée ? J'ignorais entièrement que le feu fût à sa maison ; car si je l'avais su, je serais accouru à son secours.

65me. Soixante-cinquième Thème. 1ère Section.

Do you propose taking a little journey this summer ? I propose making a little tour. Is it not time you should start ? I propose (*intend*) doing it in a few days.—If you are not busy, let us go and play a game at billiards. It is so long since I played billiards, that you would have no pleasure in playing with me ; but if you are fond of chess, I will take a game with you. I like chess in the evening, when all is quiet.—But must we not go and prepare for Mrs. Rush's soirée ? Although she has done me the honor to invite me, I shall not be able to go. Try to come. Since you wish it, I will endeavor to go to it. Will they play cards ? (*Will there be card-playing ?*) There is always a card party.—Does that young Irishman understand his business ?—Does your maid-servant understand her duty ?—This clerk is acquainted with his business, is he not ? (*knows what he is about.*)—You say your cousin is always in good spirits, why then does she complain from morning till evening ?—As to dancing, he understands it, does he not ?—Has he behaved well from his youth?—What noise is that?—Is it not the wind that blows?—Oh! How strongly it blows (*hard*).—Is it a westerly or a north wind?

Le vent a soufflé de l'est depuis trois ou quatre jours, n'êtes-vous pas étonné que nous n'ayons pas de pluie ? Si fait, je le suis ; car quand le vent souffle (*vient*) de l'est, nous avons généralement de la pluie. Votre vent d'ouest est-il chaud ou froid ? Le vent d'ouest n'est pas très-froid ; mais le vent du nord et celui du nord-ouest sont généralement forts et très-froids. Ne sont-ils pas frais en été ? Si fait, ils le sont. Je présume que votre vent du sud (*midi*) est chaud, n'est-ce pas ? C'est notre vent le plus chaud. Et celui du sud-ouest ? Celui-là est agréable.—Le vent souffle-t-il fort ici ? Il souffle quelquefois assez fort pour déraciner des arbres.—Si Mlle. Clara est à la partie de Mme. M—, voulez-vous me présenter à elle ? Je veux bien, (*je le ferai*) avec plaisir. Y a-t-il long-temps que vous la connaissez ? Il y a deux ans que je la connais. Est-elle au fait des figures des quadrilles ? Elle en est parfaitement au fait, et vous ?

Qui a gagné la partie d'échecs ? J'ai tâché de le faire, mais je n'ai pas pu.—Vos cousins jouent souvent aux échecs, n'est-ce pas ? Non, ils jouent plus souvent au billard ou aux cartes. Je voudrais pouvoir traduire mes thèmes sans faute ; mais quoique je tâche de le faire, je ne peux pas réussir. Essayez encore. C'est le seul moyen de réussir. Puisque vous m'encouragez, je continuerai.—Si elle n'était pas malheureuse, se plaindrait-elle ? Il y a des gens (*personnes*) qui se plaignent toujours.—Pourquoi êtes-vous sans lumière ? Le vent l'a éteinte quand vous êtes entré.—Qu'est-ce que votre maître de français vous fait faire ? Il me fait lire une leçon, ensuite il me fait traduire des exercices anglais en français sur la leçon qu'il m'a fait lire, et du commencement à la fin de la leçon il me parle français et il me faut lui répondre dans la langue même qu'il m'enseigne. Avez-vous déjà beaucoup appris de cette manière ? Vous voyez que j'ai déjà appris quelque chose.

EXERCISE LXV.

65me. *Soixante-cinquième Thême. 2de Section.*

Has he reduced the price of his silk velvet? No, he says he will not take off anything (*deduct nothing*). That merchant overcharges. He says that he does not overcharge; but, that his goods being of the best quality, he is obliged to sell dearer. Will you take (introduce) me to another? I will, with pleasure.—Who introduced that young lawyer to the President? The minister did.—Was the king introduced to the minister? No, but the minister was to the king.—As you know M. Martin, will you introduce him to me? I will. He is coming this way. Dr. Prudieu, permit me to introduce to you (*make you acquainted with*) M. Martin of Louisville.—Dr., I am pleased to make your acquaintance. It is, Sir, with much pleasure that I make yours.—Did he, himself, say so to you? No, but his wife, herself, told me of it.—Did your father permit you to buy 3 ells of that cloth? He did.—Does he permit them to make use of his horse?—Did you raise up the window? Is cotton rising?

Quel est le prix de ce drap? Je le vends trois écus et demi l'aune.—Je le trouve très-cher. Le prix du drap n'a-t-il pas baissé? Il n'a pas baissé : le prix de toutes les marchandises a baissé, excepté celui du drap.—Je vous en donnerai trois écus. —Je ne peux pas vous le donner à ce prix, car il me coûte davantage.—Voulez-vous avoir la bonté de me montrer quelques pièces de drap anglais? Avec beaucoup de plaisir.—Cette soie vous convient-elle? Elle ne me convient pas.—Pourquoi ne vous convient-elle pas? Parce qu'elle est trop chère : si vous voulez en rabattre quelque chose, j'en achèterai vingt yards.— Ne vous ayant pas surfait, je ne puis rien rabattre.—Vous apprenez le français; votre maître vous laisse-t-il traduire? Il me laisse lire, écrire et traduire.

Le coton avait-il haussé, en Angleterre, par les dernières nouvelles? Oui, il avait haussé d'un quart de sou.—Alors, il haussera ici Probablement. Est-il vrai que les denrées et les provisions ont baissé ? Je crois qu'elles sont au même prix ; qu'elles n'ont ni haussé, ni baissé.—Quel est le prix d'une yard de votre velours de soie ? C'est quatre gourdes (dollars) la yard. C'est cher. Comme il est beau ! Voyez !—La farine est-elle chère ? Cinq gourdes le baril. Ne sera-t-elle pas plus basse (moins chère) cet automne ? Elle peut baisser.—Voulez-vous me permettre de faire usage de votre éventail ?—S'il réduisait (*voulait reduire*) le prix de sa maison, ne la prendriez-vous pas pour votre famille ?—Achèterait-il deux barils de farine, si elle se vendait quatre gourdes et demie le baril ?— Comment vous portez-vous aujourd'hui ? Je me sens (*je suis*) très-mal.—Comment trouvez-vous cette soupe ? Je la trouve très-mauvaise ; mais depuis que j'ai perdu l'appétit, je ne trouve rien de bon.—Combien cet emploi rapporte-t-il à votre père ? Il lui rapporte plus de quatre mille écus.

66me. Soixante-sixième Thême. 1ère Section.

Do you like almonds ? I like them sweet.—Does the grocer at the corner sell good dried peaches ? No, the dried peaches he sells are sour, too sour. It is a pity.—Is it not soon time that we should have apricots ? Apricots ? It is not yet the season. Cherries and strawberries must come before. We have not yet had those fruits. In the fruit season, I am very fond of the dessert.—John, if you go in the garden, do not pick up the fruit. No, I will not gather any ; but, must I not gather a nosegay ? Yes ; gather one for your cousin Mary.—What kind of fruit is that ? It is not a fruit. What is it then ? It is a tomato. It resembles a fruit, does it not ? In the season of tomatoes, I cannot do without them ; can you ?—My son cannot do without bread, can yours do without it ? Why do you avoid Mr. Charles ?—Miss Amanda has been very lucky to escape death.—She escaped a dreadful accident, did you not know it ?

Il faut que vous parliez, il ne faut pas que vous ayez peur. Je suis trop timide pour parler. Je voudrais bien savoir pour quoi je suis si timide. Vous ne seriez pas si timide si vous étudiiez mieux.—Le croyez-vous? Sans doute que je le crois. A-t-on déjà servi le dessert? On l'a servi.—Aimez-vous les fruits? J'aime les fruits, mais je n'ai plus d'appétit.—Voulez-vous manger un peu de fromage? J'en mangerai un peu.—Vous servirai-je du fromage anglais ou du fromage de Hollande? Je mangerai un peu de fromage de Hollande.—Quelle espèce de fruit est cela? C'est du fruit à noyaux.—Comment l'appelle-t-on? On l'appelle ainsi.—Voulez-vous vous laver les mains? Je voudrais bien me les laver, mais je n'ai pas de serviette pour me les essuyer.—Je vais vous faire donner une serviette, du savon et de l'eau.—Je vous serai fort obligé.

Oserais-je vous demander un peu d'eau? En voici.—Pouvez-vous vous passer de savon? Quant au savon, je peux m'en passer, mais il me faut une serviette pour m'essuyer les mains. —Vous passez-vous souvent de savon? Il y a beaucoup de choses dont il faut se passer.—Pourquoi cet homme a-t-il pris la fuite? Parce qu'il n'avait pas d'autre moyen d'échapper à la punition qu'il avait méritée.—Pourquoi vos frères ne se sont-ils pas procuré un meilleur cheval? S'ils s'étaient défaits de leur vieux cheval, ils s'en seraient procuré un meilleur.—Votre père est-il déjà arrivé? Pas encore, mais nous espérons qu'il arrivera aujourd'hui même.—Votre ami est-il parti à temps? Je ne sais pas, mais j'espère qu'il sera parti à temps.

66me. Soixante-sixième Thème. 2de Section.

What must we do to-day? I give you to study the vocabulary of the 66th lesson, section 2d, and to prepare the French and English exercises connected with it. Try not to make mistakes. I always try, but I do not succeed.—Has Peter attended to my commission? (errand?) Not that I know of.—Does your cousin speak more than your sister? She does; not because she speaks better, but because she is not so bashful. I have an important commission to be done, for which I rely upon you.—You may rely upon me. I shall perform (*execute*) it as well as I can (*in the best way I can*). I wonder (*should like to know*) whether our servant is to be depended upon?—Miss Emily has not yet returned: must the soup be kept warm for her?—Shall I help you to soup?—Why do you not take some, if you cannot do without it?—What shall I help you to?—My nephew is going to Norristown, do you wish him to do any errand there?

Vous êtes-vous acquitté de ma commission? Je m'en suis acquitté.—Votre frère s'est-il acquitté de la commission que je lui ai donnée? Il s'en est acquitté.—Voudriez-vous me faire une commission? Je vous ai tant d'obligations que je m'acquitterai toujours de vos commissions quand il vous plaira de m'en donner.—Voulez-vous demander au marchand s'il peut me donner le cheval au prix que je lui ai offert? Je suis sûr qu'il se contenterait, si vous vouliez ajouter encore quelques écus.—Si j'étais sûr de cela, j'ajouterais encore quelques écus. —Bon jour, mes enfants! Avez-vous fait votre devoir? Vous savez bien que nous le faisons toujours; ou bien, il faut que nous soyons malades ou que nous ayons une bonne excuse.

Je voudrais bien savoir si vous pourriez me dire une anecdote.—Voulez-vous essayer de nous en raconter une? En anglais ou en français? Pas en anglais; mais en français. Il est impossible que je la raconte sans faire beaucoup de fautes. Nous le croyons, c'est pourquoi nous les excuserons. Un des valets de chambre de Louis XIV. demandait à ce prince, comme il se mettait au lit, de faire recommander à Monsieur le premier président un procès qu'il avait contre son beau-père, et disait, en le pressant: "Hélas, Sire, vous n'avez qu'un mot à dire." "Eh!" dit Louis XIV., "ce n'est pas de quoi je suis en peine; mais, dis-moi, si tu étais à la place de ton beau-père, et ton beau-père à la tienne, serais-tu bien aise, si je disais ce mot?"

66me. Soixante-sixième Thême. 3me Section.

I should like to know when the vessel will sail? Does not the captain mention it in his letter of the 15th instant? I do not recollect. Look at it. He merely says: My vessel will set sail *incessamment;* which (§ 90) means, *without delay,* soon, in a few days.—What is the date to-day? It is the 20th instant. Must you know the day the vessel will set sail? It is important I should know it.—Will what you have on your provision list be sufficient? Shall I look at it?—Have you not yet looked at it? No. If I had looked at it, I would know if what you have would be sufficient. Very well. Look at it. Cheese, wine, brandy, biscuit, butter, almonds, prunes, raisins, beef. If you have no salt tongues, you must have some. How many shall I set down? You must have at least 5 or 6. Will you do without eggs? No, nor chickens; for I am fond of eggs and chickens. Add them to the list.

Quel est ce vaisseau qui vient à pleines voiles? C'est le paquebot Susquehanna, de Liverpool. Comme il marche vite! Il a fait voile de Liverpool le trois du courant. Il arrivera bientôt au quai. Laissez-moi finir de regarder votre liste, et ensuite nous irons voir qui est dans le paquebot. Les derniers articles sont les poulets et les œufs. Douze paires de poulets suffiront-elles? Je pense que oui. Et combien d'œufs vous faudra-t-il? Environ douze douzaines ou cent cinquante suffiront. Ne vous en faudra-t-il pas deux cents? Non, je présume (*je suis presque sûr*) que douze douzaines suffiront.—Vous ferez bien de les mettre (*empaqueter*) dans du sel. Je voudrais que tout fut arrangé. Moi aussi. Sur la liste y a-t-il du thé, du sucre, du café, du chocolat, du poivre et du vinaigre? Oui, j'y vois tous ces articles. Avez-vous envoyé quelque chose à bord? J'ai déjà envoyé plusieurs caisses pleines à bord. Il faut, en allant au paquebot de Liverpool, voir si elles ont été reçues et où elles ont été mises.

A-t-on servi la soupe? On l'a servie il y a quelques minutes. Alors, elle doit-être froide; je n'aime la soupe que quand elle est chaude. On vous la fera chauffer. Vous m'obligerez. Vous servirai-je de ce rôti? Je vous en demanderai un peu. Voulez-vous manger de ce mouton? Je vous remercie, j'aime mieux le poulet; mais un très-petit morceau me suffira. Puis-je vous offrir du vin ? Je vous en demanderai un peu.—Ce pain vous suffit-il ? Il me suffirait, si je n'avais pas grand' faim. —Quand votre frère s'est-il embarqué pour l'Amérique ? Il a mis à la voile le trente du mois dernier.—Me promettez-vous de parler à votre frère ? Je vous le promets, vous pouvez y compter.—Je compte sur vous.—Travaillerez-vous mieux pour la prochaine leçon, que vous n'avez travaillé pour celle-ci ? Je travaillerai mieux.—Puis-je y compter ? Vous le pouvez.

67me. *Soixante-septième Thême.* 1ère *Section.*

I wonder who is a good judge of horses ? Mr. Lenoir is. Are you sure he is ? Yes, I am sure; for I am, myself, a good judge, but he is better than I.—You draw, I know. Do you draw from nature, or do you copy ? I usually copy.—Do you wish me to draw anything for you ? I should like to have a copy of this landscape. John can draw a copy for you. Do you think he will do it ? In case he would not, can you not trace it ? How will you trace it when it is under a glass ? That is true. I did not think of that. Can it not be taken from the frame ? To be sure, it can. How would you manage to take it off ? You must first take off the nails that hold (*fasten*) the back of the frame. But for that, one must have pincers. I have a pair of pincers. Here it is. Here is one nail taken off.—There are two off; three.—Ah ! there are but three. Then they are all off. But stop; are we not forbidden to take off the engravings from the frames to trace by ?

Vous connaissez-vous en drap ? Je m'y connais.—Voulez-vous m'en acheter quelques yards ? Si vous voulez me donner l'argent, je vous en achèterai.—Vous m'obligerez.—Ce commis se connaît-il en drap ? Il ne s'y connaît pas beaucoup.—Comment vous y prenez-vous pour faire cela ? Je m'y prends ainsi. —Voulez-vous me montrer comment vous vous y prenez ? Je le veux bien.—Que me faut-il faire pour ma leçon de demain ? Vous mettrez vos thêmes au net, vous apprendrez le vocabulaire suivant, et vous écrirez les thêmes qui en dépendent.—Comment

vous y prenez-vous pour vous procurer des marchandises sans
argent ? J'achète à crédit.—Comment votre sœur s'y prend-elle
pour apprendre le français sans dictionnaire ? Elle s'y prend
de cette manière.—Elle s'y prend très-adroitement.

Mais Monsieur votre frère comment s'y prend-il ? Il s'y prend
très-maladroitement : il lit et cherche les mots dans le dictionnaire.—Il peut apprendre vingt ans de cette manière sans savoir
faire une seule phrase.—Pourquoi Mademoiselle votre sœur
baisse-t-elle les yeux ? Est-ce parce qu'elle est timide ? Elle
les baisse parce qu'elle a honte de n'avoir pas fait son devoir.—
Déjeunerons-nous aujourd'hui dans le jardin ? Le temps est si
beau, qu'il faut en profiter.—Comment trouvez-vous ce café ?
Je le trouve excellent.—Je voudrais bien savoir pourquoi vous
vous baissez ? Je me baisse pour ramasser le mouchoir que j'ai
laissé tomber, et dans lequel j'ai mis de l'argent.

67me. Soixante-septième Thême. 2de Section.

What a fine flower you have there! Has it a good smell?
Smell it and look at it. It is beautiful, but it has not a pleasant smell (*does not smell good*). What kind of flower is it?
Do you not know it? It is a dahlia.—That butter smells of
garlic. (*That is garlicky butter.*) Do you like it when it is
garlicky? (tastes of garlic.) I like it neither when it smells of
garlic, nor when it tastes of it.—What do you think of the
works of W. Irving? I think much of them. And of those of
D. C—? I do not think much of them. There are too many
words in them.—Is your kitchen even with the ground? (*on
the first floor?*) Yes; like almost all modern kitchens (*or
which are built now*). Ancient kitchens were not even with the
ground, but under. What are you hiding? Something I do
not wish you to see. Indeed! I am sorry that you hide it; are
you ashamed of it? Never mind. That concerns me, and does
not concern you. In fact, that does not concern me, but I did
not think you would have made a secret of it.—Your nephew
grows much (apace), does he not?—Does not his sister grow
very fast?—Who grows no more?

Quelle est la ville la plus florissante des États-Unis ? C'est NewYork, je crois; mais il y a beaucoup d'autres villes florissantes dans les É. U. (États-Unis.)—Quels sont les autres endroits florissants ? Philadelphie, Baltimore, Boston, Cincinnati, la Nouvelle-Orléans, Pittsbourg, &c. &c.—Le maïs croît-il bien cette saison? Oui, il a très-bonne mine. La dernière pluie que nous avons eue l'a beaucoup fait grandir.—L'esprit se montre toujours; il ne peut se cacher.—Cet avocat a de l'esprit, n'est-ce pas? Oui, en vérité.—Que d'esprit cette demoiselle a!—La vérité a toujours un bon effet, n'est-ce pas? Non, pas toujours. La vérité nous fait quelquefois des ennemis.—Votre portrait est-il dans sa vraie place? Non, la lumière vient du mauvais côté.—Votre portrait devrait être de l'autre côté du salon; alors, il serait dans son vrai jour. Ne ferez-vous pas mieux d'en changer la place ? La famille ne veut pas y consentir.

Cette gravure serait à sa vraie place, là; et votre portrait à la sienne ici : si j'étais à votre place je les changerais. Cela m'est égal, et comme le reste de la famille l'a arrangé ainsi, je ne veux pas m'en mêler.—Aimez-vous l'odeur de cette petite fleur? Elle est délicieuse. N'est-ce pas un morceau de réséda? Non, c'est un morceau d'héliotrope. Pourquoi, mesdemoiselles vos sœurs se cachent-elles? Elles ne se cacheraient pas si elles ne craignaient pas d'être vues.—De qui ont-elles peur? Elles ont peur de leur institutrice, qui les a grondées hier, parce qu'elles n'avaient pas fait leur devoir. Avez-vous déjà vu mon fils? Je ne l'ai pas encore vu; comment se porte-t-il? Il se porte très-bien; vous ne pourrez pas le reconnaître, car il a beaucoup grandi en peu de temps.

67me. Soixante-septième Thème. 3me Section.

It is cloudy, had we not better each take an umbrella? Oh! no; it is not worth while. If it rains, we shall find some shelter. Of course, we will find some house or cottage. Come, let us go. See; now, the sun shines, and it is very hot. We must take the shady side. Yes, you are right; let us go in the shade. When we have passed through the whole town, we will sufficiently feel the sun in the country (*open fields*). Shall we pass on the shady side? As to me, I had rather not (*do not care about it*). I am not too warm on this side; but let me not prevent your going to take the shelter of the houses, if you are too warm in the sun. James and I (we) are going in the shade; as to you, do as you please. Samuel pretends he is not afraid of the heat; however, he feels it as much as we do.—Just see. Thomas has his French grammar. Well! what is extraordinary in that? If I have time, I will study. I have already neatly copied my exercises; and you, have you fairly transcribed yours? I will do it this evening.

Pourquoi cet homme ne donne-t-il rien aux pauvres? Il est trop avare; il ne veut pas ouvrir sa bourse, de peur de perdre son argent.—Quel temps fait-il? Il fait très-chaud; il y a long-temps que nous n'avons eu de pluie. Je crois que nous aurons un orage.—Cela se peut bien.—Le vent s'élève, il tonne déjà; l'entendez-vous? Oui, je l'entends, mais l'orage est encore bien loin.—Pas si loin que vous pensez; voyez comme il fait des éclairs. Il pleut; il pleut à verse, quelle averse! Si nous entrons quelque part, nous serons à l'abri de l'orage.— Entrons donc dans cette chaumière; nous y serons à l'abri du vent et de la pluie.—L'orage est fini. Il faut que nous nous en allions.

Remercions ces bonnes gens de l'abri qu'ils nous ont donné. Nous vous sommes très-obligés. Adieu. De rien. (*Vous êtes bien venus.*) Où irons-nous à présent? Quel chemin prendrons-nous? Le plus court sera le meilleur.—Il fait trop de soleil, et je suis encore très-fatigué; asseyons-nous à l'ombre de cet arbre. Quel est l'homme qui est assis sous l'arbre? Je ne le connais pas. Il paraît qu'il veut être seul; car quand nous voulons nous approcher de lui, il fait semblant de dormir.—Il est comme Mademoiselle votre sœur: elle entend fort bien le français; mais quand je commence à lui parler, elle fait semblant de ne pas me comprendre.—M. votre oncle n'a-t-il pas donné quelque chose au commis à mettre au net ? Si fait. Je voudrais bien savoir s'il est important qu'il le mette immédiatement au net ?—Oui, de peur que le monsieur ne parte sans la copie.

68me. *Soixante-huitième Thême.* 1ère Section.

What did you find in the bag you picked up? I found in it a handkerchief, a handsome purse and a piece of cake. Did you find on the handkerchief the name of the person to whom it belongs? I did. Did you go to return it to her? I sent it there by the servant girl.—Had the ambassador many persons yesterday? He hardly had anybody: it was too warm.—Did you stay long at Saratoga? I only remained there a few days; but my brothers stayed there more than three weeks. Had you time to see the consul there? No; he had not yet arrived when I left the place; but my brothers had the time and the pleasure of meeting with him there.—Was Jackson in New Orleans when you arrived there?—Was the battle of January the 8th a decisive one?—Was it as much so as that of Waterloo?—Had they good music at their concert?—Was I not complaisant? (*obliging?*)—Were not those young girls obedient?—They went away, did they not?

N'allâtes-vous pas, la semaine dernière, voir le grand panorama ? J'étais malade, de sorte que je n'y allai pas, mais presque toute la famille y alla. Fûtes-vous obligé de copier ce billet au net plus d'une fois ? Je fus obligé de le copier trois fois au net.—Votre cousin n'eut-il pas la fièvre jaune quand il était à la Mobile l'avant dernière année ? Non, il ne l'eut pas; mais mon neveu et ma nièce l'eurent.—Eurent-ils une attaque légère ou violente ? La dernière en eut une légère attaque, mais le premier en eut une violente attaque, et ce fut avec peine qu'il échappa à la mort.—Trouvâtes-vous votre père à Burlington ? Je fus assez heureux pour l'y trouver, au moment qu'il allait à bord du bateau à vapeur. Restâtes-vous tous les deux (tous deux) à Burlington alors ? Non, il me prit avec lui à bord du bateau à vapeur et m'amena ici.

Quel bateau à vapeur était-ce ? C'était le Jean Stevens.—Y avait-il beaucoup de monde à bord ? Il n'y en avait pas beaucoup.—La charge que votre oncle avait lui rapportait-elle beaucoup ? La charge et toutes les fonctions qui en dépendaient lui rapportaient entre quinze cents et deux mille gourdes par an. Avait-il beaucoup à faire ? Oui, il avait beaucoup à faire. Son occupation le rendait-elle malade de temps en temps ? Oui, de temps en temps il était malade. N'eut-il pas une fois plus à faire qu'à l'ordinaire ? Si fait, il eut une fois beaucoup plus à faire. Fut-il malade alors ? Oui, il fut très-malade alors. Fut-il malade long-temps ?—Abandonna-t-il son emploi à cause de cela ?—Où allâmes-nous à cause de cela ?—L'abandonnâmes-nous à cause de cela ?

68me. Soixante-huitième Thême. 2de Section.

What were you doing when he arrived ? We were preparing (*getting* ready) to go out.—Did you lose the game of chess ? Yes, I lost it; but I gained the game of billiards.—What did you ask the captain, when you met him on the wharf ? I asked him if his colonel had been to see the English ambassador. Did he answer: yes ? He did not answer me. It was very polite, was it not ? I believe he did not hear my question. That is different. Would he have answered you, if he had heard it ? I have no doubt of it: for he is extremely polite and affable.—Is it important that you should go to the silk merchant's ?—Did they not call there without you ?—Did she give you eggs for breakfast ?—Will she give you some again ?—Would you give us some if we did not like them ?

M. N. Biddle ne vendit-il pas son beau cheval noir à sa belle-sœur ? Non, elle ne l'acheta pas. Pourquoi ne l'acheta-t-elle pas ? Parce qu'elle fut effrayée (*eut peur*) du prix. Qu'en demanda-t-il ? On m'a dit qu'il lui en avait demandé quatre cent cinquante gourdes.—Quand Sara finit-elle sa tâche ? Elle la finit à neuf heures un quart. Finîtes-vous la vôtre avant cette heure-là ? Je finis la mienne une heure avant (auparavant).—Qui est arrivé ce matin par le bateau à vapeur ? Je ne sais pas qui est arrivé ce matin ; mais Jules arriva hier, par le paquebot à vapeur. Quelles nouvelles le paquebot à vapeur a-t-il apportées ? Il a apporté des nouvelles favorables. Le coton et les provisions maintenaient leurs prix, et le continent d'Europe était un peu plus tranquille.

À quelle heure votre oncle Guillaume se lève-t-il généralement? Il se lève généralement de bonne heure. Je le croyais. S'est-il levé de bonne heure aujourd'hui ? Non, il ne s'est pas levé de bonne heure (*Il ne l'a pas fait*). Se leva-t-il de bonne heure hier ? Non, il ne se leva pas de bonne heure (*il ne le fit pas*). Pourquoi ne s'est-il pas levé *aujourd'hui* et ne se leva-t-il pas *hier* d'aussi bonne heure qu'à l'ordinaire ? (*ne s'est-il pas levé aujourd'hui et hier ?*) Parce qu'il était un peu malade et qu'il l'est encore.—Ne prenez-vous pas vos leçons de dessin de bonne heure tous les deux jours ? Si fait, nous les prenons d'assez bonne heure. Avez-vous reçu la dernière d'aussi bonne heure qu'a l'ordinaire ? Non, nous ne l'avons reçue qu'après déjeuner. Pourquoi ne l'avez-vous reçue qu'après déjeuner ? Parce que notre maître n'est pas venu auparavant.—Avez-vous acheté vos livres chez Appleton, au coin de Chestnut et de la septième ? Oui, je l'ai fait. C'est-là que j'achète toujours des livres.

68*me. Soixante-huitième Thême.* 3*me Section.*

What did you do when you had finished your letter ? I went to my brother's, who took me to the steam packet, where I had the pleasure of seeing (*finding*) one of my ancient lady acquaintances, whom I had not seen for some years.—What did she do (*was she in the habit of doing*) after she had done taking her singing lesson ? She used to go to her friend Jane, and both took a walk in the garden, where they gathered either flowers for the parlor or fruits for breakfast.—What didst thou do after getting up this morning ? After reading the letters of the Polish count, I went to see the prince's theatre, which I had not yet seen.—What didst thou do yesterday morning, after getting up ?

I went to market to buy our provisions; and, when I had returned home, I read my letters and answered them. What did your friends use to do every morning in the country, last summer? They took their guns, and went to the village hotel to get their papers and letters.

Qu'est-ce que le colonel a fait après avoir déjeuné, ce matin? Il s'est rasé et il est sorti. Se rasa-t-il et sortit-il aussi, hier après déjeuner? Non, il se rasa avant déjeuner et il sortit après. Était-il sorti quand vous entrâtes? Il était sorti depuis long-temps (*long-temps avant*). Lut-il la gazette avant de sortir? Non, il lut quelqu'autre chose. Après avoir lu, fit-il quelqu'autre chose avant de sortir? Il fuma un cigare. Fumait-il quand il était dans les bois? Non, il ne fumait pas, parce qu'il ne pouvait pas avoir (*se procurer*) de bons cigares, et plutôt que de fumer de mauvais tabac, il ne voulait pas fumer du tout (*il ne fumait pas*).—Que fit votre ami après s'être promené? Il alla chez le baron. Le baron le reçut-il bien? Oui, il le reçut aussi bien qu'il l'avait reçu auparavant.

Quand partez-vous? Je ne pars que demain; car avant de partir je veux voir encore une fois mes bons amis.—Que firent vos enfants quand ils eurent déjeuné? Ils allèrent faire un tour de promenade avec leur cher précepteur.—Où votre oncle alla-t-il après s'être chauffé? Il n'alla nulle part. Après s'être chauffé, il se déshabilla et se coucha.—À quelle heure se leva-t-il? Il se leva au lever du soleil.—L'éveillâtes-vous? Je n'eus pas besoin de l'éveiller, car il s'était levé avant moi.—Que fit votre cousin quand il apprit la mort de son meilleur ami? Il fut très-affligé, et se coucha sans dire un mot.—Vous rasâtes-vous avant de déjeuner? Je me rasai quand j'eus déjeuné.—Vous couchâtes-vous quand vous eûtes soupé? Quand j'eus soupé, j'écrivis mes lettres, et quand je les eus écrites, je me couchai.

69*me. Soixante-neuvième Thême.* 1*ère Section.*

How late Mr. Solomon comes to pay us a visit! He comes to get an invitation to dinner.—Did you go to the colonel's the day before yesterday? No, I did not. Did you go there this morning? No, and I will not go there before his musical *soirée* is over. And why not? First, because I do not owe him a visit; and secondly, because it might be believed that I wish to get myself invited.—Did not that boy get beaten? (*a beating?*). He is so wicked (*bad*) that he got beaten twice last week.—Does Mr. D—— owe you any more? (*anything more?*) No, I got him to pay me.—What cause of grief has that young woman? Has she lost her husband? No, she has lost her favorite bird. Is that the cause of her grief? I believe it is.— They do not wish you to do that. No matter, I will do it in spite of them.—Will she manage to come? (*contrive a way of coming?*)—When he knew that she would not go, he contrived to go, did he not?

Quand eûtes-vous fini votre devoir? Je l'avais fini quand vous entrâtes.—Dès que César eût passé le Rubicon, il n'eut plus à délibérer : il dut vaincre ou mourir.—Un empereur irrité contre un astrologue, lui demanda: "Misérable, de quel genre de mort crois-tu que tu mourras?" "Je mourrai de la fièvre," repartit l'astrologue. "Tu mens," dit l'empereur, "tu mourras sur le champ de mort violente." Aussitôt qu'on l'eut saisi, il dit à l'empereur: "Seigneur, ordonnez qu'on me tâte le pouls, et l'on trouvera que j'ai la fièvre." Cette saillie lui sauva la vie.

Apercevez-vous cette maison là-bas? Je l'aperçois. L'aviez-vous aperçue auparavant? Je ne l'avais pas aperçue. L'auriez-vous aperçue si je ne vous l'avais pas montrée? Peut-être que oui, peut-être que non. Mais maintenant que vous me l'avez montrée, quelle espèce de maison est-ce? C'est une auberge. Si vous y consentez (*vous voulez*) nous y entrerons pour boire un verre de vin ou de cidre, car j'ai bien soif. Faites en sorte de garder votre soif jusqu'à votre retour à la maison (jusqu'à ce que vous retourniez à...) Il ne convient pas à des hommes commes nous d'entrer dans des auberges. Je vois que l'auberge donne sur la rivière. Et comme la maison est haute, elle commande une grande partie de la campagne.—Vous paraissez triste ; quelle cause (*sujet*) de tristesse avez-vous ? Si vous aviez aussi soif que moi, vous auriez aussi un sujet de chagrin. Avez-vous toujours soif quand vous voyez une auberge ? J'ai, une fois, vu un petit cheval noir qui fesait en sorte de s'arrêter à chaque auberge devant laquelle il passait. Ah ! ah ! Je présume qu'il avait soif, aussi (*je suis presque sûr*).—Le colonel vous a-t-il payé (paya-t-il) la semaine passée ? Non, il ne l'a pas pu. Il aurait pu le faire si son neveu n'avait pas dépensé tout son argent ; mais il fera en sorte de me payer demain.

69me. Soixante-neuvième Thême. 2de Section.

Did you see that wicked little boy tie up that poor little dog, throw it in the river, and drown it? If I had seen him I would have endeavored to prevent his doing it. I tried to do it, but I could not succeed.—The little girl, who from the window of the steamboat, fell in the water, was she drowned? No; she was saved in a small boat.—Was the robber taken? No, he jumped out of the window, and managed to clear himself (*save himself*). —You are on a broken bench, take care you do not fall. I will.—See, how well that young lady with black hair holds herself! Yes, it is a pleasure to see how well she keeps herself. If you go too near that horse he will kick you. I will mind him.—Do you do business with that man yonder? Which one? The one with the white hat. No, I did formerly; but now I am on my guard.—Did she not, the other day, go so far as to return here ?—Do not be afraid. He will not dare do it again.

Vous paraissez bien satisfait (*content*) ; quelle pensée vous est venue ? Quelque chose qui ne m'était jamais venu à l'esprit auparavant. Qu'est-ce que c'est ? Si je vous le disais, vous en sauriez autant que moi.—Guillaume a-t-il sauté par la fenêtre ? Oui, il l'a fait. Que fit-il après avoir sauté par la fenêtre ? Après avoir sauté, il courut d'abord à la porte du jardin, l'ouvrit et courut vers le pont. Alla-t-il jusqu'au pont ? Non, il y avait des bestiaux dans le chemin, il en eut peur, de sorte qu'il s'arrêta. Les bestiaux sont-ils aussi grands ici que là ? Non, les bestiaux sont plus grands là qu'ici. Comment puis-je me tenir chaud ? Mettez un habit plus chaud. Où mettrai-je le beurre pour le tenir frais ? Il faut le mettre dans la cave. Qui est ce petit garçon ? C'est le fils du boulanger. Je l'admire, car il se tient toujours propre.—Votre cuisinière tient-elle sa cuisine propre ?—Pourquoi le bétail se tient-il (va-t-il) à l'ombre ?

Thomas s'est-il avisé de vous demander de l'argent ?. Oui, il s'en est avisé. Lui en avez-vous prêté ? Non, j'étais sur mes gardes avec lui (*je me suis tenu sur mes gardes contre lui*). Quel était le sujet de votre querelle avec le garçon du jardinier ? Il s'est avisé de m'appeler *une bête*. Ne l'avez-vous pas battu après qu'il vous eut appelé ainsi ? Si fait, je l'ai battu comme il faut.—Pourquoi riez-vous de moi ? Je ne ris pas de vous, mais de votre habit.—Ne ressemble-t-il pas au vôtre ? Il ne lui ressemble pas, car le mien est court, et le vôtre est trop long, le mien est noir et le vôtre est vert.—Pourquoi fréquentez-vous cet homme ? Je ne le fréquenterais pas s'il ne m'avait pas rendu de grands services. Ne vous y fiez pas, car si vous ne vous tenez pas sur vos gardes, il vous trompera.

69me. *Soixante-neuvième Thême.* 3me Section.

In your place, I would not leave my books and papers here and there; but I would put each in its place. I try to keep everything in its place, but I cannot succeed.—Why have they put that round that young tree (has that been put . . .) ? To prevent cattle from biting and breaking it.—Did the captain sail round the place ? He sailed (*went*) all round in his boat. Did he not land ? Yes, he did. Did he not tie his boat to a tree ? He tied it.—Did he read the book ? He did in a single day.—Was she alone when the thief came in ? Yes, she was. Did he want to blow her brains out with his pistol ? Yes, but as she was going to take a pinch of snuff, she threw all her snuff in the eyes of the robber, who fired without hitting her (*wounding*). It was a happy thought of hers, was it not ? She truly had a happy thought.—What have you paid for this umbrella?—Did you pay $4 a yard for that cloth?—That house will cost him at least $15,000, will it not?—God alone knows our fate, does he not?

Qu'avez-vous? Pourquoi avez-vous l'air si mélancolique? Je n'aurais pas l'air si mélancolique, si je n'avais pas un sujet de tristesse. Je viens d'apprendre qu'un de mes meilleurs amis s'est brûlé la cervelle d'un coup de pistolet, et qu'une des meilleures amies de ma femme s'est noyée.—Où s'est-elle noyée? Elle s'est noyée dans la rivière qui est derrière sa maison. Hier à quatre heures du matin elle se leva sans dire un mot à personne, sauta par la fenêtre qui donne sur le jardin, et se jeta dans la rivière où elle s'est noyée.—J'ai grande envie de me baigner aujourd'hui. Où voulez-vous vous baigner? Dans la rivière. N'avez-vous pas peur de vous noyer? Oh, non! je sais nager. Qui vous l'a appris? L'été dernier j'ai pris quelques leçons à l'école de natation.

N'aviez-vous pas peur d'aller dans l'eau avant de pouvoir nager? Un peu; mais je n'aurais pas pu apprendre sans aller dans l'eau. Vous ne pensiez pas comme l'homme qui disait: Je n'irai dans l'eau que quand je saurai nager. Il y en a beaucoup qui, comme cet homme, pensent qu'ils n'essaieront de parler français que quand ils sauront parler. Ne savent-ils pas que s'ils n'essaient pas de parler, ils ne peuvent pas apprendre? J'imagine qu'ils l'oublient. Pourquoi travaillez-vous tant? Je travaille pour être un jour utile à mon pays (*ma patrie*). Copieriez-vous vos thèmes, si je copiais les miens? Je les copierais si vous copiiez les vôtres.—Votre sœur aurait-elle transcrit sa lettre, si j'avais transcrit la mienne? Elle l'aurait transcrite. —Serait-elle partie, si j'étais parti? Je ne puis vous dire ce qu'elle aurait fait si vous étiez parti.

70me. *Soixante et dixième Thème.* 1ère *Section.*

Have patience, be attentive, and you will succeed. I will try my best to be patient and attentive.—If you have my Life of

Washington, give it to me. I would already have given it to you, if you had been here. Yesterday, as soon as I had finished it, I put it away in my desk, to give it back to you, but you did not come.—Do your exercises, why don't you? My brother is not at home. You must not get him to do them for you. I do not, but he has the key of the desk. No, here it is. Open it, take out your book, your copy-book, and all you want, and begin. I am going to set about it presently.—What does Sarah do? (*is S— doing?*) She reads (*is reading*) the book you have lent her. She is wrong, to be always reading. Tell her to draw this landscape. And when she has (p. 505—4) done it, can she go to her reading again? No, then, get her to decline some nouns with adjectives. How? This way. The fine apple, of the fine apple, to the fine apple. The ripe pears, of the ripe pears, to the ripe pears.

Ayez patience, mon cher ami, et ne soyez pas triste, car la tristesse ne change rien, et l'impatience empire le mal. N'ayez pas peur de vos créanciers; soyez sûr qu'ils ne vous feront pas de mal. Ils attendront, si vous ne pouvez pas encore les payer. —Payez-moi ce que vous me devez, voulez-vous? Aussitôt que j'aurai de l'argent, je paierai tout ce que vous avez avancé pour moi. Ne l'oubliez pas, entendez-vous? Je ne l'oublierai pas, vous pouvez y compter; car j'y pense tous les jours. Je suis votre débiteur, et je ne le nierai jamais.—Quel bel encrier vous avez là! prêtez-le-moi, je vous prie.—Que voulez-vous en faire? Je veux le montrer à ma sœur.—Prenez-le, mais ayez-en soin, et ne le cassez pas. Ne craignez rien.

Que désirez-vous de mon frère? Je veux lui emprunter de l'argent.—Empruntez-en à un autre.—S'il ne veut pas m'en prêter, j'en emprunterai à un autre.—Vous ferez bien. Ne souhaitez pas ce que vous ne pouvez pas avoir, mais contentez-vous de ce que la Providence vous a donné, et considérez qu'il y a beaucoup de gens qui n'ont pas ce que vous avez.—La vie étant courte, tâchons de nous la rendre aussi agréable qu'il est possible. Mais considérons aussi que l'abus des plaisirs la rend amère.—Que faut-il faire pour être heureux ? Aimez et pratiquez toujours la vertu, et vous serez heureux dans cette vie et dans l'autre.

70me. Soixante et dixième Thême. 2de Section.

Good day, Miss N——. Ah! here you are at last. I waited for you impatiently.—You are a prattler, I think. You will pardon (*excuse*) me, will you not, my dear? I did not prattle, I assure you, but I could not come sooner. Permit me to look at what you brought. Permit you to look at it! I brought it on purpose to show it to you. Here! There it is; take it. I have hold of it. Ah! how pretty it is! Do you practise painting? I do, sometimes. But how is your mother? It is said she is better since she is at the springs, and it is believed she will soon be cured. How glad I am to hear it!—Did your father permit you to go to the ball the day before yesterday? Yes, as soon as I had asked him he gave me leave (*permission*). Does Solomon pity the poor? He! he pities nobody.—Let us speak French. Be kind enough to speak, and I will answer you in English. You speak quite as well as I do. You jest. No, I do not. You flatter me, to make me speak.

Puisque nous voulons être heureux, faisons du bien aux pauvres, et ayons compassion des malheureux ; obéissons à nos maîtres et ne leur donnons jamais de chagrin ; consolons les infortunés, aimons notre prochain comme nous-mêmes, et ne haïssons pas ceux qui nous ont offensés ; en un mot, remplissons toujours notre devoir, et Dieu aura soin du reste. Mon fils, pour être aimé, il faut être laborieux et sage. On t'accuse d'avoir été paresseux et négligent dans tes affaires. Tu sais pourtant que ton frère a été puni pour avoir été méchant. Étant l'autre jour à la ville, je reçus de ton instituteur une lettre dans laquelle il se plaignait fort de toi.

Ne pleure pas ; va maintenant dans ta chambre, apprends ta leçon, et sois sage ; autrement tu n'auras rien à dîner. Je serai si sage, mon cher père, que vous serez certainement content de moi.—Le petit garçon a-t-il tenu parole? Pas tout-à-fait; car après avoir dit cela, il alla dans sa chambre, prit ses livres, se mit à une table et s'endormit.—"C'est un fort bon garçon, quand il dort," dit son père, en le voyant quelque temps après. Comprenez-vous tout ce que je vous dis? Je l'entends et le comprends fort bien; mais je ne peux pas encore bien m'exprimer en français, parce que je n'ai pas l'habitude de le parler.—Cela viendra avec le temps.—Je le souhaite de tout mon cœur.

71me. Soixante-onzième Thême. 1ère Section.

Do you cry, my little boy, because you are obliged to stand up? Yes, I have been standing so long that I am very tired If you were permitted to sit down, would you be better another time? I would try to be. I rely upon your word (*promise*). Sit down yonder.—If you had touched that little girl, she would have wept, for she cries for the least thing. I am astonished she does not cry, for I gave her a blow. Then, it is truly astonishing she does not cry (*weep*).—At whose expense did you make these fine purchases? (*buy all these fine things?*) At my own expense; I never make any at other people's expense.—Will your friend obtain the situation he wishes for? It depends on circumstances. If it depended on your cousin, the secretary, would he obtain it? Yes; but it does not depend upon him.—When the thing had taken place, was not everybody astonished at it? Yes, it astonished every one.—You astonish everybody, but your nephew astonishes no one. He surprises me.

Pouvez-vous vous tenir une heure sur un pied sans remuer? Je n'ai jamais essayé; mais je crois que je le pourrais. Si vous essayiez, vous découvririez votre erreur avant une demi-heure. —Votre lettre est-elle écrite? Non, pas tout-à-fait. Dépêchez-vous de la finir. Et pourquoi me dépêcherais-je de la finir? Il faut que vous vous dépêchiez si vous voulez qu'elle parte par le paquebot à vapeur. Je croyais qu'il ne mettait à la voile que mercredi prochain C'est vrai; mais de Boston, pas de New-York. Et il faut que ma lettre aille d'ici à Boston par le cour rier. De sorte qu'il faut que je me dépêche, comme vous dites. Alors, allez dire à Guillaume de se préparer, de manière à la porter à la poste aussitôt que je la finirai. N'ayez pas peur, vous avez encore assez de temps. Ne me parlez pas, autrement je ne pourrai pas la finir à temps.

Vous étonnez-vous de ce qui se passe ? Non; maintenant, rien ne m'étonne. Tout est maintenant si étonnant, si merveilleux, que rien ne paraît extraordinaire.—Pourquoi cette femme pleure-t-elle ?—Y a-t-il long-temps que son enfant est mort ?—Cette petite fille pleure parce qu'elle a perdu une pièce de cinq sous ; n'en avez-vous pas une à lui donner ?—Cet homme vit-il à ses propre dépens ou à ceux des autres ?—Dépend-il de lui de faire cela ?—Ce mariage ne dépend-il pas de son beau-frère ?—De qui dépend-il donc ?—Je voudrais bien savoir si le général sera élu ? —Irai-je leur dire de faire moins de bruit ?—Irai-je vous acheter une bouteille d'eau de Cologne ?

71me. Soixante-onzième Thême. 2de Section.

Would you wish to have nothing to do? No, I assure you, for I would be wearied (*get the blues*), like all those who have nothing to do (*no occupation*). You are quite right. However, there are many young men who would wish to have no occupation. They do not know what they wish. They would get tired if they had none.—What was he doing lately? Nothing, that is the reason he was dying with *ennui*.—Will not the colonel arrive in a short time? On the contrary, he is going to join his regiment.—What regiment does he belong to? He belongs to the fifth regiment.—What did she draw the other day? When I saw her, she was drawing the new packet boat.—I always hear Mrs. G— scolding her daughter, because she does not keep herself straight: there she is, do you not think she holds herself as she ought? She holds herself as straight as need be (*it is necessary*).—When will the captain join his company? He will join it in 3 days.—How many days does it require to make the journey? It requires 8; and as he has been 5 days on the way, he will finish it in 3 more.

Voulez-vous prendre une tasse de thé? Je vous remercie; je n'aime pas le thé.—Aimez-vous le café? Je l'aime, mais je viens d'en prendre.—Ne vous ennuyez-vous pas ici? Comment pourrais-je m'ennuyer dans cette agréable société? Quant à moi, je m'ennuie toujours.—Si vous faisiez comme moi, vous ne vous ennuieriez pas; car j'écoute tous ceux qui me disent quelque chose. De cette manière j'apprends beaucoup d'anecdotes, mille choses agréables, et je n'ai pas le temps de m'ennuyer; mais vous ne faites rien de tout cela, voilà pourquoi vous vous ennuyez.—Je ferais tout comme vous, si je n'avais pas sujet d'être triste.—Avez-vous vu M. Lambert? Je l'ai vu; il m'a dit que ses sœurs seraient ici dans peu de temps, et il m'a prié de vous le dire.

Quand elles seront arrivées, vous pourrez leur donner les bagues d'or que vous avez achetées pour leur en faire présent. Les recevront-elles? Oh! oui; car elles vous aiment sans vous connaître personnellement.—Ma sœur vous a-t-elle déjà écrit? Elle m'a écrit bien des fois, et je vais lui répondre, car ses lettres sont toujours agréables et bienvenues.—Faut-il lui dire que vous êtes ici? Dites-le-lui, mais ne lui dites pas que je l'attends avec impatience.—Pourquoi n'avez-vous pas amené votre sœur? Laquelle? Celle que vous amenez toujours, la cadette. Elle n'a pas voulu sortir, parce qu'elle a mal aux dents. J'en suis bien fâché, car c'est une fort bonne fille.—Quel âge a-t-elle? Elle a près de quinze ans.—Elle est très-grande pour son âge.—Quel âge avez-vous? J'ai vingt-deux ans.—Est-il possible! je croyais que vous n'en aviez pas encore vingt.

72me. Soixante-douzième Thême. 1ère Section.

Is she able to go on foot as far as the public walk? No, she is unable to go there on foot. Besides, has not the physician forbidden her going on foot? Yes, he has; besides, she can no longer put on her shoes. We must have a carriage. Which way shall we go? We will go along our street to the public garden, there we will stop a few minutes. To let her rest, is it not? Yes, and moreover to let her enjoy a little cool air. Then, shall we not cross the public garden? No; no one can pass through it in a carriage. Where shall we go then? We will turn to the left, and we will pass under the arcade at the corner, where she will be able to take the glass of mineral water prescribed by the doctor. Shall we not take one also? Yes, although not prescribed by the doctor. Which way shall we go afterwards? On the right, as far as the robber's court (*blind alley*). We will leave that court on the left, and we shall go straight on to the public walk. There, we will alight. —Has the seamstress come?—Has the mantua-maker sent the new dresses?—Who is your mantua-maker?

Qui me pousse comme cela? (*ainsi?*) Je ne peux pas écrire si vous le faites encore. Personne ne vous pousse. Non, personne ne me pousse, maintenant, mais quelqu'un m'a poussé il y a un moment. Personne ne vous a poussé. Vous écrivez mal, et vous voulez jeter la faute sur nous (voulez nous en blâmer).—Pourquoi cette officier pousse-t-il cet homme-là tout le long de la rue? Parce que c'est un vaurien, qui ne veut rien faire.—Qu'est-ce que le jardinier va mettre tout le long de cette muraille? Il va y mettre des arbres. Des arbres fruitiers? Des pruniers ici, des poiriers là, plus loin des pêchers. Ne va-t-il pas y mettre des cerisiers?—Non, parce qu'ils viennent trop gros, ainsi que les pommiers. Est-il difficile de se procurer de l'argent, maintenant? Non, il n'est pas difficile d'en trouver; mais comme à l'ordinaire, il faut donner une bonne sécurité. Pouvez-vous m'en procurer? Quelle sécurité avez-vous à donner? Mon nom ne suffit-il pas? Un seul nom ne suffit pas au capitaliste (*rentier*).

Qu'avez-vous fait pour lui? Je lui ai prêté un cheval, et cela l'a mis à même de rejoindre son régiment à temps. Pourquoi n'est-il pas parti à cheval? Il ne l'a pas fait, parce qu'il comptait sur les bâteaux à vapeur. Que sont-ils devenus? Un a été brûlé, de sorte qu'il n'aurait pu continuer son voyage si je ne lui avais pas prêté un cheval. L'a-t-il renvoyé? Je suppose que le cheval est en chemin ; mais comme il faut quatre jours pour le voyage, il n'arrivera qu'après-demain. Le colonel vous a-t-il écrit par le courrier, ou a-t-il envoyé un message par le télégraphe électrique? Nous n'avons point de télégraphe électrique le long de nos routes, de sorte qu'il m'a écrit par le courrier. Dans les forets, il doit y avoir bien des carrefours, comment les courriers peuvent-ils les reconnaître? Ils y sont accoutumés.

72me. *Soixante-douzième Thême.* 2de Section.

Your sister, I have been told, is soon to get married. Yes, she will be married next week. Was she not to be married last month? Yes, but the colonel she is going to marry could not quit his regiment then. Is he here for a long time? No, he will stay only a few weeks. It is a pity he is obliged to set out so soon, is it not? I presume he will have time to spend here his honey-moon. After all, if he does not stay, it is not his fault. He will perhaps manage (take measures) not to set out so soon.—Is not Miss S—— going to be married? No, she has so many admirers that she is embarrassed in her choice. —Who blames you? My uncle blames me, but I cannot help it. Is it my fault if I have a bad memory? I require so much time to learn my lessons that it wearies me; I fall asleep and learn nothing.—Your uncle James is an old bachelor, is he not? No, he is married, but he has no children.—Your cousin is almost an old maid, is she not? Yes, she is quite an old maid.

Mon Dieu! Que le temps passe vite dans votre société!— Vous me faites un compliment auquel je ne sais que répondre —Avez-vous acheté votre montre à Paris? Je ne l'ai pas achetée, mon oncle m'en a fait présent.—Cette femme que vous a-t-elle confié? Elle m'a confié un secret d'un grand comte qui est dans un grand embarras à cause du mariage de l'une de ses filles.—Quelqu'un la demande-t-il en mariage ? Celui qui la demande en marriage est un gentilhomme du voisinage.—Est-il riche ? Non, c'est un pauvre diable qui n'a pas le sou, et qui, en outre, est vieux et désagréable. Vous dites que vous n'avez pas d'amis parmi vos condisciples, mais n'est-ce pas votre faute ? Vous avez mal parlé d'eux, et ils ne vous ont pas offensé.

De quoi vous étonnez-vous ? Je m'étonne de vous trouver encore au lit. Si vous saviez combien je suis malade, vous n'en seriez pas étonnée.—Jean ! Que vous plaît-il, Monsieur ? Apporte du vin.— À l'instant, Monsieur.— Henri !—Madame ? Faites du feu.—La servante en a déjà fait.—Apportez-moi du papier, des plumes et de l'encre. Apportez-moi aussi du sable ou du papier brouillard, de la cire à cacheter, et de la lumière. Je vais chercher le papier brouillard, la cire, et la lumière ; mais nous n'avons pas de sable. N'importe le sable. Ensuite vous irez chez ma sœur, pour lui dire de ne pas m'attendre. Soyez de retour avant midi pour porter mes lettres à la poste. Très-bien, Madame. N'y manquez pas ; car vous savez que le courrier se ferme à midi, et il faut que les lettres soient à la poste avant que l'heure sonne. Je n'y manquerai pas, Madame, vous pouvez y compter.

72me. Soixante-douzième Thème. 3me Section.

What o'clock is it ? It is more than ½ past 1. You say it is ¼ past 1, and by my watch it is but ¼ past 12. In less than 25 minutes it will strike 2 o'clock. Pardon me, it has not yet struck 1. I assure you that it wants 24 minutes of 2 ; for my watch keeps very good time. Does it go as well as a chronometer ? I believe it runs better than many a chronometer. It runs better than our town-clock, which must be regulated every week. How does your mantel-clock go ? (*time-piece.*) It goes admirably well also (*first-rate*). Neither my watch nor our time-piece vary a minute in six months. They always go (*keep*) together. Your watch must be stopped, or out of order. Is it wound up ? I wound it up last night on going to bed.—On what condition would you do it? Follow his advice on condition he will follow yours.—Would not his prospect be less uncertain if he were more economical?—Would it not be still less so, if he were to renounce gambling?—Advise him to do it. I shall not fail. Good-bye. Adieu. Farewell.

Vos condisciples vous ont fait du bien, et néanmoins vous les avez querellés. Pourquoi l'avez-vous fait? Était-ce ma faute? Je pense que c'était la leur. N'importe. Il faut sans délai vous accorder avec eux. *Dialogue entre un tailleur et son garçon.* Charles, avez-vous porté les habits à Monsieur le Comte de Narissi? Oui, M., je les lui ai portés. Qu'a-t-il dit? Il n'a rien dit, sinon qu'il avait grande envie de me donner des soufflets, parce que je ne les avais pas apportés plus tôt. Que lui avez-vous répondu? Monsieur, lui ai-je dit, je n'entends point cette plaisanterie : payez-moi ce que vous me devez; et si vous ne le faites pas sur le champ, je prendrai d'autres mesures. À peine avais-je dit cela, qu'il a porté la main à son épée, et j'ai pris la fuite.

Midi est-il déjà sonné? Oui, Madame, il est déjà midi et demi.—Est-il si tard? est-il possible? Ce n'est pas tard, c'est encore de bonne heure.—Votre montre va-t-elle bien? Non, Mademoiselle N., elle avance d'un quart d'heure.—Et la mienne retarde d'une demi-heure.—Peut-être s'est-elle arrêtée? En effet, vous avez raison.—Est-elle montée? Elle est montée, et pourtant elle ne va pas.—Entendez-vous? il sonne une heure.— Alors je vais régler ma montre et m'en aller chez moi.—De grâce, restez encore un peu! Je ne puis, car nous dînons à une heure précise. Adieu donc, au revoir.—Vous dites que vous avez besoin de cinquante dollars (*gourdes*); je vous les prêterai de tout mon cœur, mais à condition que vous renoncerez au jeu, et que vous serez plus économe que vous ne l'avez été jusqu'ici. Je vois à présent que vous êtes mon ami, et je vous aime trop pour ne pas suivre votre avis (*conseil*).

73me. Soixante-treizième Thème.   1ère Section.

Which cloth will you purchase? I want some green cloth; but I want it to last, and the color to be a standing one. If you want good cloth, you must go to Messrs. ——. Do they not live at the corner of this street? Yes, it is there they have their store. Above the store is there not a well kept boarding-house? Yes, there is, what is called a fashionable boarding-house.— Are you a judge of cloth? Yes, a pretty good one. Will you come and help me to choose some? Willingly. But do not be uneasy, for if you buy the cloth at those gentlemen's, it will be good, and the color fast, I assure you. Your cousin has altered much lately, has he been sick?—His wife is still more altered. —Are they in a good boarding-house?—How many boarders are there?—What is the price of the board?—If your partner remains in an indifferent boarding-house, of what use is his money to him?—Is he stingy? (*avaricious*, close?)—If he is married, why does he not keep house?—Does that boarding-house suit them?

Monsieur, oserai-je vous demander où demeure le général B.? Il demeure près de l'arsenal, au delà de la rivière. Pourriez-vous me dire quel chemin je dois prendre pour y aller? Suivez le long de la rive, et quand vous serez au bout, prenez une petite rue à droite, qui vous conduira directement à sa maison. C'est une belle maison; vous la trouverez facilement. Je vous remercie, Monsieur.—Le capitaine N., demeure-t-il ici? Oui, Monsieur, donnez-vous la peine d'entrer, s'il vous plaît.—Le capitaine est-il chez lui? Je désire avoir l'honneur de lui parler. —Oui, Monsieur, il est chez lui; qui aurai-je l'honneur d'annoncer? Je suis de B., et je m'appelle F.—Qui tient cette pension à la mode? Mlle. P—, une vieille fille.

L'été dernier, quand nous étions ensemble à la chasse, la nuit nous surprit à dix lieues au moins de notre maison de campagne. Eh bien, où passâtes-vous la nuit? J'étais d'abord très-inquiet, mais votre frère pas le moins du monde; au contraire, à son gré, c'était un incident agréable ; il me tranquillisa, de sorte que je perdis mon inquiétude. Nous trouvâmes enfin une cabane de paysan, où nous passâmes la nuit. Là, j'eus occasion de voir combien votre frère est habile. Quelques bancs et une botte de paille lui servirent à faire un lit commode ; une bouteille lui servit de chandelier, une autre botte de foin nous servit d'oreiller, et nos cravates de bonnets de nuit. Quand nous nous éveillâmes le matin, nous étions aussi frais et bien portants, que si nous avions dormi dans nos propres lits.

73me. *Soixante-treizième Thême.* 2de Section.

Of what use is French to her, if she neither speaks, reads, nor practises it? It will be of use to her when she travels in Europe (p. 505—4).—Does he use his game-bag as a pillow? Yes, when he lies down under the trees in the country.—Of what use is grieving? I cannot help being grieved at the misfortune that has happened to my friend. Does he make any use of his horse? He rides out every day.—Where was his son born? He was born in Philadelphia.—Was his daughter born there also? Yes, she was born in the house opposite.—Had you been born in Scotland, my little man (boy), what would you be? I would be a Scotchman, would'nt I? That is true. And what would your sister be, if she had been born there? She would be a *Scotchman* also. No, not a Scotchman, but a Scotchwoman (or girl).—What did the robber seize upon? He took all he could. Who gave evidence against him? The jeweller who lived opposite the post-office, and the innkeeper who lives at the corner of the square in which the city library is.—Do not ridicule any one.—Would you like to be turned into ridicule?—Had I not better beat him, if he turns me into ridicule?

Quel est le chemin le plus court pour aller à l'arsenal? Suivez cette rue, et quand vous serez au bout, tournez à gauche; vous trouverez un carrefour que vous traverserez ; ensuite vous entrerez dans une rue plus étroite, qui vous mènera à une grande place, où vous verrez un cul-de-sac (*une impasse.*)—Par lequel je passerai? Non, car il n'y a pas d'issue. Vous le laisserez à droite, et vous passerez sous les arcades qui sont à côté.—Et puis? Et puis vous demanderez.—Je vous suis fort obligé. Il n'y a pas de quoi.—Pouvez-vous traduire une lettre anglaise en français? Je le puis.—Qui vous l'a appris? Mon maître de français m'a mis en état de le faire. Votre maître de français est-il né en France? Non, il n'y est pas né.

Madame votre mère a tort de s'inquiéter de son fils aîné; car, quoiqu'il soit à l'armée, il sait se tirer d'une mauvaise affaire.— Un candidat demandait un emploi au roi de Prusse. Ce prince lui demanda où il était né. "Je suis né à Berlin," répondit-il. "Allez-vous en," dit le monarque, "tous les Berlinois ne sont bons à rien." "Je demande pardon à votre majesté," répliqua le candidat, "il y en a de bons, et j'en connais deux." "Qui sont ces deux?" demanda le roi. "Le premier," répliqua le candidat, "c'est votre majesté, et le second c'est moi." Le roi ne put s'empêcher de rire de cette réponse, et accorda la demande.

74me. Soixante-quatorzième Thême. 1ère Section.

Is it long since you saw the lawyer? Yes, I have lost sight of him.—See that bird, how high it is; it is almost out of sight!—Why does not he, who is near-sighted, wear spectacles? He would rather not (*does not care about it*).—You ought to do what your mother wishes. I would have done it, had I been able: but, although I tried three times, I could not (*have not been able to*) succeed.—You have already returned? You ought to have made a longer stay with your old aunt. I made one long enough, please your honor. What stay did you make there? You will hardly believe, that I made there a stay of 6 weeks and a ½. That is not possible? *It is though.* I was with her on the 14th of June, and I left her only yesterday, and you know that to-day is the 4th of August, so count. I would hardly have imagined it.—You lost sight of me without grief.

Un paysan ayant vu que les vieillards se servaient de lunettes pour lire, alla chez un opticien et en demanda. Le paysan alors prit un livre, et l'ayant ouvert, il dit que les lunettes n'étaient pas bonnes. L'opticien lui en mit sur le nez une autre paire, des meilleures qu'il put trouver dans sa boutique, mais le paysan ne pouvant pas mieux lire, le marchand lui dit : " Mon ami, peut-être ne savez-vous pas lire du tout ?" " Si je savais lire," dit le paysan, " je n'aurais pas besoin de vos lunettes."—Je croyais que vous auriez soif, c'est pourquoi je vous ai amené à la boutique de l'apothicaire pour prendre un verre d'eau minérale et de sirop.—Donnez-nous deux verres d'eau minérale Quel sirop, Mlle.? N'importe lequel; je les aime tous.

J'ai vu aujourd'hui six joueurs qui gagnaient tous en même temps. Cela ne se peut; car un joueur ne peut gagner que lorsqu'un autre perd. Vous auriez raison si je parlais de joueurs de cartes ou de billiard; mais je parle de joueurs de flûte et de violon.—Faites-vous quelquefois de la musique ? Très-souvent, car je l'aime beaucoup.—De quel instrument jouez-vous? Je joue du violon et ma sœur joue du piano. Mon frère qui joue de la basse nous accompagne, et Mademoiselle Stolz nous applaudit quelquefois.—Ne joue-t-elle pas aussi de quelque instrument de musique? Elle joue de la harpe, mais elle est trop fière pour faire de la musique avec nous.

74me. Soixante-quatorzième Thême. 2de Section.

Do you know what he would have done, if I had not been here? I guess what he would have wished to do. Could he have succeeded? He would, perhaps, have succeeded.—Whom do you think of when you think of nothing? I think of the person who asks this fine question.—What is the matter? (the question.) We talk about the musician, the honor of the family.—What was the question? To know whether he had broken the chandelier on purpose or not. As to me, I think he did it on purpose. If he had done it on purpose, he would not cry thus.—It is only to make us believe that he did not do it on purpose. Hush! You always wish to make him appear wrong. I will not hush for you. Let us leave off this subject, and relate an anecdote to us.—A town rather poor, went to a considerable expense in feasts and illuminations, on its prince passing through. The latter seeming astonished at it, a courtier said: "It has only done what it owed to your majesty." "That is true," replied another, "but it owes all it has done." —That's very well; I did not think you would have succeeded so well. I thank you for the compliment.

Un voleur étant entré un jour dans une pension, vola trois manteaux. En sortant il fut rencontré par un pensionnaire qui avait un beau manteau galonné. En voyant tant de manteaux, il demanda à cet homme où il les avait pris. Le voleur répondit froidement qu'ils appartenaient à trois messieurs de la maison qui les lui avaient donnés à dégraisser. "Dégraissez donc aussi le mien, car il en a grand besoin," dit le pensionnaire; "mais," ajouta-t-il, "il faut me le rendre à trois heures." "Je n'y manquerai pas, Monsieur," répondit le voleur en emportant les quatre manteaux, qu'il n'a pas encore rapportés.

Vous chantez, Messieurs, mais il ne s'agit pas de chanter; vous devriez vous taire et écouter ce qu'on vous dit. Nous sommes embarrassés. Quel est votre embarras? Je vais vous le dire: il s'agit de savoir comment nous passerons notre temps agréablement. Faites une partie de billard ou une partie d'échecs.—Nous nous sommes proposé d'aller à une partie de chasse; êtes-vous des nôtres? Je ne puis, car je n'ai pas encore fait mon devoir, et si je le néglige, mon maître me grondera.— Chacun à son gré; si vous aimez mieux rester à la maison que d'aller à la chasse, nous ne saurions vous en empêcher.—Monsieur B. vient-il avec nous? Peut-être.—Je n'aimerais pas à aller avec lui, car il est trop bavard. À cela près c'est un excellent homme.

75me. Soixante-quinzième Thème. 1ère Section.

How does James behave towards his relations? He does not behave well towards them.—Has he friends here? He has none, for he behaves ill towards everybody.—What ought he to have gone when he saw me? He ought to have come towards me and to have wished me a happy new year.—Do they not long to bathe? Yes, they are very anxious for it: but the water in the river is yet too cold. Do you not long for the arrival of the mail? Yes; but I would be still more anxious if I had not heard of my friend.—Do not be long in coming back (*come back soon*), do you hear? I shall soon return, for I long to start. —Shall we postpone the affair till to-morrow? No, let us not put it off; for we long to have it over.—What would you wish to know? We long to know the result of the election.—How did he behave towards his wife? During the honey-moon he did right. And afterwards? Badly, as he does towards all his acquaintances.

Comme vous en avez toujours bien usé avec moi, j'en userai de même avec vous: je vous prêterai l'argent qu'il vous faut, mais à condition que vous me le rendrez la semaine prochaine. Vous pouvez y compter.—Comment mon fils s'est-il comporté envers vous? Il s'est bien comporté envers moi, car il se comporte bien envers tout le monde. Son père lui disait souvent: "La conduite des autres n'est qu'un écho de la nôtre. Si nous nous comportons bien envers eux, ils se comporteront bien aussi envers nous; mais si nous en usons mal avec eux, nous ne devons pas attendre mieux de leur part."—Puis-je voir Messieurs vos frères? Vous les verrez demain. Comme ils ne font que d'arriver d'un long voyage, il leur tarde de dormir, car ils sont très-fatigués.—Ma sœur qu'a-t-elle dit? Elle a dit qu'il lui tardait de dîner, parce qu'elle avait grand' faim.

J'ai l'honneur de vous souhaiter le bonjour.—Comment vous portez-vous? Très-bien, à vous rendre mes devoirs.—Et comment se porte-t-on chez vous? Assez bien, Dieu merci.—Ma sœur a été un peu indisposée, mais elle est rétablie; elle m'a chargé de bien des compliments pour vous.—Je suis charmé d'apprendre qu'elle se porte bien. Quant à vous, vous êtes la santé même; vous avez la meilleure mine du monde.—Je n'ai pas le temps d'être malade; mes affaires ne me le permettraient pas.—Donnez-vous la peine de vous asseoir; voici une chaise.—Je ne veux pas vous distraire de vos occupations; je sais que le temps est précieux à un négociant.

75me. Soixante-quinzième Thême. 2de Section.

I have lost sight of Mrs. R—'s children; are they at her house? They are at boarding-schools. How are they pleased there? The son does not like his school; he complains of it, he feels uncomfortable in it. And the daughters (girls) are they comfortable in theirs? They would complain if they did not like it, if they were not comfortable.—If you are warm raise the sash, make yourself comfortable.—Is this physician well off? (*in easy circumstances?*) He would not go on foot, if he were well off.—Where do you go to take a walk? I go here and there. Sometimes I go up the street, sometimes down.—Do you see the general? From time to time; now and then.—How did you do your exercise? Tolerably well.—Does the merchant's clerk do his duty? He does it somehow; but the merchant is not satisfied with him.—Where are our gentlemen? They act without ceremony, they are smoking in the parlor. Did you ask them to go and smoke out of doors? I entreated them to do it; but they do not wish to put themselves to any inconvenience.

Avez-vous fait votre composition française? Je l'ai faite. Votre instituteur en a-t-il été content? Il ne l'a pas été; car elle était difficile, et je l'ai faite tant bien que mal. Etes-vous bien (*à votre aise*) dans votre pension à la mode (*fashionable*). Oui. N'y a-t-il pas trop *d'étiquette* pour vous? Un peu d'étiquette est nécessaire. Je n'aime pas à être toujours avec des gens sans gêne, qui sont sans cérémonie.—Quand le chien vous attaquait, ne les priâtes-vous pas avec instances de venir à votre secours? Je les priai de venir avec instances, mais ils ne voulurent pas. Le chien vous mordit-il beaucoup, et vous fit-il bien du mal? Il me mordit un peu ici et là.—À quelle heure devaient-ils faire cette partie de billard, avant de la remettre? Ils devaient la faire à six heures du matin. Pourquoi l'ont-ils remise ? Ils l'ont fait (*remise*) parce que l'un d'eux a été obligé d'aller à NewYork, mais il reviendra dans un jour ou deux.

Qui vous a procuré cet emploi ? (*cette place ?*) Mon cousin Jacques. Comment aimez-vous à être commis ? Je l'aime assez. Qu'est-ce que cela vous rapporte ? (*Que gagnez-vous ?*) Pas grand' chose, à présent, parce que je ne suis pas bien au fait, mais quand je serai mieux au fait, je gagnerai davantage. Pourquoi vous en allez-vous si tôt ? Restez : Je n'ai rien de pressé à faire maintenant ; mon courrier est déjà expédié.—Je ne m'arrêterai pas davantage. J'ai voulu seulement, en passant par ici, m'informer de votre santé.—Vous me faites beaucoup d'honneur.—Il fait bien beau temps aujourd'hui.—Si vous le permettez, j'aurai le plaisir de vous revoir cette après-dînée, et si vous avez le temps, nous irons faire un petit tour ensemble. Avec le plus grand plaisir. Dans ce cas je vous attendrai. Je viendrai vous prendre vers les sept heures. Adieu donc, au revoir. J'ai l'honneur de vous saluer.

75me. *Soixante-quinzième Thème.* 3me Section.

Good morning, Miss, I hope you are well ! My respects to you Sir, I am well, thank you. True enough, you look remarkably well. And you, you are health itself. You intend to make fun of me, for I am half dead. No, truly, I think that you look very well. You may say what you please, Miss, I feel that I am not health itself. You, Sir, speak in vain, you will not make me think that I cannot see.—Have you imparted to any one the news which I imparted to you yesterday ? Yes, I communicated it to my cousin, and I intended to speak of it to some other person. Was it a secret ? No, not exactly.—Mr. F— is rich : does he belong to good society ? No, rich as he is, he is not admitted in it.—The consul's son has lost much time, but he may repair it (*make it up*), if he applies himself. You may say what you please ; the loss of time is irreparable. It has truly been said : It is of time alone that one may be avaricious.

Cette vieille femme est toujours à gronder: c'est en vain que je fais de mon mieux. (J'ai beau faire de mon mieux, cette vieille, &c.) Personne ne peut rien faire à son gré. Vous aurez beau dire, personne ne vous croira. C'est vrai, néanmoins. Pouvez-vous sans vous gêner me prêter cent gourdes? Comme vous en avez toujours bien usé avec moi, j'en userai de même avec vous, et je vous prêterai cette somme. Avez-vous fait part à votre frère de ce que je vous ai dit de lui dire? Comme il était très-fatigué, il lui tardait de dormir; de sorte que j'ai remis jusqu'à demain à lui en faire part. Cela suffira-t-il? Oui, cela suffit.

La perte du temps est une perte irréparable.—On ne peut plus recouvrer une seule minute pour tout l'or du monde. Il est donc de la dernière importance de bien employer le temps, qui ne consiste qu'en minutes, dont il faut tirer parti. On n'a que le présent; le passé n'est plus rien, et l'avenir est incertain. —Une infinité d'hommes se ruinent à force de vouloir se faire du bien. Si la plupart des hommes savaient se contenter de ce qu'ils ont, ils seraient heureux; mais leur avidité les rend très-souvent malheureux. Pour être heureux, il faut oublier le passé, ne pas s'inquiéter de l'avenir, et jouir du présent.—J'étais fort triste lorsque mon cousin vint me trouver. "Qu'avez-vous?" me demanda-t-il. "Ah! mon cher cousin," lui répondis-je, "en perdant cet argent, j'ai tout perdu." "Ne vous inquiétez pas," me dit-il, "car j'ai trouvé votre argent."

76me. *Soixante-seizième Thème.* 1ère Section.

Ah! here you are! It is myself.—Have you just been taking a walk? No, I am just from M. D—'s store, where I wanted to buy a pair of kid gloves, but I could not. And why? Has he none? *On the contrary*, he has some beautiful ones; but he is too close, too particular. What do you mean by that? What I mean? It is plain. I mean that he sells dear, and that he will take nothing off (deduct). I know that he has but one price; but I do not think he is too close. Did you not find fault with his price? I did. I told him that he asked 12½ cents more than other merchants. And you have, perhaps, offered him 25 cents less than his price. No, but 12½. Then do not complain; do not find fault with his behavior : for, are you not as particular, as close as he is? I! be as particular as he is!—John, what art thou doing? I am cleaning my gun.— What is Anne doing? Do you not hear her? She is practising on the piano, and singing.—Is it she that is practising? I thought it was Julia who was doing it.—Anne has much improved since I heard her.

Vouliez-vous dire que vous et votre cousin Henri, vous allez faire le tour de l'Europe? Non, je voulais dire que lui et moi, nous allons faire le tour des États-Unis de l'Amérique du nord. *De l'Amérique du nord:* sont quatre mots de trop; les États-Unis; c'est assez. Vous aimez à trouver à redire; mais qui est cette demoiselle-là, mise si élégamment? N'est-ce pas celle qui était à boire un verre d'eau minérale au coin? Oh! ce n'est pas la même. Elle lui ressemble. Après tout, elle a une mise élégante. Elle est à marcher. Comme elle marche bien! Maintenant, elle est à rire. Que ses dents sont belles! Taisez-vous, taisez-vous. Vous m'impatientez avec vos exclamations! Taisez-vous vous-même. Vous n'avez point de goût. Qu'est-ce que cela veut dire, Monsieur? Cela veut dire que quoique vous vous habilliez bien vous-même, vous y regardez de trop près sur la mise des autres (d'autrui).—Ne me jouez point de tour. Je ne veux pas vous en jouer un.

Pourquoi avez-vous joué un tour à cet homme? Parce qu'il trouve toujours à redire à tout ce qu'il voit.—Qu'est-ce que cela veut dire, Monsieur? Cela veut dire que je n'aime pas à faire des affaires avec vous, parce que vous y regardez de trop près.— Je voudrais bien savoir pourquoi votre frère n'a point fait son devoir.—Il était trop difficile. Il a veillé toute la nuit et n'a pas pu le faire, parce que ce devoir était hors de sa portée.— Pourquoi êtes vous si triste? Vous ne savez pas ce qui m'inquiète, ma chère amie.—Dites-le-moi; car je vous assure que je partage vos peines aussi bien que vos plaisirs.—Je suis sûre que vous prenez part à mes peines, mais je ne puis vous dire en ce moment ce qui m'inquiète. Je vous le dirai cependant à l'occasion.

76me. Soixante-seizième Thême. 2de Section.

I should like to know (*I wonder*) why that little girl makes so much noise? She cries in that way, because she wants that green and yellow cup, which is out of her reach. I am pretty sure she is a much spoiled child, for if she were not, she would rather wait than cry. But as the cup is within your reach, give it to her to satisfy her wishes.—See, see, you have overwhelmed her with joy. You have made me perform a charitable act.—Why does not that little boy shoot at the bird which is on the tree? Does he not see it? He knows that the bird is out of the reach of his gun; but he is watching it; he approaches it little by little. Now, look, he is going to fire. He has touched (hit) the bird, but he did not kill it.—Is Sophia's friend a sincere one? I think she is both very charitable and very sincere. —Who is generous and benevolent?—Does he speak sincerely? —Did he find fault with the lawyer's behavior?—Did he say anything to his disadvantage? (*disparagement?*)—Mary would like to know who has taken away her French portfolio?— That young lady's complexion (skin) is beautiful, is it not?

Que pensez-vous de l'homme qui nous parla hier au concert? C'est un homme de beaucoup d'esprit, et il n'est pas du tout infatué de son mérite. Aussitôt que M. Flausen me voit, il commence à parler anglais pour s'exercer, et me comble d'honnêtetés, de sorte que souvent je ne sais que lui répondre. Ses frères en font autant : cependant ils ne laissent pas d'être de fort bonnes gens ; non seulement ils sont riches et aimables ; mais ils sont aussi généreux et bienfaisants. Ils m'aiment sincèrement; c'est pourquoi je les aime aussi, et par conséquent je ne dirai jamais rien à leur désavantage. Je les aimerais encore d'avantage, s'ils ne faisaient pas tant de cérémonies ; mais chacun a ses défauts, et le mien, c'est de trop parler de leurs cérémonies.

Regardez, Mesdames, ces belles fleurs au tient si frais et si éclatant; elles ne boivent que de l'eau. Le lis blanc a la couleur de l'innocence; la violette marque la douceur; on peut la voir dans les yeux de Louise. La germandrée a la couleur du ciel, notre demeure future, et la rose, la reine des fleurs, est l'emblème de la beauté et de la joie. On voit tout cela personnifié, en voyant la belle Amélie. Que la verdure fraîche est belle ! Elle fait du bien à nos yeux, et elle a la couleur de l'espérance, notre amie la plus fidèle, qui ne nous quitte jamais, pas même à la mort.—Encore un mot, mon cher ami.—Que vous plaît-il?— J'ai oublié de vous prier de faire mes compliments à Madame votre mère. Je vous remercie de sa part, je n'y manquerai pas. —Adieu donc.

77me. Soixante-dix-septième Thême. 1ère Section.

Do you live in a stone or wooden house? We occupy a brick house. Almost all the houses are built of brick in this district.—Will you purchase a water or a wind-mill? I prefer water-mills, and I presume I shall buy one.—Madam, the coffee-mill has just been broken. Ah! it is a misfortune. Have you ground coffee enough? No, Madam, not yet. Send little Margaretta to borrow the neighbor's mill.—Two-wheeled carriages are no longer fashionable. Four-wheeled carriages are used everywhere.—Is he travelling in a carriage? No, he is travelling by the railroad.—How do you prefer travelling? By steamboats.—Is not Sophia sewing her silk dress? She was sewing it yesterday, but now she must be sewing her satin frock.—Do you wish her to sew anything for you?

Mademoiselle votre sœur est-elle sortie aujourd'hui? Elle est sortie pour faire quelques emplettes.—Qu'a-t-elle acheté? Elle s'est acheté une robe de soie, un chapeau de velours, et un voile de dentelle.—Qu'avez-vous fait de mon pot d'argent? Il est sur la table de cuisine avec la bouteille à l'huile, le pot au lait, le pot à l'eau, le pot à moutarde, et le moulin à café.—Demandez-vous une bouteille à vin ? Non, je demande une bouteille de vin et non pas une bouteille à vin.—Si vous voulez avoir la bonté de me donner la clef de la cave au vin, j'irai en chercher une.—Cet homme qu'exige-t-il de moi ? Il n'exige rien ; mais il acceptera ce que vous lui donnerez, car il manque de tout.—Je vous dirai que je ne l'aime pas, car sa conduite fait naître des soupçons dans mon esprit. Il outre tout ce qu'il dit et tout ce qu'il fait.

Vous avez tort d'en avoir si mauvaise opinion, car il vous a tenu lieu de père. Je sais ce que je dis. Il m'a trompé en petit et en grand, et toutes les fois qu'il vient me voir, il me demande quelque chose. C'est ainsi qu'il m'a demandé tour à tour tout ce que j'avais : mon fusil de chasse, ma ligne à pêcher, ma montre à répétition, et mes chandeliers d'or. Ne vous abandonnez pas tant à la douleur, sinon vous me ferez fondre en larmes.—Démocrite et Héraclite étaient deux philosophes d'un caractère bien différent : le premier riait des folies des hommes, et l'autre en pleurait. Ils avaient raison tous deux, car les folies des hommes méritent qu'on en rie et qu'on en pleure.

77me. *Soixante-dix-septième Thème.* 2de Section.

Stay to eat dinner with us; we have some dainty dishes. You wish us to dine with you, since you speak to us of dainty bits. To be sure I wish it, or else I would not ask you to stay. But will you dine soon? for I have many things to buy this afternoon. Let me see the hour. It wants a quarter of one. The girl must be setting the table ; so, you see, that after dinner you will have time enough to make your purchases.—What have you to buy? Bedsteads, feather pillows, mahogany tables and toilets, walnut wardrobes ? No, no. I am getting all that made. But we are looking out for a kitchen stove, a coffee-mill, pitchers of different sizes, bowls (wash basins), coffee pots, coffee cups. Don't you also want tea cups? No, I believe that we will not take tea, we do not like it. Gentlemen, dinner is on the table. Come, make no ceremony. Come and sit down, and taste our dainties.

Avez-vous vu Mademoiselle votre nièce ? Oui, c'est une très-bonne fille qui écrit bien et qui parle encore mieux le français : c'est pourquoi elle est aimée et honorée de tout le monde. —Et son frère, que fait-il ? Ne me parlez pas de lui, (ne m'en parlez pas ;) c'est un méchant garçon, qui écrit toujours mal et qui parle encore plus mal le français : aussi n'est-il aimé de personne. Il aime beaucoup les bons morceaux ; mais les livres, il ne les aime pas. Quelquefois il se met au lit en plein jour, et se dit malade ; mais, quand on se met à table, il est ordinairement rétabli. Il doit étudier la médecine, mais il n'en a aucune envie. Il parle presque toujours de ses chiens, qu'il aime passionément.

Son père en est extrêmement fâché. Le jeune imbécile dit dernièrement à sa sœur : "Je me ferai enrôler, aussitôt que la paix sera publiée."—Mon cher père et ma chère mère dînèrent hier avec quelques amis au roi d'Espagne.—Pourquoi parlez-vous toujours anglais et jamais français ? Parce que je suis trop timide. — Vous plaisantez ; est-ce qu'un Anglais est jamais timide ? J'ai grand appétit : donnez-moi quelque chose de bon à manger. Avez-vous de l'argent ? Non, Monsieur.—Alors je n'ai rien à vous donner. Ne me donnez-vous pas à crédit ? j'engage mon honneur. C'est trop peu. Comment, Monsieur ! Que voulez-vous dire ? Je veux dire ce que je dis.

78me. Soixante-dix-huitième Thème. 1ère Section.

Where do you wish me to go ? Go to the jeweller's.—Where do you wish him to go ? I wish him to go to the joiner's. And her ? I wish her to go to the mantua-maker.—Where must I be at 8 o'clock ? You must be at the store.—Where must they be ? John, Frederick, and Mary must be at school.—Is it at 10 or ½ past 10, that we must be at the steamboat ? We must be there at ½ past 10, but we had better go earlier. To be sure.— Must the cook buy more than a pound of butter ? Yes, he must buy at least three pounds. Three pounds ! Are you in earnest ?

—Is it necessary to tell the baker to bring rolls? Yes, he must be told, for he will not bring any unless he is requested to do it.—Is he the only physician you know?—Is it not time for me to translate, to write, and to read my exercise?—Is it suitable that she should receive, read, and answer this note?

Voulez-vous me raconter quelque chose? Que voulez-vous que je vous raconte? Une petite anecdote, si vous voulez.— Un petit garçon demandait un jour à table de la viande; son père lui dit qu'il n'était pas honnête d'en demander, et ajouta: "Il faut attendre jusqu'à ce qu'on vous en donne." Après quelque temps le pauvre garçon, voyant que tout le monde mangeait et qu'on ne lui donnait rien, dit à son père: "Mon cher père, donnez-moi, s'il vous plaît, un peu de sel." "Qu'en veux-tu faire?" demanda le père. "Je veux le manger avec la viande que vous me donnerez," répliqua l'enfant. Tout le monde admira l'esprit du petit garçon, et son père, s'apercevant qu'il l'avait oublié, lui donna un morceau de viande, du sel, et des légumes.

Qui était ce petit garçon, qui demanda de la viande à table? C'était le fils d'un de mes amis.—Pourquoi demanda-t-il de la viande? Il en demanda parce qu'il avait bon appétit.—Pourquoi son père ne lui en donna-t-il pas de suite? Parce qu'il l'avait oublié.—Le petit garçon eut-il tort d'en demander? Il eut tort, car il aurait dû attendre.—S'il n'était pas honnête (s'il était impoli) de demander de la viande, n'était-il pas aussi impoli de demander du sel ou tout autre chose? Et pour être conséquent, le père n'aurait-il pas dû lui dire encore: "Il faut attendre jusqu'à ce qu'on vous en donne." Cela peut-être, mais quoique la conduite du père puisse être appelée inconséquente, la demande de l'enfant n'en était pas moins spirituelle. —Il est dommage que la cuisinière n'ait pas été au marché, car je crains que le meilleur fruit ne soit vendu à cette heure-ci.

78me. *Soixante-dix-huitième Thème.* 2de *Section.*

Is it surprising that he should so well know German? No, it is not surprising that he should know it so well, since his mother is a German lady.—Does he like to be praised? He likes to be praised, but he does not like us to be praised. Does he suppose that we approve of it? that you approve of it? He supposes that you approve of it, that we approve of it.—What would you say if I was to relate to you a short anecdote in French? I would say that you are as amiable as usual. A young prince, seven years old, was admired by everybody on account of his wit. He one day heard an officer, who was speaking of him, say: "When children have so much wit (*are so smart*) in childhood, they usually have but little when they attain maturity." "If so," said the young prince, "you must have had much wit (*have been very smart*) in your infancy." Have you known that anecdote long? I had to translate it yesterday.—Do they wish her or you to succeed? They do not wish us, but her to succeed.

Voulez-vous que je vous raconte une autre anecdote? Vous m'obligerez beaucoup.—Un homme faisant des emplettes chez un marchand, lui disait: "Vous me surfaites trop; vous ne devriez pas me vendre aussi cher qu'à un autre, puisque je suis des amis de la maison." Le marchand répliqua: "Monsieur, il faut que nous gagnions quelque chose avec nos amis, car nos ennemis ne viendront jamais chez nous."—Un Anglais, à sa première visite en France, rencontra dans les rues de Calais un fort jeune enfant qui parlait le français couramment et avec élégance. "Mon Dieu! est-il possible," s'écria-t-il, "que même les enfants ici parlent français avec pureté?"

Recherchons l'amitié des bons et évitons la société des méchants; car les mauvaises sociétés corrompent les bonnes mœurs —Quel temps fait-il aujourd'hui? Il neige toujours comme il neigea hier, et selon toute apparence, il neigera aussi demain. Croyez-vous qu'il neige demain aussi? J'espère que oui, car je me porte toujours très-bien quand il fait très-froid. Et moi, je me porte toujours très-bien quand il ne fait ni froid ni chaud.— Il fait trop de vent aujourd'hui, et nous ferions mieux de rester à la maison. Quelque temps qu'il fasse, il faut que je sorte;

car j'ai promis d'être chez ma sœur à onze heures et un quart, et il faut que je tienne parole.

78me. Soixante-dix-huitième Thême. 3me Section.

Is it to be believed, because you say so? Ought not my saying so, to be sufficient?—Does he deserve to be waited for? Deserve to be waited for? To be sure he does!—If he has lost the leaf (of a book) let him find it again.—Let him find it again! It is easier to say than to do. Let him try.—Have you a good hold of the flute? Take care it does not fall. I have a good hold of it (*I hold it tight*), I will take care it does not fall. —The mail must certainly have come! Why does Solomon stay so long? The snow has perhaps prevented the mail from coming in at the usual hour.—It may be so, but I hope it is not. I hope so, too; but let us have patience till Solomon's return Whatever wish you may have to get your letters, and however important the news may be, we must wait with patience. You speak very coolly on the subject. I wait without getting out of patience.

Avez-vous corrigé le thême de Louise? Oui, je l'ai fait. Combien de fautes avait-elle? Elle n'en avait que trois ou quatre? Que trois ou quatre! C'est beaucoup pour elle. Il faut que le thême ait été bien difficile. (*Le thême doit avoir été, &c.*) Il l'était. C'est l'écolière la plus attentive et la plus studieuse que j'aie.—N'avez-vous pas peur que nous ayons un orage? Je crains que nous n'en ayons un violent. Voyez comme le ciel est couvert à l'ouest! (*est noir*).—Etes-vous content que je l'aie fait et qu'il n'ait pas pu le faire? Je suis content que vous l'ayez fait, mais je suis fâché qu'il n'ait pas pu le faire.—Que la fille aille chez l'apothicaire. Que voulez-vous qu'elle achète? Je désire qu'elle achete du savon parfumé et qu'elle le mette dans mon pupitre.

Que faut-il que nous vous apportions de la campagne? Faut-il (est-il nécessaire) que vous y alliez? Nous avons promis d'y aller.—Ne seriez-vous pas étonné si nous ne tenions pas notre promesse ?—Vous venez tard ; vous nous avez fait attendre long temps. Nous sommes fâchés que vous ayez été obligé d'attendre. Combien de temps avez-vous attendu ? N'importe le temps que nous avons déjà perdu, n'en perdons pas davantage ; mais finissons vite notre affaire, afin que nous puissions aller à la maison. Il paraît que vous êtes un peu de mauvaise humeur. Il ne vous convient pas, M., de trouver à redire, quand vous êtes en faute. Voyons (*Allons.*) Finissons.

78me. *Soixante-dix-huitième Thême.* *4me Section.*

Do you think he or she is right ? We think they are both wrong. If the colonel is in town, I am afraid he will come to see us. As for me, I fear he will not come.—Do they think their house is worth 10,000 dollars ? Whether they believe it or not, they ask that price.—She is afraid we should speak of her, is she not ? She does not care whether we speak of her, or whether we do not.—M. D— has promised to come, has he not ? Do you hope he will come, in spite of the bad weather ? I hope he will come, in spite of the bad weather : for I do not doubt his keeping his word.—We are much afraid that man will return during your absence. I am not afraid he will return, so fear nothing.

Vous lui avez défendu d'aller au quai, croyez-vous qu'il y ait été ? Je ne crois qu'il y ait été ; mais sa sœur croit qu'il y a été. N'a-t-il pas peur que vous vous en occupiez ? Peu m'importe qu'il en ait peur ou non. Si vous croyez que nous puissions aller à Burlington et en revenir, dans deux heures, partons. Je ne crois pas que nous puissions y aller et en revenir en si peu de temps. Comme il est important que nous voyons l'avocat avant mardi, supposez que nous y allions. Très-bien, allons-y. Que Jean ait soin du magasin pendant mon absence. Jean ou Guillaume ? N'importe lequel, pourvu qu'on en prenne soin.

N'êtes-vous pas content que nous ayons reçu l'invitation que nous désirions tant ? Je suis bien aise, à cause de vous (*pour* vous), que nous l'ayons reçue. À cause de moi ? (*pour moi ?*) Comment ! ne désirez-vous pas y aller ? Je m'en soucie très-peu. C'est nouveau. Je croyais que vous aviez autant envie d'y aller que moi. J'avais d'abord autant envie d'y aller que vous ; mais à présent je ne m'en soucie pas. Il est étonnant que vous changiez comme cela !—Sara, je suis bien aise que vous soyez ici.—En vérité ! Moi, je suis bien aise d'y être.—L'oncle de ce commis n'est-il pas très-affligé que son neveu se conduise si mal ? Non, maintenant peu lui importe qu'il se conduise bien ou mal ; d'abord, il en était très-affligé. Je crois que oui.

79me. Soixante-dix-neuvième Thème.   1ère Section.

Did he prefer my doing it? No, he did not prefer your doing it.—Would he not prefer your going there? No, but he would rather his nephews should go.—Was not Jerome a pretty good servant? Yes, he was; although he sometimes forgot to shut the doors.—Did he deny having done it? No, he did not.—Did he complain that you, he and I had eaten all? No, he did not complain that we had eaten everything, but he was astonished at it. Did he not care about your coming? He, on the contrary, would have much wished me to come, but he did not care about those children coming.—Did you not require us to promise it immediately? (*right off ?*) I do not recollect it. Did I require you to promise it?—Was he writing when you called him?—Why does not your friend come at this hour? He must be studying.

M. de Turenne ne voulait jamais rien acheter à crédit chez les marchands, "de peur," disait-il, "qu'ils ne perdissent une grande partie de leur argent, s'il arrivait qu'il fut tué." Tous les ouvriers qu'il employait dans sa maison, avaient ordre d'apporter leurs mémoires, avant qu'il se mît en campagne, et ils étaient payés régulièrement.—Vous ne serez jamais respecté, à moins que vous n'abandonniez la mauvaise compagnie que vous fréquentez.—Vous ne pourrez finir votre travail ce soir, à moins que je ne vous aide.—Je vous expliquerai toutes les difficultés, afin que vous ne vous découragiez pas dans votre entreprise.

Supposé que vous perdiez vos amis, que deviendriez-vous? En cas que vous ayez besoin de mon assistance, appelez-moi, je vous aiderai.—Un homme sage et prudent vit avec économie quand il est jeune, afin de jouir du fruit de son travail, quand il sera vieux.—Portez cet argent à M. N., afin qu'il puisse payer ses dettes.—Voulez-vous me prêter cet argent? Je ne vous le prêterai pas, à moins que vous ne me promettiez de me le rendre le plus tôt que vous pourrez.—Le général est-il arrivé? Il arriva hier matin au camp, las et harrassé, mais très-à propos; il donna de suite ses ordres pour engager l'action, quoiqu'il n'eût pas encore toutes ses troupes.—Mesdemoiselles vos sœurs sont-elles heureuses? Elles ne le sont pas, quoiqu'elles soient riches, parce qu'elles ne sont pas contentes.

79me. *Soixante-dix-neuvième Thême.* 2de Section.

Is William reading in his room? No, he was playing the flute in the garden before you came in. What is he doing now? He must be walking (*taking a walk*) in the grove. Must I go and call him? No, let him walk there; but in case he should return soon, you will tell him that I wish he would dress himself to go out with me. Had he known you wished him to go out with you, he would already be dressed. There is no hurry. He will have time to prepare before I am ready myself.—Had you waited a little longer (*ever so little*) this morning, you might have seen the general, for you had hardly gone when he came in again. Can I have the pleasure of seeing him? No, he is gone out again. Had you not better wait? Yes, provided you are sure he will return soon.

Bien qu'elles aient bonne mémoire, cela ne suffit pas pour apprendre quelque langue que ce soit; il faut qu'elles fassent usage de leur jugement.—Regardez comme cette dame est aimable; quoiqu'elle n'ait pas de fortune, je ne l'en aime pas moins.—Voulez-vous me prêter votre violon? Je vous le prêterai, pourvu que vous me le rendiez ce soir.—Madame votre mère viendrait-elle me voir? Elle viendrait, pourvu que vous promissiez de la mener au concert.—Je ne cesserai de l'importuner jusqu'à ce qu'elle m'ait pardonné.—Donnez-moi ce canif. —Je vous le donnerai, pourvu que vous n'en fassiez pas mauvais usage.—Irez-vous à Londres? J'irai, pourvu que vous m'accompagniez; et je récrirai à Monsieur votre frère, en cas qu'il n'ait pas reçu ma lettre.

Où étiez-vous pendant l'affaire? J'étais au lit à faire panser mes blessures. Plût à Dieu que j'y eusse été! J'aurais voulu vaincre ou périr.—On évita la bataille de peur que nous ne fussions pris, leurs forces étant supérieures aux nôtres.—À Dieu ne plaise que je blâme votre conduite; mais vos affaires ne seront jamais faites comme il faut, à moins que vous ne les fassiez vous-même.—Partirez-vous bientôt? Je ne partirai pas, que je n'aie dîné.—Pourquoi m'avez-vous dit que mon père était arrivé, quoique vous sussiez le contraire? Vous êtes si prompt que, pour peu qu'on vous contrarie, vous vous emportez en un instant.

79me. Soixante-dix-neuvième Thême. 3me Section.

Since you are going that way, and pass by the apothecary's shop, stop there, and tell him to send us a box of mineral powder. I will do it with pleasure. At what o'clock must he send it? Never mind the hour; provided it is before bed-time.— Although he did not learn easily, and had not much time, he improved. Yes, because he was attentive and studious.—Had you been as industrious as your cousin, and studied better, would you not have learned more?—Although he was playing a game of chess, and had almost won, he left it (*gave it up*) as soon as he heard his sister wanted him to wait upon her.—Do not begin before I give you notice, and send you another pencil. I will not fail to wait.

Si votre père n'arrive pas aujourd'hui, et que vous ayez besoin d'argent, je vous en prêterai —Je vous suis fort obligé.

—Avez-vous fait votre devoir ?—Pas tout-à-fait ; si j'avais eu le temps, et que je n'eusse pas été si inquiet de l'arrivée de mon père, je l'aurais fait.—Si vous vouliez étudier et que vous fussiez attentif, je vous assure que vous pourriez apprendre la langue française en très-peu de temps. Celui qui veut enseigner un art, doit le connaître à fond ; il faut qu'il n'en donne que des notions précises et bien digérées ; il faut qu'il les fasse entrer une à une dans l'esprit de ses élèves, et surtout qu'il ne surcharge pas leur mémoire de règles inutiles et insignifiantes.

Mon cher ami, prêtez-moi un louis. En voici deux au lieu d'un. Que d'obligations je vous ai ! Je suis toujours bien aise quand je vous vois, et je trouve mon bonheur dans le vôtre.—Cette maison est-elle à vendre ? Voulez-vous l'acheter ? Pourquoi non ?—Croyez-vous que ce soit une bonne maison, et qu'elle vaille sept mille gourdes ? Je crois que non (*je ne le crois pas*).—Pourquoi Mademoiselle votre sœur n'était-elle pas à étudier ? Elle aurait été à étudier si elle n'était pas toujours si distraite.—J'aime les jolies anecdotes : elles assaisonnent la conversation et amusent tout le monde.—Je vous prie de m'en raconter quelques-unes.—Voyez, s'il vous plaît, page cent-quarante-huit du livre que je vous ai prêté, et vous en trouverez.

80me. *Quatre-vingtième Thème.* 1ère *Section.*

What is he drying? He is drying his shoes; but whatever care he may take to do it, he will not succeed for a long time.— In how many ways can: *Whatever riches you possess*, be expressed in French? In two ways, I think. Which are they? *Quelque richesse que vous.* Must not the subjunctive be used after *quelque?* Yes, it must be used. Then, one must say: *Quelque richesse que vous possédiez.* Which is the second way? *Quelle que soit la richesse que vous possédiez.* Is there not another way? Not that I know of. How can: *however rich you may be*, be expressed in French? Oh! but it is not the same thing as whatever riches you possess.—No, the words are not the same: but is not the meaning the same? Then we can say: *quelque riche que vous soyez*, can we not? Doubtless Some judgment is the only thing necessary.

Il faut que vous ayez patience, quoique vous n'en ayez pas envie, car il faut que j'attende aussi jusqu'à ce que je reçoive mon argent. En cas que je le reçoive aujourd'hui, je vous paierai tout ce que je vous dois. Ne croyez pas que je l'aie oublié, car j'y pense tous les jours. Ou croyiez-vous peut-être que je l'eusse déjà reçu? Je ne croyais pas que vous l'eussiez déjà reçu; mais je craignais que vos autres créanciers ne l'eussent déjà reçu.—Vous voudriez avoir plus de temps pour étudier et vos frères voudraient n'avoir pas besoin d'apprendre.—Plût à Dieu que vous eussiez ce que je vous souhaite, et que j'eusse ce que je désire.—Quoique nous n'ayons pas eu ce que nous souhaitons, nous avons presque toujours été contents, et Messieurs B ont presque toujours été mécontents, quoiqu'ils aient eu tout ce dont un homme raisonnable peut se contenter.—Ne croyez pas, Madame, que j'aie eu votre éventail. Qui vous dit que je le croie?—Mon beau-frère voudrait ne pas avoir eu ce qu'il a eu. Pourquoi? Il a toujours eu beaucoup de créanciers et point d'argent.—Je désire que vous me parliez toujours français, et il faut que vous m'obéissiez, si vous voulez l'apprendre, et que vous ne vouliez pas perdre votre temps inutilement. Je voudrais que vous fussiez plus assidu et plus attentif quand je vous parle.

80me. Quatre-vingtième Thême. 2de Section.

Mr. J. B. has written me a note, in which he says: Although money is scarce and can hardly be obtained, I send you a check on the bank for the sum you want. Since he acts so, it follows that he is my friend.—What is the finest gift God made to man? The Gospel is the finest gift of God to man. If the life and death of Socrates are those of a wise man, what can be said of the life and death of Jesus Christ? That they are those of a God.—Does it often happen that we are deceived by our friends? It does not often happen that we are deceived by them. We are often deceived by false friends, but seldom by true friends.

Si je n'étais pas votre ami, et que vous ne fussiez pas le mien, je ne vous parlerais pas ainsi.—Méfiez-vous de M. N., car il vous flatte. Pensez-vous qu'un flatteur puisse être un ami Vous ne le connaissez pas aussi bien que moi, bien que vous le voyiez tous les jours.—Ne croyez pas que je sois fâché contre lui, parce que son père m'a offensé!—Oh! le voilà qui vient; vous pouvez tout lui dire vous-même.—Que pensez-vous de notre roi? Je dis que c'est un grand homme, mais j'ajoute que, quelque puissants que soient les rois, ils meurent aussi bien que le plus vil de leurs sujets.—Avez-vous été content de mes sœurs? Je l'ai été, car quelque laides qu'elles soient, elles ne laissent pas d'être très-aimables, et quelque savantes que soient les filles de nos voisines, elles se trompent encore quelquefois.— Leur père n'est-il pas riche? Quelque riche qu'il soit, il peut tout perdre en un moment.—Quel que soit l'ennemi dont vous appréhendez la malice, vous devez vous reposer sur votre innocence; mais les lois condamnent tous les criminels, quels qu'ils soient.—Quelles que soient vos intentions, vous auriez dû agir différemment. — Quelques raisons que vous m'alléguiez, elles n'excuseront pas votre action, blâmable en elle-même.

80me. Quatre-vingtième Thême. 3me Section.

Can man, in general, lift up a burden of 300 pounds? Some men may lift much heavier burdens, but not many men can raise one of 300 pounds.—Have we rice? We have a little, but I do not think we have enough. Must I buy a bag of it? No, a bushel will be enough. Do you think a bushel will be enough till the new rice comes? I think so. The rice crop may be bad, would it not be better to buy more than a bushel? As the wheat and corn crops have been good, the difference in the price could not be considerable, even when the rice crop should fail. However, do as you please. No, I will do as you please, provided you tell me.

Quelque chose qui vous arrive dans ce monde, ne murmurez jamais contre la divine providence, car quelque chose qu'on souffre, on le mérite.—Quelque chose que je fasse, vous n'êtes jamais content.—Quoi que vous disiez, vos sœurs seront punies si elles le méritent, et si elles ne tâchent pas de s'amender.—Qui est-ce qui a pris ma montre en or? Je ne le sais pas.—Ne croyez pas que je l'aie eue, ou que Mademoiselle C. ait eu votre tabatière d'argent, car j'ai vu l'une et l'autre dans les mains de Mademoiselle votre sœur, lorsque nous jouions au gage touché—Demain je partirai pour Douvres, mais dans quinze jours je reviendrai, et alors je viendrai vous voir, vous et votre famille.—Où votre sœur est-elle à présent? Elle est à Paris, et mon frère est à Berlin.—On dit que cette petite femme doit épouser le général K., votre ami; est-ce vrai? Je n'en ai pas entendu parler.—Quelles nouvelles y a-t-il de notre grande armée? On dit qu'elle est entre le Wéser et le Rhin.—Tout ce que le courrier m'a dit paraissant très-vraisemblable, je me rendis de suite au logis, j'écrivis quelques lettres, et partis pour Londres.

81me. Quatre-vingt-unième Thème. 1ère Section.

My coffee is not sweet enough: be good enough to give me ever so little sugar more. With pleasure. You must like your coffee very sweet, for I think I put in it two spoonfuls of sugar. Whether you put in two spoonfuls or not, the coffee was not sweet enough. It is possible I only put one in. Would it be surprising that you had put none at all in? Yes, indeed; it would be astonishing if I had forgotten to put any in. Does that never happen to you? Not often, I assure you. I believe it. I can say without boasting that I thoroughly understand my business. I have long been aware of it.—You are acquainted with Miss Éloïse, are you not? Is she not amiable? Although she is neither pretty nor witty, she is nevertheless very amiable.

Où sont les deux demoiselles Vignette? Elles ne sont pas encore revenues d'Europe. Vous les connaissez, n'est-ce pas? Je ne connais que l'aînée. Est-il possible que vous ne les connaissiez pas toutes deux? Quand doivent-elles revenir? Elles ne reviendront pas avant que leur compagnie ait visité l'Italie, et le Haut, et le Bas-Rhin.—Quoique Théodore B— soit plus jeune que son frère Henri, il ne laisse pas d'avoir autant de talents que son aîné.—Où irez-vous l'année prochaine? J'irai en Angleterre, car c'est un beau royaume, où je compte passer l'été à mon retour de France.—Où irez-vous l'hiver? J'irai en Italie et de là aux Indes occidentales; mais avant cela, il faut que j'aille en Hollande prendre congé des mes amis.—Quel pays ces peuples habitent-ils? Ils habitent le midi de l'Europe; leurs pays s'appellent l'Italie, l'Espagne et le Portugal, et eux-mêmes sont appelés Italiens, Espagnols et Portugais; mais les peuples qu'on appelle les Russes, les Suédois, les Polonais, et les Hongrois, habitent le nord et l'est de l'Europe, et les noms de leurs pays sont la Russie, la Suède, la Pologne, et la Hongrie. La France est séparée de l'Italie par les Alpes, et de l'Espagne par les Pyrénées.

81me. Quatre-vingt-unième Thême. 2de Section.

The more you appear to enjoy yourself, the more he does also.—The vessel has grounded, is it not a pity? It is a pity it has grounded (*stranded*), but I do not think we run any danger. Oh! see how it sinks! Be not afraid. The more it will sink in the sand the less danger there will be of its upsetting. That is true, the more it will drive into the sand the less danger will there be of its upsetting, but should it sink altogether? Don't fear that. I am much afraid. Lean on me. I will tire you, fatigue you.—What (§ 116) is amiable, virtue or vice?—What is odious?—What is precious?—What is sold for a crown a bushel?—You have visited England; it is a fine kingdom, is it not?

Quoique l'usage du vin soit défendu aux Mahométans, quelques-uns d'entre eux ne laissent pas d'en boire.—Monsieur votre frère a-t-il mangé quelque chose ce matin? Il a beaucoup mangé; bien qu'il ait dit qu'il n'avait pas bon appétit, il n'a pas laissé de manger toute la viande, tout le pain, et tous les légumes, et de boire tout le vin, toute la bière, et tout le cidre. —Les œufs sont-ils chers à présent? Ils se vendent six francs le cent. En cas qu'ils se vendent à meilleur marché demain, achetez-en un demi-cent.—Aimez-vous le raisin? J'aime non seulement le raisin, mais aussi les prunes, les amandes, les noix, et toute espèce de fruits.—Bien que la modestie, la candeur et l'amabilité soient des qualités précieuses, il y a cependant des dames qui ne sont ni modestes, ni candides, ni aimables.—La crainte de la mort et l'amour de la vie étant naturels à l'homme, on doit fuir le vice et s'attacher à la vertu. Que dépensez-vous par an? (*Que vous coûte votre entretien?*) Dépensez-vous moins que votre frère aîné?—Moins vous dépenserez plus vous épargnerez (mettrez de côté); n'êtes-vous pas de mon opinion?—Couchez-vous ce petit oiseau en joue?—En vaut-il la peine? (*Vaut-il la peine de le tuer?*)—Le dernier élève qui a récité n'a-t-il pas été obligé de s'arrêter plusieurs fois, et enfin de s'arrêter tout court?—N'est-ce pas dommage?—N'avait-il pas l'air très-modeste quoiqu'il eut du talent? Plus je chantais, moins j'étais embarrassée. En est-il de même avec vous?

82me. Quatre-vingt-deuxième Thême. 1ère Section.

He complains that we scold him, does he not? Yes, he complains of it (*he does*).—He says that fault is always found with whatever he does. Fault is found with what he does wrong; but what does he do right?—Is it possible you made so good a bargain?—Do they not give you occasion to complain of them?—On whom do you depend?—Do you yet doubt my being your friend?—Do you doubt their arrival?—Do they doubt their cousin's coming?—Have not the Russians met with a considerable loss?—If he has not promised you, you will be obliged to put up with all he wishes, and I am afraid it will be impossible for you to receive your funds.—How thick the clouds are! Is it not going to snow?—Who did burst out a laughing?

Who? Can it be any one but Stephen?—This young man always boasts of being able to do everything. It is true he does many things. He falls from his horse. He suffers himself to be insulted, even struck. Finally, the other day he suffered himself to be beaten.—Did not the Russians suffer themselves to be beaten?—Is not that man drunk?

Voulez-vous prendre une tasse de café? Je vous remercie, je n'aime pas le café.—Alors vous prendrez un verre de vin? Je viens d'en boire.—Allons faire un tour de promenade. Je le veux bien; mais où irons-nous? Venez avec moi au jardin de ma tante, nous y trouverons une société très-agréable. Je le crois bien; mais c'est à savoir si cette agréable société voudra de moi. Vous êtes partout le bienvenu.—Qu'avez-vous, mon ami? Comment trouvez-vous ce vin? Je le trouve excellent; mais j'en ai bu suffisamment. Buvez encore un coup. Non, trop est malsain; je connais mon tempérament.—Ne tombez pas. Qu'avez-vous? Je ne sais, mais la tête me tourne; je crois que je tombe en défaillance. Je le crois aussi, car vous avez presque l'air d'un mort.—De quel pays êtes-vous? Je suis Anglais.—Vous parlez si bien le français, que je vous ai pris pour un Français de nation. Vous plaisantez. Pardonnez-moi, je ne plaisante pas du tout. Combien de temps y a-t-il que vous êtes en France? Il y a quelques jours. Sérieusement? Vous en doutez peut-être, parce que je parle français; je le savais avant de venir en France. Comment l'avez-vous appris si bien? J'ai fait comme le sansonnet prudent.

82me. Qvatre-vingt-deuxième Thême. 2de Section.

John wishes to go away. I thought he had already gone. No, he is yet in the other room. What is he doing? He is looking at the clouds. Very instructive occupation, truly! He is afraid it will rain, and as he lives far off, he would like to know whether he can go or not. Let him go if he is afraid it will rain. If you fear it too, lend him an umbrella. I have none to lend him. Must I take yours? You must not take the new one, because you know John is a giddy boy, and he might lose it; but take the old one and let him go quickly; or rather let him wait, for the rain has begun.—Is it probable it will be but a shower? It seems to me it will be but a shower. —At what o'clock must he be here?—Must I not finish the landscape before I go away? (p. 461, R. 3.)—Let her say so or not, I do not believe a word of it, do you?—Is he not eating his breakfast?—Were they not sewing?—If you come only at five instead of three, they will not be able to go out with us, because at that hour they will be reciting their lessons.

DIALOGUE.

Le Professeur. Si je vous posais maintenant des questions, comme je vous en ai posé au commencement de nos leçons, telles que : Avez-vous le chapeau qu'a mon frère? ai-je faim? a-t-il l'arbre du jardin de mon frère? etc.; que répondriez-vous?

Les élèves. Nous sommes forcés d'avouer que nous avons d'abord trouvé ces questions tant soit peu ridicules; mais pleins de confiance dans la méthode que vous suivez, nous y avons répondu aussi bien que le petite provision de mots et de principes que nous avions alors, pouvait nous le permettre. En effet, nous n'avons pas tardé à nous apercevoir que ces questions étaient calculées pour nous inculquer les principes et nous exercer à la conversation par les réponses contradictoires que nous étions forcés d'y faire. Mais maintenant que nous savons presque soutenir une conversation dans la belle langue que vous nous enseignez, nous vous répondrions : Il est impossible que nous ayons le même chapeau qu'a votre frère; car deux personnes ne sauraient avoir une seule et même chose. À la seconde question nous répondrions, qu'il est impossible que nous sachions si vous avez faim ou non. Quant à la dernière, nous dirions : qu'il y a plus d'un arbre dans un jardin, et quand vous nous demandez s'il a l'arbre du jardin, la phrase ne nous paraît pas logiquement correcte. En tout cas nous serions des ingrats, si nous laissions échapper une si belle occasion, sans vous témoigner la reconnaissance la plus vive des peines que vous avez prises. En arrangeant ces sages combinaisons, vous avez réussi à nous inculquer presque imperceptiblement les principes, et à nous exercer à la conversation d'une langue qui, enseignée de toute autre manière, présente aux étrangers, et même aux français, des difficultés presque insurmontables.

83me. *Quatre-vingt-troisième Thême.* 1ère Section.

Have you the whole sum? A quarter of it is wanting (*lacking*). A quarter, did you say? Nearly the half is wanting.—Would you be satisfied with the ½ of what I possess? What I have and the ½ of what you possess would make me rich. You do not think about what you say, do you? Do I speak like a crazy man, a fool, or a drunkard? If you are ever so little drunk (*tipsy*), you speak like a fool or a crazy man. I thank you for the compliment. You are welcome, for you deserve it as much as anybody whatever.—Did you think you were as tall as Rochamp? Yes, I did; but the other day when I stood by him, I saw that I was a great deal smaller. How many inches less than he are you? I am at least three inches less than he. Do not quarrel any more with him, or else you will come to blows. If you wish me not to quarrel with him, you must hinder him from laughing at me. I will try to do it.

Ne contredisez-vous pas souvent Henri quand il raconte quelque chose? Je ne le fais que quand il dit des choses incroyables, inconsistants, ou fausses.—Que pensez-vous de Mme. A.? Sa compagnie, sa conversation, est assez agréable; seulement, elle outre trop; à cela près, c'est une aimable dame.—Votre oncle ne vous accordera point ce que vous désirez. J'espère qu'il le fera à force de prières. Vous aurez beau prier, vous ne l'obtiendrez pas. N'importe; je le lui demanderai, que je l'obtienne ou non.

Voulez-vous manger avec moi? Bien obligé; un de mes amis m'a invité à dîner; il a fait préparer mon mets favori.—Quel mets est-ce? C'est du laitage.—Pour moi, je n'aime pas le laitage ; il n'y a rien de tel qu'un bon morceau de bœuf ou de veau rôti.—Qu'est devenu votre frère cadet ? Il a fait naufrage en allant en Amérique.—Racontez-moi donc cela. Très-volontiers. Comme on était en pleine mer il survint une grande tempête. La foudre tomba sur le vaisseau et le mit en feu. L'équipage se jeta dans la mer, pour se sauver à la nage. Mon frère ne savait quel parti prendre, n'ayant jamais appris à nager.

83me. Quatre-vingt-troisième Thême.   2de Section.

I have several good male scholars in this class. Do they vie with one another in studying? Yes, they do. Have you not also female scholars that vie with each other in studying? Yes, I have some who do.—Are you pleased with the way Leopold behaves? No, I am the less pleased with it, as he had promised more.—Are they not astonished she acted in that way? (so?) Yes, they are much astonished at it, and they are so much the more displeased at it, that she perfectly knew their opinion.—What do you think of my lawsuit? I have not yet thought about it. I wish you would think a little about it. I am thinking about it. But you see, I am barefooted, I must put something on my feet, finish dressing myself, and then I will think about it. I warn you of it, I shall give you no peace until you think of it in earnest.—Do you know that Montcalm has almost been killed? No, I did not know anything of it. What accident has happened to him? How was he near being killed? He fell from his horse.

Je voudrais que ce parapluie fut à moi (*m'appartint*). N'en avez-vous pas? Non, je voudrais bien en avoir un. N'avez-vous pas les moyens d'en acheter un? Non, car on m'a volé, et j'ai manqué d'être tué. Comment cela? Les voleurs renversèrent notre voiture, et peu s'en est fallu que nous n'ayons tous été tués. Quand avez-vous manqué d'être tués? Ce fut la semaine passée que nous manquâmes d'être tués. Fûtes-vous tous volés? Oui, mais j'étais le seul qui eût beaucoup d'argent. Mes compagnons n'avaient chacun que quelques gourdes. J'eus beau prier, ce fut en vain.

Mon frère avait beau rêver, il ne trouvait aucun moyen de se sauver la vie. Il fut saisi de frayeur en voyant que le feu gagnait de tous côtés. Il ne balança plus, et se jeta dans la mer.—Eh bien, qu'est-il devenu? Je n'en sais rien, n'ayant pas encore eu de ses nouvelles.—Mais qui vous a dit tout cela? Mon neveu, qui était présent, et qui s'est sauvé.—À propos de votre neveu, où est-il actuellement? Il est en Italie.—Y a-t-il long-temps que vous n'avez eu de ses nouvelles? J'ai reçu une lettre de lui aujourd'hui.—Que vous écrit-il? Je vous le dirai tantôt.

83me. Quatre-vingt-troisième Thême. 3me Section

Have you heard from your friend, the lawyer, since he is gone to California? Yes, I have. His letter must be an interesting one. What does he say? He says that gold is abundant there; that those who are lucky, pick up much of it; that those who are unlucky, work much and pick up little. Among which ones is he? Among the lucky or unlucky? The lucky, I presume, although he complains a little.—Have you seen the master-piece of Power, the sculptor? His Grecian slave? Yes, the very thing. Yes, I have seen this master-piece. That slave looks like an angel. That modern statue will be placed among the master-pieces of ancient sculptors.—When do the four o'clock flowers open? They open at 4 o'clock, when the sun begins to go down.—Which smell do you like best, that of orange blossoms or tuberose? I have no choice. The more I smell the orange blossom, the more I like it, and the more the smell of the tuberose acts on my sense of smell, the more I should like to smell it. What an agreeable countenance, and what an admirable shape that young lady has!

Mon neveu, dans sa lettre, qui est intéressante, m'écrit qu'il va épouser une demoiselle qui lui apporte cent mille écus. Est-elle belle? Belle comme un ange; c'est un chef d'œuvre de la nature. Sa physionomie est douce et pleine d'expression; ses yeux sont les plus beaux du monde, et sa bouche est mignonne. Elle n'est ni trop grande ni trop petite : sa taille est svelte; toutes ses actions sont pleines de grâce et ses manières fort engageantes. Son aspect inspire du respect et de l'admiration. Elle a aussi beaucoup d'esprit ; elle parle plusieurs langues, danse supérieurement bien, et chante à ravir. Mon neveu ne lui trouve qu'un défaut. Et quel est ce défaut ? Elle a des prétentions.—Il n'y a rien de parfait au monde.—Que vous êtes heureux ! vous êtes riche, vous avez une bonne femme, de jolis enfants, une belle maison, et tout ce que vous désirez.—Pas tout, mon ami.—Que désirez-vous donc encore ? Le contentement car vous savez que celui-là seul est heureux qui est content.

84me. Quatre-vingt-quatrième Thême. 1ère Section.

A certain king intending one day to make his entrance into a town at two o'clock in the afternoon, the senate sent him some deputies to compliment him. The one who was to speak, not being used to speak in public, began thus: "Alexander the Great, the great Alexander," and stopped short. The king, who was very hungry, said : "Ah ! my friend, Alexander the Great had dined, and I am still fasting." Having said this, he proceeded to the city hall, where a magnificent dinner had been prepared for him.—Do you know how to guess enigmas (riddles ?) I do not guess them very easily ; however, I now and then can do it. Shall I tell you (*do you wish me to tell you*) [*This is a construction very much used by the French.*] a short one ? Say on. This is it. "*The more there are the less it weighs.*" The more there are the less it weighs ? What can that be ? I cannot imagine what it is. Do you give it up? Yes, I do. So do I.

L'empereur Charles-Quint étant un jour à la chasse se perdit dans la forêt, et étant arrivé à une maison, il y entra pour se rafraîchir. Il s'y trouvait quatre hommes qui faisaient semblant de dormir. L'un d'eux se leva, et s'approchant de l'empereur, il lui dit qu'il avait rêvé qu'il lui prendrait sa montre, et il la prit. Ensuite un autre se leva et lui dit qu'il avait rêvé que son surtout l'accommoderait à ravir, et il le prit. Le troisième lui prit sa bourse. Enfin le quatrième s'avance et lui dit : "J'espère que vous ne vous fâcherez pas si je vous fouille," et en le faisant il aperçut au cou de l'empereur une petite chaine d'or, à laquelle était attaché un sifflet, qu'il voulut lui voler. Mais l'empereur lui dit : "Mon bon ami, avant de me priver de ce bijou, il faut que je vous en apprenne la vertu." En disant cela il siffla. Ses gens qui le cherchaient accoururent vers la maison, et furent frappés d'étonnement de voir sa majesté dans un pareil état. Mais l'empereur, se voyant hors de danger, dit : "Voici des hommes qui ont rêvé tout ce qu'ils voulaient. Je veux à mon tour rêver aussi," et après avoir réfléchi quelques secondes, il dit : "J'ai rêvé que tous quatre vous méritiez d'être pendus." Ce qui, devant la maison, fut aussi fait que dit.

84me. *Quatre-vingt-quatrième Thème. 2de Section.*

A good old man, being very ill, sent for his wife, who was still very young, and said to her : "My dear, you see that my last hour is approaching, and that I am compelled to leave you. If, therefore, you wish me to die in peace, you must do me a favor. You are still young, and will, without doubt, marry again: knowing this, I request of you not to wed M. Louis; for I confess that I have always been very jealous of him, and am so still. I should, therefore, die in despair, if you did not promise me that." The wife answered : "My dear husband, I entreat you, let not this hinder you from dying peaceably; for I assure you that, if even I wished to wed him, I could not do so, being already promised to another."

Frédéric le Grand était dans l'habitude, toutes les fois qu'un soldat entrait dans sa garde, de lui faire trois questions ; savoir : "Quel âge avez-vous ?" "Combien de temps y a-t-il que vous êtes à mon service ?" "Etes-vous content de votre paie et de votre traitement ?" Il arriva qu'un jeune soldat, né en France, qui avait servi dans son pays, voulut entrer au service de la Prusse. Sa mine le fit accepter sur le champ ; mais il ignorait complètement la langue allemande ; et son capitaine, après l'avoir averti que le roi le questionnerait dans cette langue la première fois qu'il le verrait, lui conseilla en même temps d'apprendre par cœur les trois réponses qu'il devait faire au roi. En conséquence il les apprit le jour suivant ; et sitôt qu'il parut dans les rangs, Frédéric s'avança pour l'interroger : mais le hasard voulut que cette fois-ci il commençât par la seconde question, et lui demandât, "Combien y a-t-il de temps que vous êtes à mon service ?" "Vingt et un ans !" répondit le soldat. Le roi, frappé de sa jeunesse, qui marquait clairement qu'il n'y avait pas si long-temps qu'il portait le mousquet, lui dit fort étonné : "Quel âge avez-vous ?" "Un an, n'en déplaise à votre majesté." Frédéric, encore plus étonné, s'écria, "Vous ou moi nous devons certainement avoir perdu l'esprit." Le soldat, qui prit cela pour la troisième question, répondit avec aplomb : "L'un et l'autre, n'en déplaise à votre majesté"

85me. Quatre-vingt-cinquième Thême. 1ère Section.

A man had two sons, one of whom liked to sleep very late in the morning, and the other was very industrious, and always rose very early. The latter having one day gone out very early, found a purse well filled with money. He ran to his brother to inform him of his good luck, and said to him : "Do you see, Louis, what is got by rising early?" "Faith!" answered his brother, "if the person to whom it belongs had not risen earlier than I, he would not have lost it."

A lazy young fellow being asked what made him lie in bed so long?"—"I am busied," says he, "in hearing counsel every morning. Industry advises me to get up; sloth to lie still; and so they give me twenty reasons *pro* and *con*. It is my part to hear what is said on both sides; and by the time the cause is over, dinner is ready."

On raconte un beau trait d'une grande dame. Quand on lui

demanda où était son époux, qui s'était caché, pour avoir trempé dans une conspiration, elle répondit courageusement, qu'elle l'avait caché. Cet aveu l'ayant fait amener devant le roi, qui lui dit qu'elle ne pouvait échapper à la torture qu'en découvrant la retraite de son époux. "Et cela suffira-t-il?" dit la dame. "Oui," dit le roi, "je vous en donne ma parole." "Eh bien," dit-elle, "je l'ai caché dans mon cœur, où vous le trouverez." Cette réponse admirable charma ses ennemis.

85me. Quatre-vingt-cinquième Thême. 2de Section.

What is the most extensive country through which exactly the same language is used by the mass (*majority*) of the nation? It is the United States. Do they there speak the same language from north to south, and from east to west? Yes, the mass of the language is the same, however, there are some words characteristic of almost every locality. Can the inhabitants of the north understand without difficulty the language of those of the south, who live, sometimes, at 2500 miles distance? Yes, they understand it instantly; but, nevertheless (*for all that,*) they immediately recognise the part of the United States in which the individual who speaks to them, has received his education. Is it the same thing in Europe? No, far from it. Each province, each county, each district almost, has its peculiar dialect, which the neighbors do not understand any better than our American Indians understand each other. Do not all our Indians understand one another? No, each tribe has its exclusive tongue, and those tribes differ as much by the language as by the dress.

Cornélie, l'illustre mère des Gracques, après la mort de son époux, qui lui laissa douze enfants, se voua au soin de sa famille avec une sagesse et une prudence qui lui acquirent l'estime universelle. Trois seulement d'entre les douze parvinrent à l'âge mûr; une fille, Sempronie, qu'elle maria au second Scipion .'Africain, et deux fils, Tibérius et Caïus, qu'elle éleva avec un soin particulier; et bien qu'on sût généralement qu'ils étaient nés avec les plus heureuses dispositions, on jugeait qu'ils étaient encore plus redevables à l'éducation qu'à la nature. La réponse qu'elle fit à une dame de Campanie à leur sujet est très-fameuse, et renferme de grandes instructions pour les dames et pour les mères.

Cette dame, qui était très-riche et passionnée pour le faste et l'éclat, ayant étalé ses diamants, ses perles, et ses joyaux les plus précieux, engageait sérieusement Cornélie à lui faire voir aussi ses joyaux. Cornélie changea adroitement la conversation, pour attendre le retour de ses fils qui étaient allés aux écoles publiques. Comme ils rentraient et arrivaient dans l'appartement de leur mère, elle dit à la dame de Campanie, en les lui montrant : "Voici mes joyaux, et la seule parure que je prise." Et une telle parure, qui est la force et le soutien de la société, ajoute un plus grand lustre à la beauté que tous les joyaux de l'Orient.

86me. Quatre-vingt-sixième Thême. 1ère Section.

The carriage being broken, what must we do? We must wait until it is mended. The longer we will wait, the longer we will rest, and I assure you that I have need of much repose, for I am very tired, are you not? No, I am not at all. How does it happen that you are not? I do not know how it happens; but I do not feel tired, not the least in the world. It seems that the more you travel, the less you suffer; and that I, on the contrary, the more I travel the more I suffer. It is, perhaps, because you were afraid of the last horses we had. That is true: I was afraid of them. They were strong and frisky, and I was afraid they would run away. As for me, I found them beautiful and nothing more. I thought they went fast, but I was not afraid, in the least. How! Were you not afraid when they began to gallop? No, it was but the hand-gallop or canter. Your fear has fatigued you more than travelling (*the journey*).

Plus je la regarde, plus je l'admire, et vous ? Non, au contraire, plus je la regarde moins j'admire sa figure, ses manières, sa voix : mais à qui est ce beau carrosse ? Lequel voulez-vous dire ? car, j'en vois plusieurs. Ce carrosse vert foncé, avec le siège du cocher en drap blanc. Je le vois à présent. Vous avez raison, il est élégant. Mais je ne sais à qui il est. Le voyez-vous, Théodore ? Oui, je le vois. À qui est-il ? Je ne sais. Et vous, Aletta ? Moi non plus. Et votre cousine Eloïse ? Elle non plus. Quelqu'un le sait-il ? Non, personne ne le sait. Elle a l'air d'une voiture neuve et de bon goût.—Je suis descendue sans mon parasol, il faut que j'aille le chercher. Non, non, ma cousine, je monterai le chercher pour vous. Où le trouverai-je ? Je l'avais à la main, de sorte que je l'ai laissé sur le lit, la commode, la toilette, ou sur une chaise. Vous le trouverez certainement quelque part dans la chambre. Je reviendrai dans une minute.

Je ne peux jouer ce nouveau Polka. Vous l'apprendrez en pratiquant. Pouvez-vous parler en jouant du piano ? Oui, je peux parler pendant que je joue (*en jouant*) un air que je sais. Ne pourriez-vous pas parler en jouant du violon ? Non, je ne peux pas, mais j'ai vu beaucoup de monde qui pouvait. Les dames peuvent généralement parler en jouant du piano, n'est-ce pas ? Oui, comme elles chantent souvent en jouant (*pendant qu'elles jouent*), il ne leur est pas plus difficile de parler que de chanter.

86me. Quatre-vingt-sixième Thême. 2de Section.

POLITESSE

Lorsque le comte de Stair était à la cour de Louis XIV., ses manières, sa dextérité, et sa conversation le mirent fort avant dans l'estime et l'amitié de ce monarque. Un jour, dans un cercle de ses courtisans, le roi, parlant des avantages d'une bonne éducation et de manières engageantes, proposa de parier qu'il nommerait un gentilhomme anglais surpassant à cet égard tous les Français de sa cour. La gageure fut acceptée par plaisanterie, et sa majesté devait faire choix du temps et du lieu propres à cette expérience.

Afin de détourner les soupçons, le roi laissa tomber le propos pour quelques mois, le temps de laisser croire qu'il l'avait oublié ; ce fut alors qu'il eut recours au stratagème suivant. Il désigna lord Stair et deux des gentilshommes les plus polis de la cour, pour l'accompagner à la promenade à l'issue du grand lever ; en conséquence le roi descendit par le grand escalier de Versailles, suivi de ces trois seigneurs. Arrivé au carrosse, au lieu de passer le premier, comme c'était l'usage, il fit signe aux seigneurs français de monter ; ceux-ci, à cette cérémonie inaccoutumée, reculèrent pour refuser humblement un tel honneur. Alors le roi fit signe à lord Stair, qui s'inclina et monta sur le champ dans le carrosse ; le roi et les seigneurs français l'y suivirent.

Dès qu'ils eurent pris place, le roi s'écria : "Eh bien, Messieurs, je crois que vous avouerez que j'ai gagné mon pari." "Sire, comment cela ?" "Comment ?" continua le roi, "quand j'ai voulu que vous montassiez dans le carrosse, vous l'avez refusé ; mais cet étranger poli (désignant lord Stair) n'eut pas plutôt reçu les ordres d'un roi, qui pourtant n'est pas son souverain, qu'il obéit à l'instant." Les courtisans baissèrent la tête de confusion, et ils avouèrent que sa majesté avait raison.

Je ne peux pas voir la justesse de cette décision. Les seigneurs français, en refusant l'honneur que le roi leur offrait, montrèrent moins d'*obéissance*, mais plus de *politesse*.

DOUCEUR.

La douceur du caractère de Sir Isaac Newton, pendant le cours de sa vie, excita l'admiration de tous ceux qui le connurent, mais dans aucun cas peut-être plus que dans le suivant. Sir Isaac avait un petit chien favori, qu'il appelait Diamant ; un jour étant obligé de passer de son cabinet dans la chambre voisine, il laissa Diamant seul. Quand Sir Isaac rentra, après une absence de quelques minutes seulement, il trouva à son grand déplaisir que Diamant avait renversé une chandelle al luméo au milieu de papiers ; et le travail presque terminé de tant d'années était en flammes et presque réduit en cendres Sir Isaac se faisant déjà très-vieux, cette perte était irréparable; cependant, sans même frapper le chien, il se contenta de le reprendre par cette exclamation: "Oh! Diamant! Diamant! tu sais peu le mal que tu as fait!"

Zeuxis entra en rivalité au sujet de son art avec Parrhasius. Il peignit des raisins avec une telle vérité, que des oiseaux vinrent les becqueter. L'autre traça un rideau si ressemblant, que Zeuxis dit en entrant, "Levez le rideau, que nous voyions ce morceau." Et reconnaissant son erreur: "Parrhasius," lui dit-il, "tu l'emportes. Je n'ai trompé que des oiseaux, et toi, un artiste lui-même."

Zeuxis peignit un petit garçon portant des raisins; les oiseaux vinrent encore et becquetèrent. Quelques-uns applaudissaient; mais Zeuxis courut en fureur au tableau, et disant: "Il faut que mon enfant soit bien mal peint;" il lui barbouilla la figure.

Les habitants d'une grande ville offrirent au Maréchal de Turenne cent mille écus, à condition qu'il changerait de route et ne ferait point passer ses troupes par leur ville. Il leur répondit: "Comme votre ville n'est pas sur la route que je compte prendre, je ne puis accepter l'argent que vous m'offrez."

Un caporal des gardes-du-corps de Frédéric le Grand, qui avait beaucoup de vanité, mais qui en même temps était brave, portait une chaîne de montre à laquelle il attacha une balle de mousquet, au lieu d'une montre, qu'il n'avait pas les moyens d'acheter. Le roi, étant un jour en humeur de le railler, lui dit: "À propos, caporal, il faut que vous ayez été bien économe pour acheter une montre: il est six heures à la mienne; dites-moi quelle heure il est à la vôtre?" Le soldat, qui pénétrait l'intention du roi, tira sur le champ la balle de son gousset et lui dit: "Ma montre ne marque ni cinq heures ni six, mais elle me dit à chaque instant que c'est mon devoir de mourir pour votre majesté." "Tiens, mon ami," dit le roi, tout pénétré, "prends cette montre, afin de pouvoir dire aussi l'heure." Et il lui donna sa montre, qui était ornée de brillants.

RELATION TOUCHANTE DE LA RECEPTION DE LA VUE.

L'opérateur, M. Grant, ayant examiné les yeux de l'aveugle, et convaincu ses amis et ses parents, parmi lesquels se trouvait le Rev. M. Kerswell, qu'il était très-probable qu'il pourrait détruire l'obstacle qui empêchait le jeune homme d'y voir, invita tous ceux qui le connaissaient et qui s'intéressaient à lui, ou qui avaient la curiosité d'assister à une pareille opération sur un sujet d'un âge mûr.

M. Kerswell y prenant un intérêt particulier, pria la compagnie, en cas que la cécité fut guérie, de laisser le sujet faire ses propres observations sans le mettre à même de découvrir ses amis par leurs voix. Parmi d'autres se trouvaient la mère, le frère, et les sœurs du jeune homme, et une jeune demoiselle pour laquelle il avait de l'affection. L'opération fut faite avec beaucoup d'adresse et de dextérité. Quand le sujet reçut le premier rayon de lumière, il parut dans ses mouvements une telle extase, qu'on crut qu'il allait s'évanouir de surprise et de joie. Le chirurgien était debout devant lui, ses instruments en mains. Le jeune homme l'examina de la tête aux pieds, après quoi, il s'examina lui-même avec le même soin, et pensa qu'ils étaient exactement semblables, excepté les instruments, qu'il prit pour une partie des mains du chirurgien. Après qu'il se fut extasié quelques instants, sa mère, ne pouvant plus contenir son émotion, se jeta sur son cou, en criant, "Mon fils, mon fils!" Le jeune homme reconnut sa voix, et ne put dire que : "Êtes-vous ma mère?" et s'évanouit.

Tout le monde, on le conçoit aisément, s'empressa de le rappeler à ses sens, excepté la demoiselle qui lui était attachée, et dont l'agitation était si grande qu'elle jetait des cris aigus. *Cette* voix parut avoir un effet soudain sur lui, comme il reprenait ses sens, et il montra une double curiosité en l'examinant tandis qu'elle parlait et l'appelait : enfin, il s'écria : "Que m'a-t-on fait? Où m'a-t-on transporté? Tout ceci *m'entoure-t-il?* La chose dont j'ai si souvent entendu parler, est-ce-là, la lumière? Est-ce *voir?* Étiez-vous toujours si heureux, quand vous disiez que vous étiez bien aises de vous voir les uns les autres? Où est Thomas, qui avait coutume de me conduire? Mais, il me semble que, maintenant, je pourrais aller partout sans lui." Il fit un mouvement, et sembla effrayé de tout ce qui l'entourait. On lui dit que pendant quelque temps, il faudrait lui couvrir les yeux, et que Thomas le conduirait comme à l'ordinaire; ce à quoi il consentit avec grande répugnance. Quand il eut les yeux bandés, on le tint dans une chambre obscure jusqu'au moment que l'on jugea convenable pour laisser à l'organe visuel le libre cours de ses fonctions. Pendant sa séclusion dans l'obscurité, il faisait les plaintes les plus déchirantes et accusait tous ses amis, se plaignant qu'il était sous l'influence de quelque charme ou d'une étrange magie, employée pour lui faire croire qu'il avait joui de ce qu'on appelle *la vue*. Il ajoutait que l'impression que son âme avait alors reçue, le rendrait certainement fou s'il ne l'était pas actuellement.

Après quelque jours, on jugea à propos d'ôter le bandage de dessus ses yeux, et ce fut la jeune demoiselle qu'il aimait qui fut chargée de le faire, autant pour que cette circonstance la lui rendît plus chère que pour modérer son extase, par la douce persuasion d'une voix qui avait toujours eu tant de pouvoir sur lui.

Lorsque cet objet bien aimé commença à ôter le bandage de ses yeux, elle lui parla comme suit :—

"Mon cher Guillaume, j'ôte maintenant le bandage. Quand je considère ce que je fais, j'appréhende que quoique je vous aie aimé dès mon enfance, aveugle comme vous l'étiez, et que quoique vous ayez pour moi un fort attachement, cependant, vous trouverez qu'il y a une telle chose que *la beauté*, qui peut vous captiver et vous entraîner dans mille passions dont vous n'avez pas l'idée, et vous éloigner pour toujours de moi; mais avant de hasarder ceci, dites-moi comment l'amour que vous m'avez toujours témoigné est entré dans votre cœur, car son admission ordinaire est par les yeux ?"

Le jeune homme répondit : "Chère Lydie, si en recevant la vue je dois perdre les douces émotions que j'ai toujours ressenties en entendant votre voix, si je ne dois plus distinguer les pas de celle que j'aime quand elle m'approchera, si je dois changer ce plaisir doux et fréquent pour l'extase que j'ai éprouvée *pendant le peu de temps que j'ai vu;* ou, si je dois avoir n'importe quoi, qui puisse m'enlever l'impression qui me reste, de ce qui, dans ce moment-là, me parut le plus attrayant, *la vue de votre personne*, arrachez-moi les yeux, avant qu'ils puissent me porter à vous être ingrat ou à me rendre malheureux. Je désirais la vue seulement pour *vous* voir. Arrachez-**les** ces yeux, s'ils doivent m'induire à *vous* oublier."

Lydie fut parfaitement satisfaite de ces assurances. Dans toute sa conversation avec elle, il ne montrait que des idées peu distinctes de ce qu'il n'avait pas reçu par les oreilles.

NARRATION INTÉRESSANTE.

Ce qui suit est extrait d'une lettre, écrite par une jeune mariée dans l'Inde, à sa mère en Angleterre, et peut être considéré comme un bel échantillon de fermeté et de piété.

"Vers trois heures nous quittâmes notre ferme, la Rose, et à cinq heures et demie nous vîmes le vaisseau venir vers nous avec un grand nombre de voiles déployées. Mais, avant d'ajouter une autre syllabe, je dois vous prier fortement et particulièrement, ma chère maman, de ne pas céder à vos émotions; de vous rappeler constamment que tout est passé et qu'à présent je suis, Dieu merci, saine et sauve, ainsi que mon cher frère Frank. L'histoire que j'ai à raconter est sans doute désastreuse, et aurait pu être funeste, sans la miséricorde de Dieu, qui, dans cette occasion, paraît avoir étendu son bras tout-puissant pour nous sauver d'une mort soudaine et effrayante (savoir, un tombeau aquatique) presque miraculeusement. Les circonstances, autant que la terrible agitation que j'éprouvai me permet de les rappeler, sont à peu près ce qui suit. Le vaisseau allait, avec une belle brise, au taux de quatre milles par heure, avec ou contre le reflux qui allait presqu'au même taux, et comme il était en notre faveur, nous arrivâmes bientôt près du vaisseau, et l'officier de quart voyant qui c'était, nous fit jeter une corde que notre patron attrapa et qu'il attacha (*amarra*) à une partie du bateau, afin que les hommes du navire (comme de coutume) pussent nous tirer le long du vaisseau; mais lorsqu'ils commencèrent à le faire, Frank, voyant que le courant était trop fort et que le progrès que le navire y fesait était trop grand pour que notre remorque s'accomplit avec facilité, ordonna à son premier officier, M. G., de prier le pilote de larguer les écoutes d'une certaine voile, ce qui fut fait après quelque délai. Mais Frank s'apercevant que la difficulté d'approcher du vaisseau ne discontinuait pas, ordonna encore à M. G. de dire au pilote de brasser les huniers sur le mât; M. G. répondit: "Le pilote ne veut pas, Monsieur." Mon frère, s'adressant à Jean, le pilote, lui fit personnellement la même demande, ajoutant: "Faites-le, pour l'amour de Dieu, car il y a une dame dans le bateau, et vous nous tirerez certainement sous l'eau." Moi, à travers les jalousies, je vis le pilote secouer la tête, et j'entendis Frank commander de laisser aller (démarrer) la corde qu'on nous avait jetée du vaisseau; mais les hommes n'exécutant pas immédiatement l'ordre, ce qu'il avait prédit ne manqua pas d'arriver; nous fûmes entraînés sous l'eau. Oh! quel affreux moment! Nulle parole ne peut exprimer les angoisses qu'un tel moment fait naître, et personne, excepté ceux qui ont été placés dans une pareille situation, ne peut en concevoir l'agonie et l'horreur. Le bateau dans lequel nous étions est appelé un *boleah*; c'est un grand bateau avec une chose comme une maison sur le pont; conséquemment la cabane, au lieu d'être en bas comme dans les yachts anglaises, se trouve sur le pont. Quand l'accident arriva, j'étais seule dans la cabane avec tout le bagage, les lits, &c., ma fille de chambre était assise près de la porte, et mon frère était à l'extrêmité la plus éloignée du bateau. Quand nous fûmes sous l'eau, il largua la corde qui nous amarrait au vaisseau, et par ce moyen, il sauva tous ceux qui étaient à bord excepté un, car le bateau, au lieu de s'enfoncer, chavira et flotta, la quille en l'air. Ce fut avec grande difficulté (il ne peut pas nager) que le pauvre Frank, qui était embarrassé de sa capote, gagna le dessus de l'eau et se tint à la quille du bateau. En dedans, j'eus plus de difficultés. Je conservai toute ma présence d'esprit, ce qui me sauva, il est vrai, mais tripla l'horreur de ma situation. J'étais aussi calme que je le suis dans ce moment-ci. Je sentais que ma mort était inévitable, et je m'abandonnai à la miséricorde de Dieu.

Je vis ma pauvre servante tomber (je crus que c'était pour toujours), et j'entendis avec fermeté, quoiqu'avec une agonie désespérante, sa dernière faible exclamation de Oh Mà, Oh Mà, cri funèbre ou cri de mort des natifs. Les caisses, &c., dans la cabane, étaient tombées sur le plafond, qui, en conséquence de la situation du bateau, était devenu la partie inférieure; heureusement, elles tombèrent sans me faire de mal, et je me trouvai debout sur le même plancher qu'elles. Je fis un effort pour ouvrir la porte, mais à cause de sa nouvelle situation, elle résista. L'eau commença bientôt à entrer, par les jalousies, de tous côtés dans la cabane, et je sentis que l'air qui ne pouvait plus être renouvelé, se consumait rapidement; conséquemment deux morts affreuses me menaçaient, ou je serais noyée ou suffoquée. Retenant tout mon sang froid, je fis, pour ouvrir la porte, une autre tentative plus violente, elle réussit; et la perspective qui se presentait à moi, fesait paraître ma destinée encore plus certaine qu'auparavant, et encore plus affreuse; car le plafond que le bateau fesait au dessus de ma tête, ne permettait à la lumière que de me laisser voir l'eau verdâtre et menaçante qui m'entourait. Même dans cette horrible attente, ma présence d'esprit ne m'abandonna pas un instant; au contraire, ma mémoire devint cruellement active, et tout en délibérant sur le parti que je prendrais, ou plutôt de quelle mort je mourrais, je pensais à vous *tous*, à mon chez moi, à ma patrie, à mon mari, en un mot, je passais en revue tous les évènements de ma vie. Commençant à perdre haleine, je sentis diminuer l'horreur d'être noyée, et persuadée que d'une manière ou d'une autre mes souffrances seraient bientôt terminées, je me recommandai encore au Tout-Puissant, et plaçant mes mains le long de mes côtés (pas une goutte d'eau ne m'avait encore touchée) je me confiai à cet élément, sachant que la marée me tirerait de dessous le bateau, et qu'il était possible que j'atteignisse à la surface. Quand je me trouvai plongée dans l'eau, ma raison me convainquit que tout mouvement du corps pourrait m'empêcher de flotter, conséquemment je me tins parfaitement tranquille; mes yeux étaient ouverts, et je m'aperçus bientôt, la couleur de l'eau devenant plus claire, que je montais. Quand ma tête fut au-dessus, je vis que j'étais près du bateau vers lequel le courant me conduisait, et par un effort, si naturel au malheureux qui se noie, je tâchai de le saisir, mais il était doublé en cuivre et si poli que je ne pus m'y tenir qu'en le pressant de mes bras étendus, de mes mains et de ma joue. Je n'avais aucune prise, en conséquence la première vague m'en détacha, et ma tête se trouva une seconde fois sous l'eau. Quoique presqu'épuisée, ma présence d'esprit ne m'abandonna pas, je flottai encore et j'atteignis le bateau comme auparavant. Comme je vis la tête de Frank au dessus de l'eau, et celles de quelques uns des marins, je redoublai d'efforts pour maintenir ma position, car le désir de vivre était revenu quoique je me débattisse contre l'eau. Je criai, "Frank, je suis sauvée, ne soyez point alarmé." Dans ce moment il atteignit le sommet du bateau, et se traînant vers l'endroit ou j'étais, il me pria avec instances de lui donner la main afin qu'il pût me tirer à lui; mais je savais qu'il était impossible qu'il le fît, et je craignais de périr si je quittais la prise que j'avais, quelque précaire qu'elle fût; car mes forces étaient trop épuisées pour me permettre de faire d'autres efforts physiques; mon esprit retenait toute sa vigueur. Le danger nivelle toutes les conditions. Un pauvre marin sortit de dessous l'eau près de moi, et en partie pour me soutenir moi-même et pour le sauver, je lui saisis la main et en même temps un de mes doigts entra dans un petit trou, fait pour l'écoulement des eaux. Ces prises étaient meilleures, et je les gardai long-temps, quoique je fusse dans l'eau jusqu'au cou. En un mot, ma domestique fut sauvée, et gagna le sommet, comme mon frère et le marin. Le vaisseau, cependant, continuait sa route, et la marée nous portant dans une direction contraire, nous fûmes bientôt à trois ou quatre milles de distance. Les officiers de Frank et ses matelots en furent au désespoir. Le Syrang, et les meilleurs hommes de l'équipage se jetèrent à la mer et nagèrent au rivage. Il est honteux de dire qu'il n'y avait pas à bord du vaisseau un seul bateau dont on pût faire usage : celui qu'on mit en mer coula bas immédiatement, et le second officier qui y était entré fut sauvé par le moyen d'une corde qu'on lui jeta du vaisseau. Les hommes qui avaient nagé à terre eurent trois ou quatre milles à faire en courant avant d'arriver à l'endroit où nous étions, ainsi vous pouvez vous faire une idée de notre situation. Mon frère, quand je ne pouvais plus me tenir au bateau, saisit mes mains, et par des efforts inouis me tira auprès de lui et me fit asseoir. Nous commençâmes alors la tâche affligeante de compter nos gens ; et nous n'en trouvâmes qu'un de moins ; tous les autres (douze âmes, en nous comptant) étant assis sur le haut du bateau. La nuit approchait à grand pas, et le cri lamentable des pauvres natifs, dans cette situation périlleuse, de "Oh, Mà, Oh, Mà," poussé à des intervalles réguliers, augmentait la misère de la scène. Frank, tremblant pour moi, criait souvent et de toutes ses forces pour du secours, mais il n'en arriva point avant qu'il fût tout-à-fait nuit, et pour plus de trois heures nous nous trouvâmes dans cette situation affreuse, quand des bateaux vinrent à nous, et l'équipage du vaisseau de mon frère nous attendait sur le rivage.

THE END.

Spiers and Surenne's French and English, and English and French Pronouncing Dictionary.

Edited by G. P. QUACKENBOS, A.M. One large volume, 8vo, of 1,816 pages. Neat type and fine paper.

THE PUBLISHERS CLAIM FOR THIS WORK:

1. That it is a revision and combination of (SPIERS') the best defining and (SURENNE'S) the most accurate pronouncing dictionary extant.

2. That in this work the numerous errors in Spiers' Dictionary have been carefully and faithfully corrected.

3. That some three thousand new definitions have been added.

4. That numerous definitions and constructions are elucidated by grammatical remarks and illustrative clauses and sentences.

5. That several thousand new phrases and idioms are embodied.

6. That upward of twelve hundred synonymous terms are explained, by pointing out their distinctive shades of meaning.

7. That the parts of all the irregular verbs are inserted in alphabetical order, so that one reference gives the mood, tense, person, and number.

8. That some some four thousand new French words, connected with science, art, and literature, have been added.

9. That every French word is accompanied by as exact a pronunciation as can be represented by corresponding English sounds, and *vice versâ*.

10. That it contains a full vocabulary of the names of persons and places, mythological and classical, ancient and modern.

11. That the arrangement is the most convenient for reference that can be adopted.

12. That it is the most complete, accurate, and reliable dictionary of these languages published.

From WASHINGTON IRVING.

"As far as I have had time to examine it, it appears to me that Mr. Quackenbos, by his revision, corrections, and additions, has rendered the Paris Edition, already so excellent, the most complete and valuable lexicon now in print."

From WM. H. PRESCOTT.

"In the copiousness of its vocabulary and its definitions, and in the great variety of idiomatic phrases and synonymes, it far exceeds any other French and English Dictionary with which I am acquainted."

Spiers and Surenne's French and English and English and French Pronouncing Dictionary.

One Volume, 12mo, 973 pages. Standard Abridged Edition. From new and large type.

The First Part of this well-known and universally popular work contains:

Words in common use;

Terms connected with science; Terms belonging to the fine arts;

Four thousand historical names; Four thousand geographical names;

Upward of eleven thousand words of recent origin;

The pronunciation of every word according to the French Academy and the most eminent lexicographers and grammarians; also,

More than seven hundred critical remarks, in which the various methods of pronouncing employed by different authors are investigated and compared.

The Second Part contains: A copious vocabulary of English words, with their proper pronunciation. The whole is preceded by a critical treatise on French pronunciation.

"It embraces all the words in common use, and those in science and the fine arts, historical and geographical names, etc., with the pronunciation of every word according to the French Academy, together with such critical remarks as will be useful to every learner. It contains so full a compilation of words, definitions, etc., as scarcely to leave any thing to be desired."—*New York Observer.*

Pronouncing French Dictionary

By GABRIEL SURENNE, F. A. S. E. 16mo, 556 pages.

POCKET EDITION.

In the preparation of this new work, due regard has been paid to the introduction of such new words and definitions as the progressive changes in the language have rendered necessary; and for this purpose the best and most recent authorities have been carefully consulted. It is therefore confidently anticipated that the volume will prove not only a useful auxiliary to the student, but also a convenient Pocket Companion to the traveller, wherever the French language is spoken. A vocabulary of proper names accompanies the work.

"M. Surenne is a very prominent professor in Edinburgh, and all who use his books may rely on having before them the purest style of the French tongue."—*Christian Intelligencer.*

Ollendorff's French Grammars.

FIRST LESSONS IN THE FRENCH LANGUAGE: being an Introduction to Ollendorff's larger Grammar. By G. W. GREENE. 16mo, 138 pages.

OLLENDORFF'S NEW METHOD of Learning to Read, Write, and Speak the French Language. With full Paradigms of the Regular and Irregular, Auxiliary, Reflective, and Impersonal Verbs. By J. L. JEWETT. 12mo, 498 pages.

OLLENDORFF'S NEW METHOD of Learning to Read, Write, and Speak the French Language. With numerous Corrections, Additions, and Improvements, suitable for this Country. To which are added, Value's System of French Pronunciation, his Grammatical Synopsis, a New Index, and short Models of Commercial Correspondence. By V. VALUE. 12mo, 588 pages.

Ollendorff's French Grammars have been before the public so long, and have had their merits so generally acknowledged, that it is unnecessary to enter into any detailed description of their peculiarities or lengthy argument in their favor. Suffice it to say, that they are founded in nature, and follow the same course that a child pursues in first acquiring his native tongue. They teach inductively, understandingly, interestingly. They do not repel the student in the outset by obliging him to memorize dry abstract language which conveys little or no idea to his mind, but impart their lessons agreeably as well as efficiently by exercises, which teach the principles successively involved more clearly than any abstract language can. They give a conversational, and therefore a practically useful, knowledge of the language; the student is made constantly to apply what he learns. To these peculiarities is due the wide-spread and lasting popularity of the Ollendorff series.

Prof. Greene's Introduction, the first of the works named above, will be found useful for young beginners. In it are presented the fundamental principles of the language, carefully culled out, and illustrated with easy exercises. It paves the way for the larger works, preparing the pupil's mind for their more comprehensive course and awakening in it a desire for further knowledge.

Value's and Jewett's works are essentially the same, though differing somewhat in their arrangement and the additions that have been made to the original. Some institutions prefer one, and others the other; either, it is believed, will impart a thorough acquaintance with French, both grammatical and conversational, by an interesting process, and with but little outlay of time and labor.

FRENCH GRAMMATICAL WORKS.

Manual of French Verbs:

Comprising the Formation of Persons, Tenses, and Moods of the Regular and Irregular Verbs; a Practical Method to Trace the Infinitive of a Verb out of any of its Inflections; Models of Sentences in their different Forms; and a Series of the most useful Idiomatical Phrases. By T. SIMONNÉ. 12mo, 108 pages.

The title of this volume, given in full above, shows its scope and character. The conjugation of the verbs, regular as well as irregular, is the great difficulty that the French student has to encounter; and to aid him in surmounting it, M. Simonné has applied his long experience as a teacher of the language.

Companion to Ollendorff's New Method of Learning to Read, Write, and Speak the French Language.

By GEORGE W. GREENE, Instructor in Modern Languages in Brown University. 12mo, 273 pages.

As soon as the French student has learned enough of the verb to enable him to translate, this volume should be placed in his hands. It embraces ninety-two carefully-selected dialogues on every-day subjects, calculated to familiarize the student with the most necessary expressions, and to enable him to converse with fluency. The dialogues are followed by an important chapter on differences of idioms, in which are set forth those peculiarities of the language that cannot be classified under general rules, accompanied by grammatical hints and explanations.

Grammar for Teaching English to Frenchmen
Grammaire Anglaise,

D'Apres Le Systeme d'Ollendorff, à l'Usage Des Français. Par CHARLES BADOIS. 12mo, 282 pages.

The want of a condensed Grammar for teaching Frenchmen the English language, as experienced by residents as well as travellers in this country, has been met by M. Badois with this clear and practical Treatise, on the Ollendorf plan. In the course of a few lessons the learner is so familiarized with the most necessary English words and idioms that he can readily express himself, and can understand ordinary conversation.

French Reading Books.

Elementary French Reader:

With an Analytical study of the French Language, Treatise on French Poetry, and a Dictionary of Idioms, Proverbs, Peculiar Expressions, &c. By J. ROEMER, LL.D., Professor of the French Language and Literature in the New York Free Academy. 12mo, 297 pages.

"We invite attention to this new French Reader, which seems admirably adapted to the use of the student, and especially to the code of instruction and explanation with which it is introduced; the whole forming, as we conceive, a book of exceeding value to both learners and teachers, and capable of greatly facilitating the labors of both."—*N. Y. Commercial Advertiser.*

Roemer's Second French Reader:

Illustrated with Historical, Geographical, and Philological Notes. 12mo, 478 pages.

This volume, like the preceding one, presents a series of lively and entertaining extracts, calculated to stimulate the curiosity and enlist the feelings of the scholar in favor of the language. The selections are made from modern authors exclusively, and bear witness to the nice literary discrimination of the compiler. As a collection of elegant extracts, this volume is second to none; it has become a general favorite both with teachers and students.

Roemer's Polyglot French Reader. . . . .

Modern French Reader:

With a Vocabulary of the New and Difficult Words and Idiomatic Phrases adopted in Modern French Literature. By F. ROWAN. Edited by J. L. JEWETT, Editor of Ollendorff's French Method. 12mo, 341 pages.

One object of this volume is to offer specimens of the French language as it is spoken at the present day, and presented in the works of the modern authors of France, without the risk of sullying the mind of the young reader by indelicate expressions or allusions; another is to facilitate the task of the teacher by rendering the work attractive to the pupil; such selections have therefore been made as will, it is hoped, be interesting and entertaining to the young reader, while at the same time they will prove worthy specimens of the peculiar style of their respective authors.

French Conversation and Composition Books.

Guide to French Composition.
By GUSTAVE CHOUQUET. 12mo, 297 pages.

This volume is intended to serve as a reading and translation book, a text-book on Rhetoric, and a manual of French Composition and Conversation. The First Part comprises a treatise on Rhetoric, written in French, but applicable to all languages, which will discipline the mind of the learner in the elaboration of thought, and train his judgment for sound literary criticism. The Second Part is devoted to Composition proper; contains analyses and models of narrations, descriptions, dissertations, letters, &c., and a list of subjects on which, after these models, the pupil is required to try his powers.

Conversations and Dialogues.
By GUSTAVE CHOUQUET. 16mo, 204 pages.

A phrase-book is essential to those who would acquire an easy style of conversation in French. Such an auxiliary they will find in this work of Chouquet's, which embraces dialogues on daily occupations and ordinary topics, involving those idiomatic expressions that most frequently occur. The author displays judgment in his choice of subjects, and tact in adapting himself to the comprehension of the young. With a knowledge of the phrases and idioms presented in this volume, the student can take part in ordinary conversation with fluency and elegance.

French as Spoken in Paris.
By MADAME DE PEYRAC. 12mo, 252 pages.

"Comment on parle à Paris," or how they speak French in Paris, is certainly a very desirable thing to know; with the aid of this new and unique manual by Madame de Peyrac, the knowledge may be gained without difficulty. Her volume is not intended for children, but for those who have partially acquired the language, and need only familiarity with an elegant style of conversation. To invest the subject with greater interest, the form of a domestic romance is adopted. A variety of characters are introduced, and lively tableaux of French life and manners are presented. Teachers who are dissatisfied with the Readers they have heretofore employed are recommended to procure and examine this admirable volume, which has been warmly commended by critics and educators.

D. APPLETON & CO.'S PUBLICATIONS.

Standard Reading Books for French Classes.

Select Poetry for Young Persons

By MADAME A. COUTAN. 12mo, 329 pages.

Madame Coutan's collection, made during many years devoted to the teaching of French, embraces some of the choicest and best poetry in the language. While it is peculiarly adapted to young ladies' schools, there is no class of students or general readers to whom it will not prove an acceptable and instructive companion.

"This is an admirable compilation. The selections have been made with reference to purity of sentiment and poetic finish; the larger portion of the effusions are among the best of the best authors, including the names of Lamartine, Beranger, Victor Hugo, and other living poets of wide celebrity."—*N. Y. Commercial Advertiser*

The Adventures of Telemachus.

By FÉNÉLON. Standard Edition edited by GABRIEL SURENNE. 18mo, 393 pages.

Fénélon's world-renowned TÉLÉMAQUE will always retain its popularity as a Reader for French classes, on account of the purity of its style, the interest of its narrative, and the excellence of its moral. The present edition is convenient in form, faultless in external appearance, and as correct as the editorial supervision of an accomplished scholar like SURENNE can make it.

Voltaire's History of Charles XII.

Carefully revised by GABRIEL SURENNE. 16mo, 262 pages.

This is a neat edition of Voltaire's valuable and popular History of Charles XII., King of Sweden, published under the supervision of a distinguished scholar, and well adapted to the use of schools in this country.

New Testament in French.

According to the version of J. F. OSTERVALD. 12mo, 340 pages.

Those who desire a neat, convenient, and faithful version of the New Testament in French, either for school classes or home use, will find it in this edition, which has undergone the supervision of Ostervald, and has the sanction of the University of Edinburgh.

D. APPLETON & CO.'S PUBLICATIONS.

Arnold's Latin Course:

I. FIRST AND SECOND LATIN BOOK AND PRACTICAL GRAMMAR. Revised and carefully Corrected, by J. A. SPENCER, D.D. 12mo, 359 pages.

II. PRACTICAL INTRODUCTION TO LATIN PROSE COMPOSITION. Revised and carefully Corrected, by J. A. SPENCER, D.D. 12mo, 856 pages.

III. CORNELIUS NEPOS. With Questions and Answers, and an Imitative Exercise on each Chapter. With Notes by E. A. JOHNSON, Professor of Latin in University of New York. New Edition, enlarged, with a Lexicon, Historical and Geographical Index, &c. 12mo, 350 pages.

Arnold's Classical Series has attained a circulation almost unparalleled, having been introduced into nearly all the leading educational institutions in the United States. The secret of this success is, that the author has hit upon the true system of teaching the ancient languages. He exhibits them not as dead, but as living tongues; and by imitation and repetition, the means which nature herself points out to the child learning his mother tongue, he familiarizes the student with the idioms employed by the elegant writers and speakers of antiquity.

The First and Second Latin Book should be put in the hands of the beginners, who will soon acquire from its pages a better idea of the language than could be gained by months of study according to the old system. The reason of this is, that every thing has a practical bearing, and a principle is no sooner learned than it is applied. The pupil is at once set to work on exercises.

The Prose Composition forms an excellent sequel to the above work, or may be used with any other course. It teaches the art of writing Latin more correctly and thoroughly, more easily and pleasantly, than any other work. In its pages Latin synonymes are carefully illustrated, differences of idioms noted, cautions as to common errors impressed on the mind, and every help afforded toward attaining a pure and flowing Latin style.

From N. WHEELER, Principal of Worcester County High School.

"In the skill with which he sets forth the *idiomatic peculiarities*, as well as in the directness and simplicity with which he states the facts of the ancient languages, Mr. Arnold has no superior. I know of no books so admirably adapted to awaken an *interest* in the study of the language, or so well fitted to lay the foundation of a correct scholarship and refined taste."

From A. B. RUSSELL, Oakland High School.

"The style in which the books are got up are not their only recommendation. With thorough instruction on the part of the teacher using these books as text-books, I am confident a much more ample return for the time and labor bestowed by our youth upon Latin must be secured. The time certainly has come when an advance must be made upon the old methods of instruction. I am glad to have a work that promises so many advantages as Arnold's First and Second Latin Book to beginners."

From C. M. BLAKE, Classical Teacher, Philadelphia.

"I am much pleased with Arnold's Latin Books. A class of my older boys have just finished the First and Second Book. They had studied Latin for a long time before, but never *understood* it, they say, as they do now."

Germania and Agricola of Caius Cornelius Tacitus:

With Notes for Colleges. By W. S. TYLER, Professor of the Greek and Latin Languages in Amherst College. 12mo, 193 pages.

Tacitus's account of Germany and life of Agricola are among the most fascinating and instructive Latin classics. The present edition has been prepared expressly for college classes, by one who knows what they need. In it will be found: 1. A Latin text, approved by all the more recent editors. 2. A copious illustration of the grammatical constructions, as well as of the rhetorical and poetical usages peculiar to Tacitus. In a writer so concise it has been deemed necessary to pay particular regard to the connection of thought, and to the particles as the hinges of that connection. 3. Constant comparisons of the writer with the authors of the Augustan age, for the purpose of indicating the changes which had already been wrought in the language of the Roman people. 4. An embodiment in small compass of the most valuable labors of such recent German critics as Grimm, Günther, Gruber, Kiessling, Dronke, Roth, Ruperti, and Walther.

From Prof. Lincoln, of Brown University.

"I have found the book in daily use with my class of very great service, very practical, and well suited to the wants of students. I am very much pleased with the Life of Tacitus and the Introduction, and indeed with the literary character of the book throughout. We shall make the book a part of our Latin course."

The History of Tacitus

By W. S. TYLER. With Notes for Colleges. 12mo, 453 pages.

The text of Tacitus is here presented in a form as correct as a comparison of the best editions can make it. Notes are appended for the student's use, which contain not only the grammatical, but likewise all the geographical, archæological, and historical illustrations that are necessary to render the author intelligible. It has been the constant aim of the editor to carry students beyond the dry details of grammar and lexicography, and introduce them to a familiar acquaintance and lively sympathy with the author and his times. Indexes to the notes, and to the names of persons and places, render reference easy.

From Prof. Hackett, of Newton Theological Seminary.

"The notes appear to me to be even more neat and elegant than those on the 'Germania and Agricola.' They come as near to such notes as I would be glad to write myself on a classic, as almost any thing that I have yet seen."

Arnold's First Latin Book;

Remodelled and Rewritten, and adapted to the Ollendorff Method of Instruction. By ALBERT HARKNESS, A.M. 12mo, 302 pages.

Under the labors of the present author, the work of Arnold has undergone radical changes. It has been adapted to the Ollendorff improved method of instruction, and is superior to the former work in its plan and all the details of instruction. While it proceeds in common with Arnold on the principle of imitation and repetition, it pursues much more exactly and with a surer step the progressive method, and aims to make the pupil master of every individual subject before he proceeds to a new one, and of each subject by itself before it is combined with others; so that he is brought gradually and surely to understand the most difficult combinations of the language. An important feature of this book is, that it carries along the Syntax *pari passu* with the Etymology, so that the student is not only all the while becoming familiar with the forms of the language, but is also learning to construct sentences and to understand the mutual relations of their component parts.

Special care has been taken in the exercises to present such idioms and expressions alone as are authorized by the best classic authors, so that the learner may acquire, by example as well as precept, a distinct idea of pure Latinity.

It has been a leading object with the author so to classify and arrange the various topics as to simplify the subject, and, as far as possible, to remove the disheartening difficulties too often encountered at the outset in the study of an ancient language.

From W. E. TOLMAN, *Instructor in Providence High School.*

"I have used Arnold's First Latin Book, remodelled and rewritten by Mr. Harkness, in my classes during the past year, and find it to be a work not so much remodelled and rewritten as one *entirely new*, both in its plan and in its adaptation to the wants of the beginner in Latin."

From WM. RUSSELL, *Editor of the First Series of the Boston Journal of Education.*

"The form which this work has taken under the skilful hand of Mr. H. is marked throughout by a method purely elementary, perfectly simple, gradually progressive, and rigorously exact. Pupils trained on such a manual cannot fail of becoming distinguished, in their subsequent progress, for precision and correctness of knowledge, and for rapid advancement in genuine scholarship."

From GEORGE CAPRON, *Principal of Worcester High School.*

"I have examined the work with care, and am happy to say that I find it superior to any similar work with which I am acquainted. I shall recommend it to my next class."

From J. R. BOISE, *Professor of Ancient Languages in Michigan University.*

"I have examined your First Book in Latin, and am exceedingly pleased both with the plan and execution. I shall not fail to use my influence toward introducing it into the classical schools of this State."

Second Latin Book;

Comprising an Historical Latin Reader, with Notes and Rules for Translating, and an Exercise Book, developing a Complete Analytical Syntax, in a series of Lessons and Exercises, involving the Construction, Analysis, and Reconstruction of Latin Sentences. By ALBERT HARKNESS, A.M., Senior Master in the Providence High School. 12mo, 362 pages.

This work is designed as a sequel to the author's "First Latin Book." It comprises a complete analytical syntax, exhibiting the essential structure of the Latin language, from its simplest to its most expanded and elaborate form.

The arrangement of the lessons is decidedly philosophical, gradually progressive, and in strict accordance with the law of development of the human mind. Every new principle is stated in simple, clear, and accurate language, and illustrated by examples carefully selected from the reading lessons, which the student is required to translate, analyze, and reconstruct. He is also exercised in forming new Latin sentences on given models. This, while it gives variety and interest to what would otherwise be in the highest degree monotonous, completely fixes in the mind the subject of the lesson, both by analysis and synthesis.

The careful study of this volume, on the plan recommended by the author, will greatly facilitate the pupil's progress in the higher departments of the language. Such is the testimony of the numerous institutions in which Harkness's improved edition of Arnold has been introduced.

From J. A. SPENCER, D.D., late Professor of Latin in Burlington College, N. J.

"The present volume appears to me to carry out excellently the system on which the late lamented Arnold based his educational works; and in the Selections for Reading, the Notes and Rules for Translating, the Exercises in Translating into Latin, the Analyses, &c., I think it admirably adapted to advance the diligent student, not only rapidly, but soundly, in an acquaintance with the Latin language."

From PROF. GAMMELL, of Brown University.

"The book seems to me, as I anticipated it would be, a valuable addition to the works now in use among teachers of Latin in the schools of the United States, and for many of them it will undoubtedly form an advantageous substitute."

From PROF. LINCOLN, of Brown University.

"It seems to me to carry on most successfully the method pursued in the First Book. Though brief, it is very comprehensive, and combines judicious and skilfully formed exercises with systematic instruction."

From J. J. OWEN, D.D., Professor of the Latin and Greek Languages and Literature in the Free Academy, New York.

"This Second Latin Book gives abundant evidence of the author's learning and tact to arrange, simplify, and make accessible to the youthful mind the great and fundamental principles of the Latin language. The book is worthy of a place in every classical school, and I trust will have an extensive sale."

From PROF. ANDERSON, of Lewisburg University, Pennsylvania.

"A faithful use of the work would diminish the drudgery of the student's earlier studies, and facilitate his progress in his subsequent course. I wish the work a wide circulation."

A Latin Grammar for Schools and Colleges.

By A. HARKNESS, Ph.D., Professor in Brown University.

To explain the general plan of the work, the Publishers ask the attention of teachers to the following extracts from the Preface:

1. This volume is designed to present a systematic arrangement of the great facts and laws of the Latin language; to exhibit not only grammatical forms and constructions, but also those *vital principles* which underlie, control, and explain them.

2. Designed at once as a text-book for the class-room, and a book of reference in study, it aims to introduce the beginner easily and pleasantly to the first principles of the language, and yet to make adequate provision for the wants of the more advanced student.

3. By brevity and conciseness in the choice of phraseology and compactness in the arrangement of forms and topics, the author has endeavored to compress within the limits of a convenient manual an amount of carefully-selected grammatical facts, which would otherwise fill a much larger volume.

4. He has, moreover, endeavored to present the whole subject in the light of modern scholarship. Without encumbering hi spages with any unnecessary discussions, he has aimed to enrich them with the *practical results* of the recent labors in the field of philology.

5. Syntax has received in every part special attention. An attempt has been made to exhibit, as clearly as possible, that beautiful system of laws which the genius of the language—that highest of all grammatical authority—has created for itself.

6. Topics which require extended illustration are first presented in their completeness in general outline, before the separate points are discussed in detail. Thus a single page often foreshadows all the leading features of an extended discussion, imparting a completeness and vividness to the impression of the learner, impossible under any other treatment.

7. Special care has been taken to explain and illustrate with the requisite fulness all difficult and intricate subjects. The Subjunctive Mood—that severest trial of the teacher's patience—has been presented, it is hoped, in a form at once simple and comprehensive.

Harkness's Latin Grammar.

From Rev. Prof. J. J. Owen, D.D., New York Free Academy.

"I have carefully examined Harkness's Latin Grammar, and am so well pleased with its plan, arrangement, and execution, that I shall take the earliest opportunity of introducing it as a text-book in the Free Academy."

From Mr. John D. Philbrick, Superintendent of Public Schools, Boston, Mass.

"This work is evidently no hasty performance, nor the compilation of a mere book maker, but the well-ripened fruit of mature and accurate scholarship. It is eminently practical, because it is truly philosophical."

From Mr. G. N. Bigelow, Principal of State Normal School, Framingham, Mass.

"Harkness's Latin Grammar is the most satisfactory text-book I have ever used."

From Rev. Daniel Leach, Superintendent Public Schools, Providence, R. I.

"I am quite confident that it is superior to any Latin Grammar before the public. It has recently been introduced into the High School, and all are much pleased with it."

From Dr. J. B. Chapin, State Commissioner of Public Instruction in Rhode Island.

"The vital principles of the language are clearly and beautifully exhibited. The work needs no one's commendation."

From Mr. Abner J. Phipps, Superintendent of Public Schools, Lowell, Mass.

"The aim of the author seems to be fully realized in making this 'a *useful* Book, and as such I can cheerfully commend it. The clear and admirable manner in which the intricacies of the Subjunctive Mood are unfolded, is one of its marked features.

"The evidence of ripe scholarship and of familiarity with the latest works of German and English philologists is manifest throughout the book."

From Dr. J. T. Champlin, President of Waterville College.

"I like both the plan and the execution of the work very much. Its matter and manner are both admirable. I shall be greatly disappointed if it does not at once win the public favor."

From Prof. A. S. Packard, Bowdoin College, Brunswick, Maine.

"Harkness's Latin Grammar exhibits throughout the results of thorough scholarship. I shall recommend it in our next catalogue."

From Prof. J. J. Stanton, Bates College.

"We have introduced Harkness's Grammar into this Institution. It is much more logical and concise than any of its rivals."

From Mr. Wm. J. Rolfe, Principal Cambridge High School.

"Notwithstanding all the inconveniences that must attend a change of Latin Grammars in a large school like mine, I shall endeavor to secure the adoption of Harkness's Grammar in place of our present text-book as soon as possible."

From Mr. L. R. Williston, Principal Ladies' Seminary, Cambridge, Mass.

"I think this work a decided advance upon the Grammar now in use."

From Mr D. B. Hager, Princ. Eliot High School, Jamaica Plain, Mass.

"This is, in my opinion, *by far the best Latin Grammar ever published.* It is admirably adapted to the use of learners, being remarkably concise, clear, comprehensive, and philosophical. It will henceforth be used as a text-book in this school."

Harkness's Latin Grammar.

From Prof. C. S. HARRINGTON and Prof. J. C. VAN BENSCHOTEN, of the Wesleyan University.

"This work is clear, accurate, and happy in its statement of principles, is simple yet scholarly, and embraces the latest researches in this department of philological science. It will appear in our catalogue."

From Mr. ELBRIDGE SMITH, Principal Free Academy, Norwich, Ct.

"This is not only the best Latin Grammar, but one of the most thoroughly prepared school-books that I have ever seen. I have introduced the book into the Free Academy, and am much pleased with the results of a month's experience in the class-room."

From Mr. H. A. PRATT, Principal High School, Hartford, Ct.

"I can heartily recommend Harkness's new work to both teachers and scholars. It is, in my judgment, the best Latin Grammar ever offered to our schools."

From Mr. L. F. CADY, Principal High School, Warren, R. I.

"The longer I use Harkness's Grammar the more fully am I convinced of its superior excellence. Its merits must secure its adoption wherever it becomes known."

From Messrs. S. THURBER and T. B. STOCKWELL, Public High School, Providence.

"An experience of several weeks with Harkness's Latin Grammar, enables us to say with confidence, that it is an improvement on our former text-book."

From Mr. C. B. GOFF, Principal Boys' Classical High School, Providence, R. I.

"The practical working of Harkness's Grammar is gratifying even beyond my expectations."

From Rev. Prof. M. H. BUCKHAM, University of Vermont.

"Harkness's Latin Grammar seems to me to supply the desideratum. It is philosophical in its method, and yet simple and clear in its statements; and this, in my judgment, is the highest encomium which can be bestowed on a text-book."

From Mr. E. T. QUIMBY, Appleton Academy, New Ipswich, N. H.

"I think the book much superior to any other I have seen. I should be glad to introduce it at once."

From Mr. H. ORCUTT, Glenwood Ladies' Seminary, W. Brattleboro', Vt.

"I am pleased with Harkness's Latin Grammar, and have already introduced it into this seminary."

From Mr. CHARLES JEWETT, Principal of Franklin Academy.

"I deem it an admirable work, and think it will supersede all others now in use. In the division and arrangement of topics, and in its mechanical execution, it is superior to any Latin Grammar extant."

From Mr. C. C. CHASE, Principal of Lowell High School.

"Prof. Harkness's Grammar is, in my opinion, admirably adapted to make the study of the Latin language agreeable and interesting."

From Mr. J. KIMBALL, High School, Dorchester, Mass.

"It meets my ideal of what is desirable in every grammar, to wit: compression of general principles in terse definitions and statements, for ready use; and fulness of detail, well arranged for reference."

D. APPLETON & CO.'S PUBLICATIONS.

HARKNESS'S LATIN GRAMMAR.
12mo, 355 pages.

Although this work has been published only a few weeks, it is recommended by and introduced into a large number of Colleges and Classical Schools, among which are the following:

BOWDOIN COLLEGE, Brunswick, Me.
BATES' COLLEGE, Lewiston, Maine.
LEWISTON FALLS ACADEMY, Auburn, Me.
DOVER HIGH SCHOOL, Dover, N. H.
DARTMOUTH COLLEGE.
NORWICH UNIVERSITY, Norwich, Vt.
GLENWOOD LADIES' SEMINARY, Brattleboro, Vt.
AMHERST COLLEGE, Amherst, Mass.
TUFT'S COLLEGE, Medford, Mass.
PHILLIPS' ACADEMY, Andover, Mass.
STATE NORMAL SCHOOL, Framingham, Mass.
HIGHLAND SCHOOL, Worcester, Mass.
NEWTON HIGH SCHOOL, Newton, Mass.
PUBLIC HIGH SCHOOL, Springfield, Mass.
ROXBURY LATIN SCHOOL, Roxbury, Mass.
LAWRENCE ACADEMY, Groton, Mass.
AUBURNDALE FEMALE SEMINARY, Auburndale, Mass.
SPENCER ACADEMY, Spencer, Mass.
JAMAICA PLAIN HIGH SCHOOL, Jamaica Plain, Mass.
BROWN UNIVERSITY, Providence, R. I.
UNIVERSITY GRAMMAR SCHOOL, Providence, R. I.
PUBLIC HIGH SCHOOL, Providence, R. I.
FRIENDS' BOARDING SCHOOL, Providence, R. I.
WARREN HIGH SCHOOL, Warren, R. I.
PROVIDENCE CONFERENCE SEMINARY, East Greenwich, R. I.
WESLEYAN UNIVERSITY, Middletown, Ct.
FREE ACADEMY, Norwich, Ct.
NEW LONDON ACADEMY, New London, Ct.
YALE COLLEGE, New Haven, Ct.
ROCHESTER UNIVERSITY, Rochester, N. Y.
MADISON UNIVERSITY, Hamilton, N. Y.
NEW YORK FREE ACADEMY, New York.
CORTLAND ACADEMY, Homer, N. Y.
OSWEGO HIGH SCHOOL, Oswego, N. Y.
HAMILTON COLLEGE, Clinton, N. Y.
HOBERT'S FREE COLLEGE, Geneva, N. Y.
CANANDAIGUA ACADEMY, Canandaigua, N. Y.
NEWTON HIGH SCHOOL, Newton, N. J.
HAVERFORD COLLEGE, West Haverford, Pa.
CLASSICAL AND MILITARY SCHOOL, Columbia, Pa.
SHURTLEFF COLLEGE, Upper Alton, Ill.
IOWA STATE UNIVERSITY, Iowa City, Iowa.
UNIVERSITY OF MICHIGAN, Ann Arbor, Michigan.

Arnold's Greek Course.

Revised, Corrected, and Improved, by the Rev. J. A. SPENCER, D.D., late Professor of Latin and Oriental Languages in Burlington College, N. J.

FIRST GREEK BOOK, on the Plan of the First Latin Book. 12mo, 254 pages.
PRACTICAL INTRODUCTION TO GREEK PROSE COMPOSITION. 12mo, 237 pages.
SECOND PART TO THE ABOVE. 12mo, 248 pages.
GREEK READING BOOK. Containing the substance of the Practical Introduction to Greek Construing, and a Treatise on the Greek Particles; also, copious selections from Greek Authors, with Critical and Explanatory English Notes, and a Lexicon. 12mo, 618 pages.

A complete, thorough, practical and easy Greek course is here presented. The beginner commences with the "First Book," in which the elementary principles of the language are unfolded, not in abstract language, difficult both to comprehend and to remember, but as practically applied in sentences. Throughout the whole, the pupil sees just where he stands, and is taught to use and apply what he learns. His progress is, therefore, as rapid as it is intelligent and pleasant. There is no unnecessary verbiage, nor is the pupil's attention diverted from what is really important by a mass of minor details. It is the experience of teachers who use this book, that with it a given amount of Greek Grammar can be imparted to a pupil in a shorter time and with far less trouble than with any other text-book.

The "First Book" may with advantage be followed by the "Introduction to Greek Prose Composition." The object of this work is to enable the student, as soon as he can decline and conjugate with tolerable facility, to translate simple sentences after given examples and with given words; the principles employed being those of imitation and very frequent repetition. It is at once a Syntax, a Vocabulary, and an Exercise book. The "Second Part" carries the subject further, unfolding the most complicated constructions, and the nicest points of Latin Syntax. A Key is provided for the teacher's use.

The "Reader," besides extracts judiciously selected from the Greek classics, contains valuable instructions to guide the learner in translating and construing, and a complete exposition of the particles, their signification and government. It is a fitting sequel to the earlier parts of the course, everywhere showing the hand of an acute critic, an accomplished scholar, and an experienced teacher.

From the Rev. Dr. Coleman, *Professor of Greek and Latin, Princeton, N. J.*
"I can, from the most satisfactory experience, bear testimony to the excellence of your series of Text-Books for Schools. I am in the daily use of Arnold's Latin and Greek Exercises, and consider them decidedly superior to any other Elementary Works in those Languages."

Greek Ollendorff;

Being a Progressive Exhibition of the Principles of the Greek Grammar. By ASAHEL C. KENDRICK, Professor of the Greek Language and Literature in the University of Rochester. 12mo, 371 pages.

The present work is what its title indicates, strictly an *Ollendorff*, and aims to apply the methods which have proved so successful in the acquisition of the modern languages to the study of Ancient Greek, with such differences as the different genius of the Greek, and the different purposes for which it is studied, suggest. It differs from the modern Ollendorffs in containing Exercises for reciprocal translation, in confining them within a smaller compass, and in a more methodical exposition of the principles of language.

The leading object of the author was to furnish a book which should serve as an *introduction* to the study of Greek, and precede the use of any grammar. It will therefore be found, although not claiming to embrace all the principles of the Grammar, yet complete in itself, and will lead the pupil, by insensible gradations, from the simpler constructions to those which are more complicated and difficult. The exceptions, and the more idiomatic forms, it studiously avoids, aiming only to exhibit the regular and ordinary usages of the language as the proper starting-point for the student's further researches.

In presenting these, the author has aimed to combine the strictest accuracy with the utmost simplicity of statement. His work is therefore adapted to a younger class of pupils than have usually engaged in the study of Greek, and will, it is hoped, win to the acquisition of that noble tongue many in our academies and primary schools who have been repelled by the less simple character of our ordinary text-books.

Exercises in Greek Composition.

Adapted to the First Book of Xenophon's Anabasis. By JAMES R. BOISE, Professor of Greek in the University of Michigan. 12mo, 185 pages.

These Exercises consist of easy sentences, similar to those in the Anabasis, having the same words and constructions, and are designed by frequent repitition to make the learner familiar with the language of Xenophon. Accordingly, the chapters and sections in both are made to correspond. No exercises can be more improving than those in this volume; obliging the student as they do, by analysis and synthesis, to master the constructions employed by one of the purest of Greek writers, and imbuing him with the spirit of one of the greatest historians of all antiquity.

Xenophon's Anabasis:

With Explanatory Notes for the use of Schools and Colleges in the United States. By JAMES R. BOISE, Professor of Greek in the University of Michigan. 12mo, 393 pages.

A handsome and convenient edition of this great classic, really adapted to the wants of schools, has long been needed; the want is here met by Professor Boise in a manner that leaves nothing to be desired. Decidedly the best German editions, whether text or commentary be considered, have appeared within the last few years; and of these Mr. Boise has made free use; while, at the same time, he has not lost sight of the fact that the classical schools of this country are behind those of Germany, and that simpler and more elementary explanations are therefore often necessary in a work prepared for American schools. Nothing has been put in the notes for the sake of a mere display of learning—pedantry is out of place in a school-book; and nothing has been introduced by way of comment except what can be turned to practical use by the reader.

An historical Introduction, which will enable the pupil to enter on his task intelligently, is prefixed. An abundance of geographical information, embodying the latest discoveries of travellers, is supplied; and the whole is illustrated with Kiepert's excellent map, showing the entire route of the ten thousand on their retreat.

The First Three Books of Anabasis:

With Explanatory Notes and References to Hadley and Kühner's Greek Grammars, and to Goodwin's Greek Moods and Tenses. A copious Greek-English Vocabulary, and Kiepert's Map of the Route of the Ten Thousand. 12mo, 268 pages.

Xenophon's Memorabilia of Socrates:

With Notes and an Introduction. By R. D. C. ROBBINS, Professor of Languages in Middlesex College, Vermont. 12mo, 421 pages.

This will be found an exceedingly useful book for College classes. The text is large and distinct, the typography accurate, and the notes judicious and scholarly. Instead of referring the student to a variety of books, few of which are within his reach, the editor has wisely supplied whatever is necessary. An admirably treatise on the Life of Socrates introduces the work, and English and Greek Indexes render it easy to refer to the text and notes.

FRENCH READERS.

I. New Elementary French Reader:

An Introduction to the French Language; containing Fables, Select Tales, Remarkable Facts, Amusing Anecdotes, &c., with a Dictionary. By ALAIN DE FIVAS. 16mo, 147 pages.

II. The Classic French Reader;

Or, Beauties of the French Writers, Ancient and Modern. With a Vocabulary of all the Words and Idioms contained in the Work. By J. L. JEWETT. 12mo, 388 pages.

The French readers of M. De Fivas possess features which distinguish them strikingly, and, it is believed, favorably, from all other series. The pieces presented are short, lively, and spirited; not extracts of style and character that can be appreciated only by a matured and cultivated taste, but such as are likely to attract the young. Each volume contains a carefully-constructed Vocabulary. The time generally lost in searching through a large dictionary, and the expense of an additional book, are thus saved.

The Elementary Reader, as its name imports, is for beginners. It consists of short and easy pieces, written in familiar style, and of the most attractive character.

The Classic Reader may, with advantage, follow the Elementary, or may be used independently of it with somewhat older classes.

Dramatic French Reader:

Being a Selection of some of the best Dramatic Works in the French Language. By Professor A. G. COLLOT. 12mo, 521 pages.

In the belief that dramatic literature affords peculiar facilities for familiarizing the student with French conversation in familiar, as well as more elevated style, Prof. Collot has brought together in this volume fourteen of the *chefs-d'œuvre* of the French drama, comedy, and tragedy, by such authors as Scribe, Piron, Molière, Voltaire, Racine, and Corneille. They are arranged in progressive order, and furnished with notes on such passages as require explanation. Affording entertaining pictures of French life, as well as specimens of the finest style, it is believed that this collection is just what is needed for advanced classes.

SPANISH GRAMMARS.

Ollendorff's Spanish Grammar:

A New Method of Learning to Read, Write, and Speak the Spanish Language, with Practical Rules for Spanish Pronunciation, and Models of Social and Commercial Correspondence. By M. VELAZQUEZ and T. T. SIMONNÉ. 12mo, 560 pages.

The admirable system introduced by Ollendorff is applied in this volume to the Spanish language. Having received, from the two distinguished editors to whom its supervision was intrusted, corrections, emendations, and additions, which specially adapt it to the youth of this country, it is believed to embrace every possible advantage for imparting a thorough and practical knowledge of Spanish. A course of systematic grammar underlies the whole; but its development is so gradual and inductive as not to weary the learner. Numerous examples of regular and irregular verbs are presented; and nothing that can expedite the pupil's progress, in the way of explanation and illustration, is omitted.

KEY to the Same. Separate volume.

Grammar of the Spanish Language:

With a History of the Language and Practical Exercises. By M. SCHELE DE VERE. 12mo, 273 pages.

In this volume are embodied the results of many years' experience on the part of the author, as Professor of Spanish in the University of Virginia. It aims to impart a critical knowledge of the language by a systematic course of grammar, illustrated with appropriate exercises. The author has availed himself of the labors of recent grammarians and critics; and by condensing his rules and principles and rejecting a burdensome superfluity of detail, he has brought the whole within comparatively small compass. By pursuing this simple course, the language may be easily and quickly mastered, not only for conversational purposes, but for reading it fluently and writing it with elegance.

www.ingramcontent.com/pod-product-compliance
Lightning Source LLC
Chambersburg PA
CBHW022047230426
43672CB00008B/1093